ペリー・B・ヨーダー——［著］
河野克也・上村泰子——［共訳］

シャローム・ジャスティス

聖書の救いと平和

いのちのことば社

序

この本は、一九八四年の春、ベテル大学で聖書神学の講義に使用していた資料から発展したものだ。当初の目標は、シャロームが創造、救済、終末論といった聖書の他のテーマと、どのように結びついているかを見出すことにあった。

初稿を書き終えた後、私の家族はフィリピンで四か月を過ごした。貧困、抑圧、変化を求める闘争下にある第三世界の中で、私は平和について対話したいと考えた。(この時はマルコス政権の頃だった。) しかし、より重要なこととして、私は、そのような状況の下において、貧しく抑圧された人々との個人的な連帯を経験し、また深めたいと望んでいた。

私が経験したことは、打ちのめすものであり、かつ建て上げるものだった。それは、新たな考えを抱くようになるというよりも、新しい友人たちと共に、違った視点で世界を見るということだった。その結果、初稿は大きく改訂された。以下のページから、本書の原稿が、フィリピンにおける私の経験と相互に関連しつつ発展したことを読み取ることができるだろう。

暴力か非暴力かというテーマは、本書における私の主要な関心ではない。(その問題はこれまで何度も取り上げられてきたからだ。それでも、最終章ではこの問題に短く立ち返ることにしたい。）私の主要な関心は、むしろ、聖書が平和をどのように語りまた記述しているか、そして、その平和の概念が、聖書の中に見出される他の中核的な諸信念とどのように結びついているか、ということにある。

英語ではよく、平和と暴力の回避とが同じものとして扱われるので、私が「平和」という語をどのような意味で使うつもりかを示しておくことは有益だろう。聖書に分け入って考察を展開していくことで、「平和」には、あからさまな暴力の欠如という以上に幅広い意味があることを発見することになるだろう。それゆえ、私は「平和」を、私たちが目指すべき目標という、このより広い意味において使用することにする。しかし、第1章においては、本書における議論の文脈と意図をより明確にするために、単純に、平和の共通概念と思われるものを繰り返すことにしたい。

平和と非暴力の関係は、私にとってはやっかいなものだった。一方では、平和が連帯、良好な関係、暴力のない状態を意味することは明らかだ。他方、私たちの国際関係の文脈に照らせば、個人的にであれ集団的にであれ、物理的に暴力を振るうことを避けることと、平和とを同一視することは納得できると、長年確信してきた。しかし、大抵の場合、それは納得できないものだ。というのも、暴力に参与しないことを教えているのは、大抵の場合、裕福な国々、また中流階級から来た者たちだ。彼らの裕福さは、部分的には、他の地域における搾取という暴力の結果なのだ。さらに私の経験からすると、多くの場合、暴力を避けようとする人々は、搾取という暴力の問題に積極的に取り組んだり、それを終わらせることを助けたりしない。そうすれば、抑圧された人々による対抗的暴力が不要になるにもかかわらず、だ。その結果、平和の直接行動でさえ、特定のグループによって行われる特定のタイプの暴力、例えば、軍隊による核兵器の使用に焦点を当てる一方で、その他の種類の暴力は無視することができるようになってしまう。

例えば、アメリカは自らの国益のために、フィリピンにおける不正で搾取的な状況を支持する政策を取り続けたため、フィリピーノ国民に損害を与えてきた。そのアメリカ人である私が、ほとんどのフィリピーノの人々と共に平和について語ること、ましてや暴力反対を訴えることは、不可能とは言わないまでも困難なことだった。

この経験を振り返ると、平和主義と非暴力主義を擁護する私たちは、あるいは手段にばかり焦点を当てて、目的、つまり平和はいかにあるべきか、私たちの目標はいかにあるべきかには、十分に焦点を当ててこなかったのかもしれない。私たちは、暴力を批判することにばかり関わってきたが、平和づくり――現在の不正義と暴力の構造を、平和と平等の構造へと変革する働き――には、十分に関わってこなかった。その結果、本書の中心的関心は、ヴィジョン――平和のために働くことが何を意味するのか――へと人々を覚醒させること、そしてそのヴィジョンに取りかかるように、（私自身も含めて）人々に促すことなのだ。

このように、本書は、「どうあるべきか」に対してより多く取り組むものであって、そこにどのように到達するかにはさほど重きを置かない。私の望みは、すべてのキリスト者が取り組むことができ、また取り組むべき共通のヴィジョンを喚起することだ。私はまた、平和に賛成する人々が、積極的になり、暴力的で抑圧的な構造を誠実に変革するようになることを望んでいる。私は、多くの人々がすでに積極的になっていて、しばしば平和の最前線に身を投じていることを理解している。以下の考察が、ささやかながらもそうした努力を支えるものとなり、さらに多くの者たちがその働きに参加することを促すものとなることを願っている。

ペリー・B・ヨーダー

目次

凡例

- 著者が引用文に加えた変更・補足は［　］で表記した。
- 日本語読者が理解しやすいよう訳者が補足した箇所は〔　〕で表記した。
- 引用聖書は原則として新改訳２０１７を使用したが、原著者が引用した英語聖書の意味合いを加味して一部を調整した。
- 新改訳２０１７を改２０１７と、聖書協会共同訳を協と略記した。
- 英訳聖書の表記は、ＲＳＶ（Revised Standard Version：改訂標準訳聖書）、ＮＥＢ（New English Bible：新英訳聖書）、ＪＢ（Jerusalem Bible：エルサレム聖書）。

1章　シャローム――私たちの信仰の中心

平和は中流階級の贅沢品である。しかも、おそらく西洋の中流階級の贅沢品である。これは、平和が他者の目、特に抑圧された人々の目を通して見たときにどのようなものに見えるかを理解しようとして、私がフィリピンで時を過ごしていた間に経験したことだ。平和の擁護が、彼らの目には、彼らの抑圧を支えるもの、あるいは、せいぜい抑圧を表面的に取り繕うものでしかない、ということに気づくのに、時間はかからなかった。彼らは、平和の擁護を、生活を変革しようと奮闘する人々に反対することと見なしていた。それは、現在のシステムが、一方では、おもに西洋および中・上流階級の利益のために機能し、他方では、それ以外の者たちを絶えず貧困の中に置き去りにするものであるため、彼らには、平和が手に入れることのできない贅沢品であることは、明らかだった。彼らの関心は、必需品である今日の米が手に入るかどうかだった。この文脈において平和を語ることは、抑圧される者たちを抑圧の中に留めるために抑圧者が使う、抑圧の言語のように響く。

なぜフィリピンで平和を擁護することは、それほど容易に、不正な目的を支持することだと見なされるのだろうか。そのような平和の理解は次の二つの考察から生じるものだ。第一に、それは、平和を、物理的暴力を避け、個人としても人を死に至らせる武器の使用を控え、そうしたあからさまな暴力を使う人々に反対を表明する意味に理解していることを示している。

第三世界の抑圧のただ中では、このタイプの平和づくりは、現在の社会的、経済的秩序を変えるために暴力を使用することに反対することだと理解される。現在の秩序の重荷を負わされている抑圧された人々にとって、現在の経済的また政治的構造が、闘争や暴力なしに自分たちの肩から取り除かれることは不可能に見える。彼らの視点からすると、平和の擁護者たちは役に立たない理想主義者であり、実際には暗黙のうちに、変化に反対し、米を手に入れることを日々の心配事にさせている現在の秩序を擁護する立場を取っているのである。平和は、彼らにとって、「持てる者」のレトリック（修辞）のように思える。

第二に、そしてもっと重要なことには、平和を、死に至らせる暴力の使用の反対概念と見なし、そうした暴力によってステータスクオー（status quo：現状維持の体制）を変える試みを非難することと同一視することが、抑圧される人々にとって倒錯したものに見えることだ。結局のところ、彼らは、このステータスクオーの暴力を日常的に感じ、彼らに非暴力を説くまさにその人々の上に、つまり西洋人や、自分たちの間の中流階級やエリートたちの上に、この暴力の利益が積み上がっていくのを見ているのだ。彼らは、この現在の社会・経済的秩序を、抑圧的で殺人的なものとして——多くの人々を土地を持たず、家を持たず、飢えた状態に放置し、とりわけ自らの運命に対するまったくの恐怖に陥れ、その声を奪うものとして——経験している。この状況を変えようとする彼らの試みは、多くの場合、拷問や即決処刑に至る苛酷な鎮圧の反撃を受けた。そのような文脈において、暴力の犠牲者に平和的に応じるように諭すことは、たとえ最善に解釈したとしても、話しかける相手を間違えているのだ。彼らの反応は、たとえ暴力的なものだとしても、彼らになされている暴力に対する反応にすぎない。彼らはこのように問うだろう。「それは、私たちに向かって非暴力を唱える一方で、少なくとも間接的には、日々私たちを犠牲にする暴力から利益を得ている人たち〔に言うこと〕ではないか」と。

しばしば用いられる例は、巨大な暴漢がやって来て、誰かの腕を摑んで引きずって行く話だ。もしその時点で、その犠牲者が暴漢を攻撃し始めた場合、平和について教えられるべきなのは、この犠牲者なのだろうか。まずこの暴漢こそが、犠牲者を解放するように諭されるべきではないのか。この暴漢の行動から利益を得ている者たちは、二重にこのケースに当てはまらないだろうか。

私がフィリピンにいる間、イギリスの会社であるガスリー社の所有するパーム油精製工場が襲撃された。革命軍事組織である新人民軍は、ある夜、工場に入り、守衛たちを縛り上げて連行し、そして工場を破壊した。確かに暴力的だ。しかしながら、このストーリーの背後で、ガスリー社は、広大な土地をパーム・プランテーションに転換できるように、ガスリー社に土地を売るように農民たちを説得するため、悪名高い傭兵を雇っていたと言われていた。この計画は実行され、パーム油を精製するために工場が建てられた。ガスリー社の事業拡大の結果、多くの貧しい農民は土地を失い、それに伴って生活の手段をも失った。農民たちは様々な形態の組織をつくり、妨害行為を試みたが、軍隊は秩序を保つために苛酷な手段を使った。

このストーリーから、なぜ新人民軍が人々の友と見なされ、他方、米国によって武装し、訓練され、支援されている政府軍が敵と見なされているかを理解することは容易なことだ。結局のところ、この〔政府の〕軍隊が、小規模農民が土地を失い、家族を養うための生活の手段を失い、そして命さえも失うようにするシステムを支え、直接援助し、またそこから利益を得ているのだ。この状況において、暴力に責任があるのは誰だろうか。平和のメッセージは、そして暴力を避けることについてのメッセージは、誰に対して伝えられるべきだろうか――正義のために活動する人々に対してだろうか、それとも正義に反対して活動する人々だろうか。この状況において、なぜ教会のような平和の擁護者は、ガスリー社のように暴力を行う者に対してよりも、暴力の犠牲者や新人民軍のような犠牲者の仲間たちのほうに、進んでそのメッセージを伝えようとするのだろうか。

さて、平和を暴力を振るわないことと同一視する多くの人々にとって、このストーリーは道徳的議論のきっかけになる。彼らは、「悪事に悪事を返しても善事にはならない」、また「一つの暴力の行使は別の暴力を正当化しない」と指摘するだろう。こうした議論は、財産を持ち、その胃袋が満たされていて、ある程度は自分の運命をコントロールでき、またガスリー社のような会社の方針から利益を得ている人々にとっては、納得できるものだろう。しかし、暴力によって土地や生計を奪われ、暴力によって従順を強いられている人々には、この議論は理解されない。これもまた、犠牲者を責める事例の一つではないか。

こうした要因のすべてが、フィリピンの貧しく抑圧された人々に向かって、平和を中流階級の西洋の贅沢品と見なすようにと、能弁に語りかけているのだ——この状況は他の場所でも同じだと思われる。なぜなら、結局、このステータスクオーという平和から利益を得ているのは、彼ら中流階級の者たち、また西洋人たちだからだ。彼らこそが、自分たちの平和の概念を、暴力の犠牲者たちに当てはめているのだ。ところが、貧しく力を持たない者たちにとって、暴力の経験は来る日も続いている。したがって根底的には、こうした理由のため、平和は容易に、行動しないこと、また変えないことと同じことととされてしまう。なぜなら、彼らの経験の中では、平和とは不正義という暴力に満足して生きることのように見えるからだ。

選択的暴力ではなくシャロームづくり

この平和理解とは対照的に、本書の主要なテーマは、聖書的平和であるシャロームは、不正義と抑圧に徹底的に反対するということだ。実際に、私たちは、シャロームが不正な社会的・経済的秩序の変革を要求するということを論じたい。シャロームは、犠牲者に対して語られるメッセージではなく、むしろ、犠牲者のために、抑圧者に対抗して行動する。聖書の中で、シャロームはあるべき姿のヴィジョンであり、社会を変革することへの召きなのだ。このことは、これから見ていくように、第一義的な対比はシャロームと暴力ではなく、シャロームと不正義との対比であることを明らかに含意する。なぜなら、この不正義という暴力が、シャロームの到来の大きな妨げだからだ。したがって、平和と非暴力を同一視することは、聖書の視点からすると、部分的にしか正しくない。実際、平和が暴力を避けることとしてのみ理解されている限り、それは聖書の平和のメッセージを誤って伝えることになる。

この〔聖書的〕理解は、平和を致死的暴力を受動的に避けることと見なす理解とは大いに異なる。私にとって、それは今日の平和づくりのための挑戦だ。つまり、平和づくりを、何かに反対することとして否定的に定義するのではなく、むしろ、何かに賛成することとして肯定的に定義するということだ。そうしなければ、第三世界の貧しい人々にとっては、相変わらず同じことの繰り返しに見えるのではないだろうか。すなわち、あからさまに暴力を行使しないという立場は、実際には平和の立場ではまったくなく、選択的暴力を支持することではないか。それは抑圧された人々による暴力には反対するが、抑圧する者たちによる暴力や不正義には明らかに満足するものだ。

ところで、公正のために言えば、聖書的平和づくりと非暴力に携わっている多くの人々にとっては、確かにこの理解は新しいものではない。彼らは、平和づくりが圧迫と搾取の構造に積極的に反対し、変革することだと認識している。その点を考慮すれば、前記の記述は風刺画だ。しかしそれは、抑圧され、その抑圧を終わらせようと奮闘している、多くの人々の思いと心の中に存在するものだ。したがって、信用できる平和づくりは、先述した問題に直接取り組む行動を実質的に示す必要があると、私には思われる。直接的な、目に見える行動を通して、平和と非暴力が言い逃れではないことを証言することができるのだ。この変化のための継続的かつ真剣な努力という側面こそ、平和の聖書的概念とメッセージの本質的部分として、私が見出しているものだ。

不正なステータスクオーを支持する軍事主義

現在の状況はまた、平和の二番目の理解がいかに致命的かを示している。それは「力による平和」の立場だ。この見解では、軍事的な力が平和を成立させ、また維持すると考えられている。ここでもまた、平和は紛争がないことと同じものとされる。しかしながら、この見解においては、暴力が回避されるのは、なんらかの形態の暴力回避を実践することによってではなく、暴力を防ぐのに十分なほど強くなることによるとされる。もし十分な軍事力を持っていれば、私たちは戦う必要がない。結果的に、平和への道は、圧倒的な軍事力によって、戦争不在のステータスクオーを保つ、ということになる。大量破壊のための武装こそ平和維持、ということだ。

しかしながら、現実には、私たちが世界中の軍事的な力の行使を観察するとき、そうした力は、不正で抑圧的なステータスクオーを積極的に維持するため、またその状況を変えようとする人々を抑えつけるために用いられている。力による平和は、その犠牲者たちによって経験されているように、暴力による抑圧であって、それは、エルサルバドルにおいて、グアテマラにおいて、チリにおいて、またフィリピンにおいて、数々の死体、拷問された体、希望を失った目が証明している。それは決してシャロームではない。それはむしろ、抑圧者たちと、抑圧の報酬によって生きる人々に利益をもたらす暴力なのだ。

次章で示すように、私たちの世界は、平和を暴力の回避と見なし、またそれを軍事力により維持されるものと見なしている。この見解は、平和の聖書的見解――抑圧と暴力の構造を廃止するシャローム――とは、対立関係にある。

私たちは、平和は中流階級の贅沢品だと言って話を始めた。それがなぜ世界の多くの人々にとってそうであるのかは、もはや明らかになったと期待する。しかしながら、貧しい人々、抑圧されている人々、追放された人々にとって、シャロームがなお大いに必要とされていることもまた明らかになることを願っている。本書は、部分的には、必需品のために贅沢品を断念すること、つまり、シャロームのために平和を断念することを求める議論また訴えである。聖書のメッセージがキリスト者を再び活性化し、本物のシャローム行動――現在シャロームを経験していない人々から見て、――へと駆り立てることができるという希望をもって、本書の議論を提示したい。

私はまた、この本が、平和に見切りをつけた人々にも役に立つことを望む。というのも、その人たちは、平和を、抑圧者たちの意に沿うステータスクオーの言葉と見なしているからこそ、平和に見切りをつけたのだ。シャロームのヴィジョンは、貧しく、抑圧された者たちのためのヴィジョンだ。それは、正義のための闘争に加わるすべてのキリスト者が、自らの信仰の証において一致できる良き知らせなのだ。この意味において、この論考は、第一世界において聖書的信仰とシャロームに携わる人々と、第三世界において聖書的信仰とシャロームに携わる人々との間の架け橋の役割を果たすことを意図している。

本書は、行動を起こすように促すことを意図しているので、最後の部分では、暴力の問題について考え、また、シャロームによって求められる変革が暴力的手段によって成立できるのか、またそうすべきかどうかについて考察することにしたい。この議論は最後の位置に属する。なぜなら、暴力にせよ非暴力にせよ、シャロームと両立するのであれば、それはシャロームを生み出すものであり、またシャロームを求める闘争の文脈において理にかなうものだからだ。

これはとても重要なポイントだ。平和の立場ないし教えを聖書によって基礎づける通常の手順では、暴力を避け、殺傷力のある物理的暴力を非難することを主張するための積極的議論を提供しようとして、聖書を使用する。そのような手順には基本的な欠点がある――それは、聖書における平和が何であるかについての定義、つまり積極的暴力への不参加という定義から始める。この等式〔平和＝暴力への不参加〕では、私たちは自分自身の平和理解や平和の定義を支持するために聖書を使おうとしていることになるので、本書の企画そのものを迂回させてしまう。後に見るように、これでは、平和の他の側面が十分に強調されず、無視されたまま放置されてしまう。それゆえ、私たちの最初の課題は、まず、平和、つまりシャロームの聖書的理解を見出すことだ。そうすることで、最終的に、私たちはシャロームと暴力が両立するかどうかを判断できるようになる。

聖書的信仰の中核に対する新たな視点

シャロームの意味を発見する際の本書の基本的な仮定は、聖書的信仰の中核には複数の確信――神、世界、人類についての信念――の集合体がある、ということだ。これらの確信は互いに結びついていて、実際、互いに浸透し合っている。このことは、それらのうちのどれか一つを適切に理解するためには、それが他の中核的信念とどのように結びついているか、またそれが、そうした結びつきに照らしてどのように理解されるべきかを見る必要がある、ということを意味する。

そういうわけで、私たちはシャロームについて次のように問わねばならない。シャロームは、他の聖書的信仰の中核的側面、つまり、例えば正義や救いと、どのように結びついているのか。また、シャロームは、私たちがイエスのうちに見出す神とどのように関係しているのか。こうしたより広い理解は、シャロームの聖書的概念を豊かにまた真に把握するために必要なものだ。本書の射程の中では、こうした中核的確信のすべてに取り組むにも、またシャロームがそれらとどのように結びついているかを事あるごとに示すにも、十分な紙面はない。むしろ、私たちは概略図を提供しているにすぎない。つまり、シャロームが中心的な聖書的主題のいくつかとどのように関連しているか、ということだ。

シャロームを理解するこの過程に対応して、聖書的信仰の他の側面もまた、それがシャロームとどのように結びついているかによって、部分的にその意味を獲得する。後に見るように、それらの側面は、シャロームの文脈の中において見られるときに、新しい次元を獲得する。事実、シャロームから離れてそれらを理解するということは、少なくとも一定程度は、私たちが聖書的信仰の中心に見出す、神についての信念と世界についての確信を誤解することなのだ。この視点から見ると、私たちは「聖書的信仰の中核に対する新たな視点」という題で呼んでも良いような、聖書神学の論文を書いていることになる。

聖書的信仰の中核的な確信が持つ、この相互の関連性は、私たちが自らの宣教や闘争において、シャロームをより中心的に位置づけることに新たに努力すべきだ、ということを含意する。平和に関連する事柄を信仰の外縁に置き、それらを任意の、個人的良心の問題とし、平和の意味を消極的暴力回避に矮小化することのすべてが、私たちのシャローム理解と、聖書的信仰の中心的な核についての理解の両方を歪曲してきたのだ。翻って言えば、これが、この序章の最初の部分に描写された理解や現実を生み出したものだ。この論考は、少なくとも部分的にであれ、神の国の到来のために働き闘争している、第一世界と第三世界のすべてのキリスト者にとって益となるように、私たちがこの誤った理解を変え始めることができるだろうとの希望をもって書かれている。

私たちはこの課題を、聖書の中のシャロームとエイレーネー（新約聖書において平和を意味する用語）の多様な意味の研究から始めよう。この研究は、本書のそれ以外の部分の基礎を形成することになる。これらの用語の意味を解明した後に、シャロームが、三つの異なる聖書的主題――正義、救い、律法――とどのように関連しているか、またこの三つの主題に関する私たちの理解が、それらとシャロームとの関係性によってどのように変化するかについて、考察しよう。

この聖書的信仰の探求に続いて、イスラエルの信仰が彼らの民族としての経験においてどのように展開したのかという、より歴史的な考察に進む。特に、国家と預言との相互作用は、聖書のシャロームへの招きにおいて何が問題であるかについて、私たちがより明瞭に理解することを助けてくれる。それによって、イエスのミニストリーは、シャロームという聖書的ヴィジョンと、その他の人間的また民族的熱望との間の歴史的相互作用とに、連続するものとして見ることができるようになる。最後に、聖書的信仰が今日における私たちのシャロームづくりに対して持つ含意を考察して、本書の結論としたい。

すぐに明らかになることだが、ここでの私たちの作業は、二つの仕方で限定的なものだ。第一に、聖書的信仰の中心的な確信のすべてが論じられるわけではない。例えば、天地創造や歴史を扱う章はない。第二に、どの章も皆、網羅的と言うには程遠い。むしろ、各章は例証的な傾向を持つもので、方向性を示すものだ。最終的には、必要とされるのは議論や証拠ではなく、回心、変革、また関与にほかならない。以下の各章を、聖書のメッセージを読み、振り返るための——そして平和のための活動のための——指針また刺激として利用していただきたい。

以下の各章において、私は、シャロームが聖書的信仰の中心にあることについても、あるいは扱われる主題が中核的な主題であることについても、体系的な証拠を提示することに労力を割いてはいない。このことは本書の欠陥と判断されるかもしれないが、しかし、私はそれを、素材そのものの説得力に委ねることにする。私が単純に試みているのは、少なくとも聖書的信仰の中心的な核の一部であると私が理解していることを記述することなのだ。この記述とこの信仰とが、聖書的にも読者の皆さん自身の経験に照らしても納得できるものであるなら、それで十分だ。なぜなら、証拠は最終的に、「見よ、すべては新しくなる」ということに身を投じ、それを生き、またそれを見ることの中にあるからだ。

この議論は、最終的には、第一世界と第三世界の双方において平和のために働く人々の間で、理解がより明確化され、より深まることを願って提供されている。シャロームは、天においてそうであるように地においても神の意志〔御心〕がなされ、神の国〔御国〕が到来するようになるための共通の闘いへと、すべてのキリスト者を一つに引き寄せるものでなければならない。とりわけ、この論考は、自らを抑圧された状態に見出している人々の解放のための闘いを可能にし、それを推進する望みをもって書かれている。それは、いつか私たちが、第一世界も第三世界もなく、抑圧も不正義もなく、ただシャロームだけがある神の国において、本当の兄弟姉妹となるためなのだ。しかし私は、私自身第一世界のキリスト者として、まずもって第一世界の兄弟姉妹に訴えかけている。なぜなら、シャロームが他の場所において現実のものとなるために、変革を求めるシャロームの挑戦を受けなければならないのは、この私たちだからだ。

2章　シャローム――聖書の平和

カンザス州ウィチタにあるマコーネル空軍基地の入口には、「平和こそ我らの職業」（Peace is our profession）という大きな看板が立っている。〔基地の外にいる〕別の人たちなら、ロシアの諸都市すべてを壊滅させようと配置された大陸間弾道ミサイル（ICBM）の指揮権を握るような人たちの仕事は、平和ではなく戦争だと言うだろう。そして、レーガン大統領は新たなMXミサイル・システムを「平和を維持する者」（Peacekeeper）」と命名した。

当然ながら、何百万人もの市民を殺すことを意図した兵器を指して「平和」という言葉を使うことに対して、軍事基地をピケを張って監視し、あるいは核兵器の製造を止めさせようと活動する人々は反対している。

ミサイル――はたしてそれは平和を維持するものだろうか、それとも平和に対する脅威だろうか。その答えは、平和をどのように定義するか次第だ。[1] もし平和が、戦争の準備や不平等の維持さえも含むほどに幅広い意味を持つのであれば、誰もが皆、平和に賛成していることになる。しかし、平和に賛成することにおいて、皆が同じことに賛成しているのでないことは明らかだ。だから私たちは、「どのような種類の平和なのか」、と問う必要がある。

そして、他の人たち皆と同様に、平和に賛成したいと願うキリスト者たちは、「私たちはどのような種類の平和のために働くべきなのか、また私たちはどのようにして平和をつくる者となるのか」、と問う必要がある。

シャロームの三つの意味

これらの質問に答えるために、聖書が平和について語るときに、何を目指しているのかを探求していこう。まずはじめにヘブライ語聖書、つまり旧約聖書を見て、ヘブライ語で平和を表すシャロームの意味を見出し、その次にギリシア語聖書である新約聖書において、ギリシア語で平和を表すエイレーネーの意味を見ていくことにしよう。

ヘブライ語で平和を表す用語であるシャロームには、三つの意味上のニュアンスがある。第一に、この語は物質的、身体的状態を示すことができ、それが最も頻繁に使われる用法だ。それはまた、関係性を示すこともでき、その用法が、意味上は英語の peace にもっとも近い。そして最後に、この語には道徳的な意味もあるが、それは最も頻度が少ない意味だ。[2]

シャロームとは、物質的良好性および繁栄

驚くことに、シャロームは物質的、身体的状況について語るのに最も頻繁に使われている。この意味は、誰かが別の誰かのシャロームを確認するように求められる場合において明瞭だ。創世記37章14節で、ヨセフはその父ヤコブから、兄弟たちと家畜のシャロームを確認するよう求められる。ここでヤコブは、彼らが身体的に無事であるか――彼らがうまくやっているか――を知ることに関心があった。

エステル記2章11節とIサムエル記17章18節にも注目してほしい。この後のほうの箇所（Iサムエル17・18）では、兄たちが安全で健康でいるか確かめるために、ダビデが父によって軍の陣営に遣いに送られる。これは息子たちが戦線に出向いている父親にとって、ごく自然な心配事だろう。この意味において、シャロームは、詩篇38篇3節にあるように、肯定的な仕方で、体の健康な状態を示すことができる。

これと同じ意味は、誰かが「元気ですか」と尋ねるときの挨拶にも見られる。例えば、ヨセフの兄弟たちが王宮の彼のもとに来た際に、ヨセフは彼らのシャロームと、彼らの父のシャローム――まだ生きているか――について尋ねている。彼らはそれに対して、彼らがシャロームを持っており、また彼らの父がまだ生きていると返答している（創世43・27〜28）[3]。これらの章句、また数多くの類似する章句（創世29・6、出エジプト18・7、IIサムエル11・7、18・29、II列王4・26）において、シャロームは、他の人の身体的な良好さについて尋ねるのに用いられている。

くだけた表現なら、ヨセフの質問は、「あなたがたは大丈夫ですか。あなたがたの父上は大丈夫ですか」と訳せるだろう。シャロームが人物の物質的ないし身体的良好さを指すこれらの章句では、この語は、私たちが会話の中で使う平和とは大きく異なる意味を持っている。事実、聖書を英語訳で読んでいると、このような箇所でシャロームという語が使われていることに気づかないこともあるだろう。なぜなら、その語は peace ではなく well と訳されているからだ。

シャロームはまた、往来を表す動詞を伴って身体的な意味でも使われるが、それは、ヤコブがベテルで神に祈りを捧げ、故郷にシャロームのうちに戻れるようにと願った場面（創世28・21）がそうだ。この用例は、安全で無事に（safe and sound）と読める。ヤコブは、自分が怒れる兄から逃れて行くメソポタミアから、無事に戻って来られるようにと祈っている。（Ⅱサムエル記15章27節、19章24節、Ⅱ歴代誌15章5節も見よ。）

シャロームは人々の良好さ（well-being：健康・幸福）について尋ねるときに使われるだけでなく、「うまくいっていますか」、あるいは否定的な仕方で「何か問題はありますか」というように、状況全般を尋ねるときにも使われる。このような場合、尋ねている人は、あらゆることがあるべき状態かどうかを知りたがっている。（この種類の用例は、Ⅱ列王記5章21～22節、9章11節、Ⅱサムエル記18章28節を見よ。）

こうした物質的、身体的領域への言及の用例すべてにおいて、それらを一つに結び合わせているものがある。すなわち、物や人が本来あるはずの、あるいはあるべき状態にある、ということだ。

シャロームは、良好な状態、すなわちすべて適切であること（all rightness）、大丈夫であること（okayness）を指す。

しかしシャロームは、これよりもさらに肯定的な意味であり得る。いくつかの箇所では、シャロームは、単に大丈夫であり、適正であること以上のことを指し示している。すなわち、すばらしい（super!）ということだ。それらの箇所では、シャロームは繁栄（prosperity）ないし豊かさ（abundance）を示している。実際には、okay（大丈夫）とsuper（すばらしい）の意味は、容易に相互に浸透し合う。

この用法は、将来に対する預言者たちの期待に例示されており、そこではシャロームが、バラ色の表現でイスラエルの物質的運命の変化を描写する。エレミヤ書33章6、9節、および詩篇73篇3節を見ると、改訂標準訳（ＲＳＶ）はシャロームを繁栄と訳している。

シャロームには、この豊かさという意味があるので、民数記6章26節の大祭司の祝福の祈りにあるように、願いや祝福でも使われる。この箇所の「〔神〕があなたにシャロームを与えられますように」という表現は、人々が繁栄し、その活動において成功するようにという願いだ。

この意味はまた、成功を求める願いによっても示される。例えば、Ｉサムエル記1章17節では、祭司エリが、ハンナの祈りを聞いた後に、「シャロームのうちに行きなさい」（go in peace）と告げるが、それは、彼女の祈りが叶えられて、彼女が祝福されるようにという願いだ。これらの成功を求める願いにおいて、望まれていることは、事態が本来あるはずの状態になることだ。理想的には、人々は成功するはずであり、失敗が標準ではないはずだ。

この、繁栄や豊かさ、成功といった意味合いが、戦争の文脈における使用へとつながる。ここでは、それは戦争の反対概念ではなく、戦闘における成功を指す。戦闘から「平和のうちに戻る」という表現は、通常、勝利を収めて戻って来るという意味を持つ。これは、預言者ミカヤがイスラエル王の敗戦を、まさにその死を予告した、I列王記22章27～28節によく例示されている。それに対して王は、自分がシャロームのうちに戻るまでミカヤを獄につなぐよう命じたが、それは、ミカヤの預言に反して、彼がその戦闘に勝利して戻るまで、ということだ。ミカヤは王に答えて、もしも王が実際に戦闘からシャロームのうちに、つまり戦闘に勝利して帰って来るようなことがあれば、自分は王の敗北と死を予告したのであるから、神の本物の預言者ではない、と言う。（シャロームが軍事的事柄における成功に言及している他の用例は、以下を見よ。シャロームがネブカドネツァル王のエジプトに対する勝利を指すエレミヤ書43章12節〔「安らかに去って行く」〕、イザヤ書41章3節のキュロス王〔「難なく進んで行く」〕、士師記8章9節、11章31節〔「無事に」〕。）

最後に、シャロームという語は、何らかの危険から安全で無事であるという消極的意味を持つ。ここでは、その意味は身体的安全のことだと思われる。そのような用法は偽預言者たちにしばしば見られるものであり、エレミヤ書14章13節にあるように、民は戦争も病気も飢饉も見ることはなく、神が地に本当の平和を与えると彼らは約束する。偽預言者たちがシャロームによって意味していることは、彼らのエレミヤに対する反対によって明らかになる。すなわち、エレミヤが敗戦、災害、廃墟を預言する一方で、偽預言者たちは安全とバラ色の将来を約束した。この用法は偽預言者に頻繁に出てくるが、それは彼らに限定されてはいない。（レビ記26章6節、Ｉサムエル記20章21節、ヨブ記5章24節を見よ。）物事があるべき状態であるということは、民が様々な種類の災害から無事であることを含む。

ヘブライ語聖書において支配的な、シャロームの物質的な意味から、以下の二つのことに注意深く着目する必要がある。第一に、英語では人々の間の関係、あるいは心の内なる状態を指して平和という語をよく使うので〔日本語では「平安」という訳語が当てられる〕、英語の peace の意味とは反対に、ヘブライ語聖書のシャロームは、第一義的に身体的に良好な状態、物質世界において物事があるはずの状態にあることを指す、という事実を強調しなければならない。シャロームは、身体的に良好な状態の存在によって、また戦争、病気、飢饉のような身体的脅威の不在によって特徴づけられる。

第二に、シャロームが肯定的な概念であることを強調しなければならない。シャロームは、戦争のようなものの不在（absence）を示す英語の peace のように、おもに否定的な焦点を持つのではなく、むしろ、良好な状態や健康のようなものの存在（presence）を指す。英語では平和を、物事があるべき状態にあるという肯定的な存在としてよりもむしろ、何かの不在——つまり大混乱、災難、戦争の不在——として定義する傾向があるため、これは重要だ。この〔否定的な〕定義は、平和をつくる者（peacemakers）は紛争や闘争を避ける消極的〔な存在〕だという考えを生む。これとは反対に、シャロームづくりは、何かのため——人々がそこにおいて物質的必要が満たされて満足している新しい状態のため——にある、ということだ。このような光に照らして見ると、シャロームづくりとしての平和づくりとは、今物質的シャロームや身体的良好さを享受していない人々が、それらを享受できるように努力する、ということになる。

シャロームとは、正義（Justice）

シャロームが結びついている二つ目の主要な領域は、社会的関係の領域だ。これは私たちが通常、英語でpeaceという語を使う際の最も頻繁な用法に一致する。シャロームは、peaceと同様、I列王記5章12節や士師記4章17節にあるように、国家や集団間の肯定的な良い関係を指す。そのような平和的な関係は、ヨシュア記9章15節、創世記26章29、31節にあるように、協定の結果によるものであり得る。Peaceのように、シャロームは国家間の良好で統制された、通常の関係について語る際に用いられる。（神と民との契約については、民数記25章12節、エゼキエル書34章26節、37章26節、イザヤ書54章10節を参照。）

人々の間の関係で言えば、シャロームは、エレミヤ書20章10節にあるように、親しい友人を指して使われる。その箇所では、預言者は、彼のシャロームである人々、つまり友人たちでさえ、彼に敵対するようになったことを嘆いている。（エレミヤ書38章22節、詩篇41篇9節も見よ。）

否定的な意味では、シャロームは戦争の反対概念として使われる。すでに述べたように、これはシャロームの第一義的な用法ではない。なぜなら、シャロームは通常、物事があるはずの状態を指す肯定的な語だからだ。しかし、もちろん、戦争は正常な状態ではないことから、平和は戦争と反対のことを指すのに使うことができ、また同様に、病気や貧困と反対のことを指しても使用できる。

シャロームを関係について語るのに用いる用法は、特に戦争の反対として語る場合に、英語の用法における peace に緊密に並行する一方で、シャロームの意味はそれを超えている。戦争が国家間におけるシャロームの外的不在を示すように、不正義は、社会の中におけるシャロームの不在を示す尺度だった。

このシャロームと正義との緊密な結合びつきは、シャロームが正義（justice）／義（righteousness）の並行概念として使用される用法によって例示される。例えば、イザヤ書60章17節は、将来的にイスラエルの運命が回復されることを願う預言者の希望を描いた一部だ。この節の後半は、次のように語る。

〔私は〕平和をあなたの管理者とし、
正義をあなたの監督者とする。

18節は、国内の暴力および抑圧の終わりを告げる。希望は明らかだ――神が国を回復されるときには、イスラエルは正義を実践する。抑圧は終わりをもたらされ、その結果、平和が生じる。イザヤ書54章13～14節もまた、同じペアを含む――シャロームと義は、抑圧の除去がその徴《しるし》となる。イザヤ書32章16～17節では、シャロームは明確に、義／正義の実であることが示されている。

〔そのとき、正義〕は荒野に宿り
義は果樹園に住む。
義が平和をつくり出し、
義がとこしえの平穏と安心をもたらす〔。〕〔RSVに合わせて調整〕

文字どおりには、この箇所は、シャロームについて義の報酬、ないし働きとして語る。
これとは異なる文脈において、詩篇35篇27節もまた、義とシャロームをペアにする。この詩篇は、嘆願者を脅かす敵からの解放を求める神への叫びだ。それは、弱く、困窮し、抑圧された者を神が解放してくださるようにとの請願にほかならない（10節）。この詩篇の終わりに、次のように書かれている（27節）。

私の義を喜びとする者たちが
喜びの声をあげ　楽しむようにしてください。

彼らがいつも　こう言うようにしてください。

「［ヤハウェ］は大いなるかな。

ご自分のしもべの平和を喜ばれる方は」と。


神の解放が到来するとき、正義が行われるとき、その結果、シャロームが生じる。

神による将来的な、個人ないし国の運命の回復の結果、正義とシャロームが生じるという、これらの章句に見出される期待は、預言者の将来に対する希望を描く章句にも存在する。イザヤ書9章1～7節、11章1～9節、エレミヤ書23章5～6節のような章句は、将来に希望されていたことの徴として、正義／義の存在に明確に言及する。これらの記述はまた、直接シャロームに言及するか、あるいはシャロームと名づけ得る状態を描いている。このように、一般的に言えば、預言者たちは、神の助けと、彼らの国家の回復を待ち望む中で、正義が行われ、抑圧が取り除かれ、シャロームが実現することを期待していた。

シャロームを求める預言者たちの希望が正義を実行することに基づいていただけでなく、彼らによる破滅の預言もまた、それ〔正義の実行〕に基づいていた。エルサレムの破壊〔紀元前五八七年〕以前に生きていた預言者たちは、シャロームではなく、災いを宣告した。彼らの裁きのメッセージの大きな理由は、イスラエルの中における社会的不正義の存在だった。彼らは、義と正義の実践（アモス5・21～24、エレミヤ22・1～15）を訴え、同時に抑圧を非難したが（エレミヤ22・13～17、アモス4・1～2)、その抑圧を、彼らは来るべき災いと直接結びつけた。もちろん、社会的不正義だけが、彼らが反対した悪ではなかったが、それは頻繁に言及されるとともに、裁きと明確に結びつけられた――つまり、シャロームの反対概念だ。

彼らが生きた社会の評価と将来に対する希望の両方において、預言者たちは、シャロームが社会における人間関係に依存すると見なした。抑圧はシャロームの不在を意味し、むしろ裁きを意味したが、その一方で、正義はシャロームへと至らせた。

このように人間関係の領域において、シャロームは、個人間であれ国家間であれ、物事が本来あるはずの状態であることを描く。シャロームは、第一義的には適正な関係性について述べるものであることから、紛争の不在というよりもむしろ、正義に特徴づけられる肯定的で良い関係の存在を指す。物質的領域において、シャロームが適正で大丈夫な状態という意味合いを持つとすれば、関係性の領域では、シャロームは適正に関係していること、人々の間で物事が大丈夫な状態である、という意味合いを持つ。このことは、聖書におけるシャロームは、平和を反戦ないし反軍事行動とする狭い理解よりも、はるかに広くまた肯定的な物事の状態に関わるものだ、ということを意味する。シャロームづくりとは、人々や国の間において、正しく、また健全性を与える関係性に努めることにほかならない。

シャロームとは、率直さ（straightforwardness）

最後にシャロームという語が適用される三つ目の主要な領域は、道徳的ないし倫理的な領域だ。ここには二種類の用法が見出せる。第一に、詩篇34篇14（15）節〔改2017では13（14）節〕にあるように、シャロームは欺きの反対概念として使われる。ここで詩人は、悪や嘘を語ること〔13節〕の反対として、シャロームを追い求めることを熱心に説く〔14節〕。これと同様に、詩篇37篇37節にある「シャロームの人」〔平和の人〕という表現は、honest〔37節：全き人／直ぐな人〕に並行しており、ここでは高潔さ（integrity）を持ち、率直な性格の人物であると理解できる。この人は、38節の迫害者および罪人とは正反対の人物だ。シャロームは、ゼカリヤ書8章16節でも使われるが、そこでは民がシャロームをもって、すなわち高潔さをもって裁きを行うようにと告げられる。

シャロームの二番目の道徳的な意味は、非難されるところがない、ないしは無垢であること、すなわち罪責がない、ということだ。Ⅱ列王記5章19節では、アラム〔シリア〕人将軍がヨルダン川に七度浸かることによってツァラアト〔規定の病〕を癒やされた。彼は、自身の奇跡的な回復のゆえに、イスラエルの神、ヤハウェの礼拝を願う。そのために彼はイスラエルの土を持ち帰ることにする。しかしながら、彼はエリシャに次のように告白する。王が神殿に行って、その地の神を礼拝するとき、王は彼に寄りかかって彼の介添えを受ける。それゆえ、この将軍は、神殿で別の神の礼拝の介添えをすることになる。これに対してエリシャは答える。「平和のうちに行きなさい」（Go in peace）と〔改2017「安心して」〕。つまり、そうしても構わない、あなたは罪責を負わない、ということだ。

そういうわけで、道徳性の領域において、シャロームは、欺きの反対概念として、高潔さ、率直さの存在を指す。そしてそれは、誤り、罪責、あるいは非難の不在である。いずれの場合にも、シャロームの基調は、肯定的であり、人のあるべき姿なのだ。この領域において、シャロームづくりとは、欺きや偽善を取り除き、正直さ、高潔さ、そして率直さを推進するよう努めることだ、と言える。

実践において結びつく三つの意味

シャロームは、時に物質的および身体的状態を指し、時に関係性、時に道徳的行為を指す。これら三つの領域すべてにおいて、ある一貫性が認められる――シャロームは、物事がいかにあるべきかを定義する。シャロームは、古代イスラエル社会において、民が、適正な状態にある自分たちの物質的世界や関係性、個人の性格に言及した、その言及の仕方を表現する。

シャロームが今日、私たちの状況にどう関わっているかを把握するためには、これらの三つの側面を心に留めておくことが重要だ。確かに、ある時には一つのことが指し示され、またある時には別のことが指し示されるが、それでも一つの部分だけがシャロームであるかのように選ぶべきではない。例えば、シャロームを様々な関係性だけ、ましてや紛争や戦争といった一つの種類の関係性だけに限定して、シャロームに正義が含まれることを忘れてしまってはならない。

英語では、healthy（健康的）という語を数多くの仕方で使用する——例えば、ある人の身体的ならびに精神的な状態について語るために使う。このように私たちは、健康な人について語るときに、その人が身体的にも精神的にも適正だという意味で語るが、別の場合には身体的にのみ、あるいは精神的にのみ適正だ、という意味で語ることもある——「彼女は健康そうに見える。身体的には何の問題もないよ」と言うような場合がそうだ。しかし、この後者の用法では身体的健康について言っているだけだからといって、そこから「健康」が身体的健康のみを指すと結論づけることはしないだろう。それは違う。健康は身体的側面と精神的側面の両方を含むと言いたい。シャロームについても同じことだ。つまり、私たちはその意味を、意味範囲の一部分にだけ限定すべきではない。

さらに、このシャロームの三つの側面は、実践において結び合わされていると確信する。もしそうであるならば、シャロームを持つためには、三つの部分のすべてが存在している必要がある。本物の預言者と偽りの預言者の間でなされるシャロームについての議論を見ることで、このテーゼを例証することができる——すなわち、シャロームのためには、なぜ事態が物質的にも関係性においても、また道徳的にも適正であることが必要なのか、ということだ。

本物の預言者たちは破滅や災難を宣告したが、その一方で、より人数も多く人気もあった偽預言者たちは、民にシャロームを期待するようにと告げた。二つの例として、エレミヤ書14章13～16節、8章11節を見よ。これらの箇所は、本物の預言者が災難と破壊のメッセージを伝える、まさにその状況下で、偽預言者たちは国のためのシャロームを宣言できたことを示している。それはなぜだろうか。

本物の預言者たちは、正義がシャロームにとって決定的に重要だと考えていたため、社会的不正と抑圧を糾弾した。他方、偽りの預言者たちにとって、平和とは、正義に向かって邁進することであるよりも、むしろ、戦争による破壊や病気、飢えを避けるといった、安全を意味すると考えられていた。彼らが正義に反対していたとは言えないだろう――おそらく、彼らもまた正義を主張していただろう。しかし、明らかに、何を優先するかが重要なのであり、国のためのシャロームは、第一義的には正義には基づいていなかったと考えられる。

なぜ、この二つのグループは、シャロームを達成する方法について異なっているのか。本物の預言者たちにとっては、物事が本来あるはずの状態でなければ、シャロームは存在しない。そして、彼らの社会批判から、物事が適正でなかったことがわかる。第一に、物質的な次元では、ある者たちは繁栄していたが――物質的良好さとしてのシャロームの徴――、この繁栄は貧困と隣り合わせに進展したものだった。金持ちは、その豊かさと贅沢をもって、貧しく力なき者たちの間で生きていた。

二番目に、この不平等が存在したのは、関係性の次元で、金持ちの力ある者たちが、貧しく力なき者たちを抑圧していたからだ。このことは、社会的関係があるべき姿でなかったことを示していた。抑圧は大丈夫な関係性ではない。そしてもちろん、この適正な関係の欠如、つまりこの抑圧は、ある者たちには物質的利益を、それ以外の者たちには物質的欠乏を、直接的にもたらした。その結果、彼らの繁栄は、シャロームの外見を与えたに過ぎなかった。より深い分析はその実態、すなわち、抑圧と罪の実を見抜いていた（アモス3・9～11）。

三番目に、法的また政治的プロセスは、正直さをもって作用していなかった。イザヤ書10章1～2節が示すように、彼らは自らの利権を守る不正な法律を作っていたのであり、その結果、下層階級の人々に害を与えた。預言者たちは、たびたび収賄や正義の誤用について抗議した。特別な利権や特権階級に対するえこひいきに誘導される政権は、高潔さをもって機能する政権ではない。さらに言えば、この正直さの欠如は、抑圧を促進し、それによって多くの者たちの物質的良好さに対する希望を打ち砕いた。

このように、シャロームをめぐる本物の預言者と偽りの預言者の間の論争は、平和／シャロームが、その獲得された方法やその対価を度外視して、単に安全と繁栄を意味するものなのか、それとも生の三つの側面すべてにおける大丈夫さ（okayness）を示すものなのか、という問いに集約されると考えられる。この後者のほうが、本物の預言者の視点を表す。

結果として、シャロームの約束は、大丈夫でない事態を隠蔽することは決してできなかった。偽りの預言者たちに対する、エゼキエルの激しい批判の鮮烈な言葉遣いに注目してほしい。彼らは、シャロームのないときにシャロームを語り、それによって、誤った安全さの感覚をもって民をなだめた。エゼキエルの表現を使えば、〔彼らは〕崩れ落ちる壁に漆喰を上塗りして〔取り繕って〕いるのだ。（エゼキエル書13章、シャロームへの言及は10節および16節を見よ。）このことに照らして見ると、すべての繁栄がシャロームないし神の恵みの徴とは限らない。それは、神の裁きを招く罪と抑圧の徴であり得る。そのような状況を平和ないし平和な時代と間違える人々は、平和が何であるかについて確実に間違っている。道徳的高潔さからくる繁栄、そしてすべての人の良好さを含む繁栄だけが、シャロームの繁栄なのだ。[4] この推論に照らして見ると、正義——繁栄それ自体ではなく——は、シャロームがあるかどうかを測る真の物差しになる、と言えよう。

　このシャロームの理解は、平和と平和づくりに対する私たちの理解を変革する意味を持つ。私たちは時として、平和維持を、紛争抜きでステータスクオー（現状維持の体制）を維持することだと考える誘惑に駆られる。しかし、シャロームについての私たちの考察は、抑圧、搾取、また不正な法律にもかかわらず平和を持つことができると考えるならば、その平和づくりは「漆喰の上塗り」〔ごまかし〕だ、ということを示している。抑圧、物質的欠乏、また物事の現状に関する欺きという状態を維持することは、平和を維持することではなく、その正反対のことをすることにほかならない。シャロームづくりとは、こうした状況を、公正、平等、正義へと変革することだ。シャロームは、体裁ではなく、変革を要求する！

神の究極の意志としてのシャローム

シャロームは、本来あるはずの状態において存在するものであることから、私たちの世界に対する神の目的と意志との力強いシンボルとなる。物事があるはずの状態であることは、確かに神の意志なのだ。このことは、イザヤ書2章2～4節に描かれるヴィジョンに見ることができる。ここにはシャロームという語は現れないが、ここに描かれている光景は、シャロームだ。

　終わりの日に、
　　［ヤハウェ］の家の山は
　山々の頂に堅く立ち、
　　もろもろの丘より高くそびえ立つ。
　そこにすべての国々が流れて来る。
　　多くの民族が来て言う。
　「さあ、［ヤハウェ］の山、
　　ヤコブの神の家に上ろう。
　主はご自分の道を私たちに教えてくださる。

私たちはその道筋を進もう。」
それはシオンから〔律法〕が、
　エルサレムから〔ヤハウェ〕のことばが出るからだ。
主は国々の間をさばき、
　多くの民族〔のため〕に判決を下す。
彼らはその剣を鋤に、
　その槍を鎌に打ち直す。
国は国に向かって剣を上げず、
　もう戦うことを学ばない。〔RSVに合わせて調整〕

このシャロームの映像は、諸民族が神の支配を認識し、神の道（God's way〔方法〕）、つまり彼らがそれに従って生きるべき道を学ぶことを示している。人々の従順と、裁くことにおいて行動する神の支配という、この二つのテーマに続いて、シャロームは最終的な結果として現れる。一方では、シャロームは人々が神への従順において生きる——神の道を学び、その道を歩む——そのときに、結果として生じる。その一方で、シャロームは、国々を支配し裁く神の働きでもある。[5] 神の意志がなされるときに、シャロームは経験される。

エイレーネー――新約聖書の証言

新約聖書に目を向けると、通常 peace と翻訳される語はギリシア語のエイレーネーだ。それはシャロームとほとんど同じ仕方で使われる――物質的および身体的な良好さ、良い関係性、そして道徳的性質を表す。シャロームとエイレーネーの意味の連続性を指摘するために、これらの用法を短く説明しておこう。

物質的な領域においては、シャロームと同様、挨拶や別れの際に使われており、それは手紙の始まりや結びに見ることができる。手紙の始まりの部分については、ローマ1章7節、Iコリント1章3節を、結びの部分については、エペソ6章23節、Iペテロ5章14節、Ⅲヨハネ15節を見よ。手紙におけるこの用法は、明らかに、マタイ10章13節における願いや祝福に近い。そこでは、弟子たちが宣教旅行の間に滞在する家庭に対して平和を願うことになっている。あるいはまた、マルコ5章34節では、イエスがお癒やしになった女性を、平和と健康の願いをもって去らせている〔改２０１７「安心して」〕。

関係性〔の領域〕においては、エイレーネーは、使徒24章2節やローマ14章19節にあるように、良い一致を指す。また、シャロームと同様に、エイレーネーは紛争ないし戦争の不在を指し、それはマタイ10章34節、ルカ14章32節、使徒7章26節に見られる。ここでもまた、二つの極が見出せる。一方では、エイレーネーは何らかの肯定的なもの、つまり良い関係性の存在を指し示す。他方、適切な関係性の不在を指し示すこともできる。

最後に、エイレーネーは道徳的なものの領域の事柄にも当てはまる。エイレーネーは、キリスト者の美徳として顕著なものだ。ローマ8章6節、14章17節、15章13節、ガラテヤ5章22節、Ⅱテモテ2章22節、Ⅰペテロ3章11節、Ⅱペテロ3章14節を見よ。これらの用例は、シャロームの場合に見出せる用例に類似しているが、人格的な美徳のリストに登場する点で際立っている。ここでのエイレーネーの意味は、すでに見た道徳的高潔さにより強く関係するシャロームよりも、むしろ英語の peaceable〔平和を好む／穏和な〕の意味に近いかもしれない。

しかしながら、エイレーネーは、一つの際立った仕方でシャロームとは異なっている。それは神学的に使われるのだ。つまり、〔エイレーネーは〕「平和の神」という表現にあるように、神について使われているが、この表現は新約聖書においてかなり一般的なものだ。例えば、ローマ15章33節、16章20節、Ⅱコリント13章11節、Ⅰテサロニケ5章23節、Ⅱテサロニケ3章16節、ヘブル13章20節を見よ。それに加えて、エイレーネーは、「神の平和」と「キリストの平和」という表現でも使用されており、それはヨハネ14章27節、ピリピ4章7節、コロサイ3章15節に見出せる。ヘブライ語聖書には、そのような表現は見出すことができない。

新約聖書はまた、「平和の福音」についても語る（エペソ6・15、また2・17、使徒10・36も）。これらの表現は、新約聖書において、エイレーネーが重要な神学的意味を持つようになったことを示している。この語は、神について、また人類のための神の福音について語ることに使われたのだ。

新約聖書における、このエイレーネーの神学的意義は、イエスの死と復活の結果に言及するときに頂点に達する。イエスは二つの重要な方法で平和をつくった。第一は、ローマ5章1～11節に示されている。この箇所で、パウロは、義とされることの結果が神との平和であると語って議論を始める。イエスの働きの目的の一つは、人々と神との間に平和をもたらすことだった。この平和は、両者の間で物事が適正にされた結果もたらされた。つまり義とされることだ。パウロはそれに続けて、物事を適正にしたイエスの死が、助け手なき敵に対する神の愛の行為だったことを指摘する。このように、積極的な敵への愛と、助け手なき者を助けることを通して、神は神人関係を、キリストを通して変革する。人々と神の間に平和が存在し得るのは、両者の間で物事が適正にされたからだ。

キリストの変革を生み出す死の結果は、人―神関係の変革だけではなく、人々の間の関係をも変革する。エペソ2章14～17節、およびコロサイ1章20節は、このキリストの死の影響に言及する。エペソ書において、かつて敵だったユダヤ人と異邦人が今や一つとなったのは、キリストの死を通してだ。互いに和解された一つの体として、両者は共に神と和解されている。ここでは、キリストの死は、人々の間の変革する力として示されている。かつての敵の間で物事を適正にすることで、今や新しい肯定的な関係が生まれる。

エペソ2章14～17節の順序に注目してほしい。最初に人間関係が変革され、その後で人―神関係の変革が来る。これと同じ順序が、マタイ5章23～24節にもあることを見よ。人々の間のエイレーネーが第一段階になる。人々と神との間のエイレーネーは、第二段階なのだ。

これらの箇所の観点からすると、人々の間にエイレーネーがないならば、人々と神との間にエイレーネーはあり得るだろうか。いずれにせよ、人間関係が神学的領域に含まれていることが重要だ。生の主要な目標は、神との間に平和を見出すことだけでなく、人々の間および階層間の積極的平和でもある。エイレーネーの欠如——不正義と抑圧——は、政治的また社会的問題であるだけでなく、神学的問題でもある。コロサイ書において、このヴィジョンはより壮大なものになる——宇宙全体が、キリストの働きの結果として一致へと（エイレーネーへと）至る。生態系の健全性ないしシャロームは、今やシャロームづくりに含まれるのだ。

新約聖書にとって中心的なのは、エイレーネー、つまり肯定的な概念としての平和が、イエス・キリストにおける神の目的にとって中心的だ、という教えだ。人々の間でも人々と神との間でも、さらには自然においても、物事が本来あるはずの状態になるために、イエスは来られた。物事を本来あるはずの状態にすることは、既存の関係性を変革する。それは、新しい関係性、つまりシャロームの基礎となる関係性が、本来の場所を占めるということだ。

要約すれば、エイレーネーが、ヘブライ語聖書に見出されるシャロームの意味に緊密に従っていることを見てきた。エイレーネーは、シャロームと同様に、物事があるべき状態にあり、神がそれらに対して意図している状態にある、肯定的な事態の状態を指し示す。この意味領域の枠内において、エイレーネーは拡大された参照域を持つようになった。すなわち、神と人々との間で物事が適正な、あるいは大丈夫な状態を指すこともできる。それゆえ、シャロームづくりをする者たちは全き和解を追い求める――それは人々の間の和解として、貧困、抑圧、および欺瞞を終わらせ、また人々と神との間の和解として、すべての人がシャロームのヴィジョンである生の刷新に生きることができるようになる。平和／シャロームは、聖書倫理と福音宣教の両方を表すと考えられるのだ。

物事を本来あるはずの状態にする

シャロームとエイレーネーの考察において、それが三つの領域に当てはまることを見てきた。身体的ないし物質的領域、関係性ないし社会的領域、そして道徳的範囲だ。これらすべての分野において中心的主題が、物事があるべき状態、要するに適正な状態にある、ということを確認した。シャロームとエイレーネーは、通常、肯定的なことを指し示すことを強調してきた――〔これらの語は〕物事の正しい状態の存在を示している。これは、戦争や紛争の不在のみを指して使われる英語の peace とは対照的だ。

ヘブライ語聖書では、預言者たちの間に、シャロームがあるかどうかについて見解の対立が見られた。偽りの預言者たちはシャロームの預言者だったが、本物の預言者たちは破滅の預言者だった。このことから、偽りの預言者たちがシャロームをあまりにも狭く――安全保証の事柄として、災難の不在として――定義していたと判断した。本物の預言者たちは、シャロームを、物事が大丈夫な状態の結果である何かとして定義した。もしも抑圧と搾取があったならば、もしも弱者の不当な扱いを是正しない法体系があったならば、また、もしも物質的豊かさを経験しない貧しい者がいたならば、物事は大丈夫ではないのであって、どれだけの分量の安全保障をもってしても、そのような状態をシャロームにかえることはできない。これこそ、平和の聖書的理解についてのこの章の中心的な学びだ――それは、物事のあるべき状態を肯定的に指し示す。物事がそうなっていないときには、いかなる量の安全保障も、法と秩序という意味でのいかなる量の平和維持も、公共の静寂も、平和を生み出さない。物事のあり方における変更だけが、シャローム／エイレーネーの実現を可能にする。物事が本当に適正になるような社会の変革だけが、聖書的平和を生み出すのだ。

　平和は、あるべき状態にある物事の表現であるため、神の主権的支配が確立されたときに物事がどうなるかについてのヴィジョンにもなった。イザヤ書2章2～4節の箇所は、このヴィジョンを前面に打ち出している。シャロームは、人類の生と歴史に対する神の計画、地上における神の支配の到来の徴なのだ。

　ギリシア語聖書において、エイレーネーの用法は、シャロームについて見出された用法と緊密に一致するが、そこにはある大きな例外がある――エイレーネーは、神学用語になっている。それは神について、キリストについて、また福音について使われる。しかし、さらに重要なことに、それはキリストの死の結果について語ることに使用される。この文脈において、エイレーネーは、キリストの死によって適正にされるべき人間の生の二つの側面を言い表す。すなわち、それは人々と神との間の関係を変革するし、また人々の間の関係を変革する。不適切で、不正義かつ抑圧的な関係は、今や神学的な問題となる。このことにおいて、預言者イザヤの希望との連続性を見出す——神の主権と支配が実現するときに、シャロームはその表現となる。

今日の私たちのシャロームづくりに対する、このことの実践的な意味とは何だろうか。平和と平和づくりを構成するものが何かについて、私たちのヴィジョンは狭すぎる傾向があったように思われる。例えば、平和を、戦争に反対することや、あるいは人々の間の争いを解決するために働くことだと考える傾向はなかっただろうか。もし私たちがシャロームのヴィジョンに焦点を合わせるとするなら、すべての人が物質的に適切な収入と身体的良好さを享受できるように労したいとは思わないだろうか。抑圧を是正する闘争を、平和づくりと見なすのではないだろうか。そして、シャロームに反して作用する不正な法に対する挑戦さえも、平和づくりと見なすのではないだろうか。事実、そのようなシャロームの欠如の状況から利益を得ながら、そのステータスクオーを変革するために何もしない人々は、実際にはシャロームづくりをする人ではなく、むしろシャロームに反する人たちだ、と言うのではないだろうか。

このことから、最後のいくつかの質問が導き出される。教会がヘブライ語聖書にある希望を実現できず、あるいは、シャロームのためになされたキリストの贖いの働きにおける神の目的を実現できなかったことは、教会にとって大きな悲劇なのではないか。このことは、今や国と階級の境界線によってあまりにも断片化されてしまっているキリスト者共同体の関係性が変革されるまで、そのまま残ってしまうのではないか。もしもシャロームの到来が変革を要求するものであるなら、シャローム、つまり神の意志が、天におけるように地においてもなされるように、抑圧と死の構造が見出されるところではどこであれ、教会がその構造を解体する働きを先導すべきではないのだろうか。

1　定義の違いは、平和とは何であるかに関する議論、つまり追い求めるべき目的に関する議論ではなく、むしろ平和をどのように維持ないし達成するか、つまり手段に関する議論として考えることができる。しかし、ここには平和の概念における相違があるように思われる。どういった種類（type）の状況が、武力や戦争の脅しによって維持されると言うのだろうか。現在の出来事を観察すれば、そうした「力」が、抑圧と不正義を支持するために使われているのは明らかだ――しかもそれが平和維持と呼ばれているとは、なんということだろう。この点からすれば、平和維持は、誰か別の人たちの犠牲によって、自分に利益となる状況を維持することに見える。

2　シャロームの意味に関する議論としては、以下の二つが最も有用だ。(1) C. Westermann, "Der Frieden (Shalom) im Alten Testament," in G. Picht and H. E. Todt, *Studien zur Friedensforschung* 1 (Stuttgart: Klett, 1969), pp. 144-77. この論文において、ヴェスターマンは、シャロームのある側面の訳語として「大丈夫」（okay）を提案する。(2) H. H. Schmid, *Shalom: Frieden im Alten Orient und im Alten Testament* (Stuttgart: KBW Verlag, 1971). シュミットは、特に〔紀元前〕8世紀の預言者において、シャロームの正義（justice）に対する関係を導き出している。この線に沿って、O. H. Steck, *Friedensvorstellungen im alten Jerusalem Psalmen, Jesaja, Deuterojesaja* (Zurich: Theologischer Verlag, 1972) もまた、正義とシャロームの密接な結びつきを指摘する。

3　ここに挙げられている参照箇所を確認すると、自分が使っている英訳聖書ではそこに peace が見つけられない場合もある。それは、翻訳者は、ヘブライ語の *shalom* を常に英語の peace で訳すわけではないからだ。このことは、この章で主張しようとしている点の例証となる――つまり、*shalom* と peace は、同じ意味範囲を持っていない。

4　もちろん、この他にも預言者たちを隔てていた問題はあった――私はここで、シャロームの議論に密接に関わる一つに焦点を合わせた。しかし、私には、正義の観念と、国家の安全保障に対するその観念の関係とが、本物の預言者と偽りの預言者を区別する決定的な事柄であったと思われる。

5　この章句は、行為者（agency）――誰がシャロームをもたらすのか、神なのか人間なのか――に関してしばしば存在する、曖昧さ（ambiguity）もまた例示している。いくつかの章句では、次章で見るように、強調点は神に置かれる。他の箇所では、それは人々の責任に置かれる。また別の箇所では、この章句がそうであるように、神と人の両方が活動する。私の判断ではあるが、公正を期して言えば、そこには協働的な関係性がある。一方では、私たちは、神が活動し、シャロームとそれに伴うすべてを望んでいると確信する。その一方で、人々もまた、行動するように召されており、人々もまた、その責務と機能を担うと確信する。後者を示す最も強力な章句は、おそらくⅡコリント5章14～21節であり、そこでは、私たちは神の和解の使者（agents）となるべきであり、神が私たちを通してそのことを訴えているのだ。最終的には、神の行為と人間の責任を共に保持すべきだろう――私たちは、神の協働者（co-workers）なのだ。

3章　正義こそ基本

前章では、シャロームとエイレーネーが、物事があるはずの状態であること――大丈夫であること――を指している、ということを見出した。さらに、物事が大丈夫であるかどうかを測る物差しとして、正義が使われることがあることも見た。預言者たちの間でのシャロームをめぐる論争は、このことを極めて明確に示していた。真の預言者たちにとって、不正義とは、シャロームの対極にあるものと考えられていたが、それは不正義が抑圧をもたらしただけでなく、物質的な欠乏や欺瞞ももたらしたからだ。

この正義とシャロームとの結びつきを踏まえるなら、私たちは正義について二つの疑問に直面することになる。すなわち、どのような種類の正義がシャロームへと導くのか。こうした正義とシャロームの追求は、聖書的信仰にとってどれほど中心的なものなのか。

アブラハムは神に尋ねる。「全地のさばき主は、正しいことを行うべきではありませんか」(創世18・25、NEB)。ここでアブラハムは、聖書的信仰の中心的確信――神は正義のための神――を主張している。聖書に親しんでいるほとんどの人は同意するだろう。私たちは、聖書の神が不正義のための神だなどと期待するはずがない。しかし、この主張が聖書的信仰に対して持つ意味は、アブラハムの洞察からはそれほど明らかではない。神の働きの中のそれ以外の部分との関わりにおいて、正義への関心はどれほど基本的なものなのか。正義を求める闘争は、私たちの生活にとってどれほど中心的なものだろうか。

次のよく知られた箇所にもあるように、正義を行うことは預言者たちによって強調されている。

「神はあなたに、何が善であるかを告げられた。
［ヤハウェ］があなたに求めておられることは何か。
ただ、正しく行動し、忠誠を愛し
あなたの神の前で賢く歩むことのみである。」（ミカ6・8 NEB）

この箇所は、正義を行うことの重要性を指摘している――それは、正義の神に従う者の基本的な関心事だ。しかしながら、預言者は、今日の世においてそれをいかに実践すべきかを、私たちに告げない。では、聖書に従うならば、正しく行動するとは何を意味するのだろうか。

解放の神学が起こり、世界的な飢餓や貧困についての私たちの自覚が高まるようになって以来、この問いは緊急性を増している。聖書的な正義とは何か、また、どうすればそれを手に入れることができるのか。この問いは、今日のキリスト者にとって、たとえ唯一の主要な関心ではないとしても、一つの主要な関心となっている。

これらの問いに答えるための背景を得るためには、神がどのような方かを示す聖書の描写の中で、まさに正義がどれほど重要であるかを見極める必要がある。第二に、神の正義を定義し、この正義がどのようにシャロームを目指し、またシャロームへと至るのかを示していきたい。[1]

正義こそ神の支配の基本

私たちは神と正義との結びつきに関する研究の基礎を詩篇に置くことにしよう。なぜなら、詩篇は、なぜイスラエルの神が礼拝されるべきかについて、明快で心からの感情が表現されているからだ。そこに述べられている理由の一つは、この神が正義のために働いているから、ということだ。例えば、詩篇89篇5～14節はこう語る。

「ヤハウェ」よ　天はあなたの奇しいみわざをほめたたえます。
まことにあなたの真実を　聖なる者の集いで。
いったい　雲の上では
だれが「ヤハウェ」と並び得るでしょう。

〔神々〕の子らの中で　〔原文＝エーリーム／RSV：heavenly beings〕

だれが〔ヤハウェ〕に似ているでしょう。

主は　聖なる者の会合で大いに恐れられる神。

主を囲むすべての者の上におられる　恐るべき方。

万軍の神〔ヤハウェ〕よ。

だれがあなたのように力があるでしょう。〔ヤハウェ〕よ。

あなたの真実はあなたを取り囲んでいます。

あなたは海〔ヤーム〕の高まりを治めておられます。

波が逆巻くとき　あなたはそれを鎮められます。

ラハブを打ち砕いて　殺された者のようにし
あなたの敵を　力ある御腕で散らされました。

天はあなたのもの
地もあなたのもの。

世界とそこに満ちているものは
あなたが基を据えられました。

北と南　あなたがこれらを創造されました。

タボルとヘルモンは　御名を高らかに歌います。

あなたには　力ある腕があります。
御手は強く　右の手は高く上げられています。
義と〔正義〕は　あなたの王座の基。
恵みとまことが御前を進みます。〔RSVに合わせて調整〕

この箇所は、誰が、あるいは他のどの神が、イスラエルの神ヤハウェほど偉大であるか、と問いかける。他にも神々や神のような存在はいるだろうが、その誰一人、イスラエルの神と比べられるものはない。なぜか。それは、ヤハウェが創造の神だからだ。ここでは、神の創造の業は、ヤハウェが竜や怪物（海、ヤーム、そしてラハブ）を打ち負かす詩的な戦闘のイメージを通して示される。この戦闘のイメージは、イスラエルの近隣の人々によっても使用されている。例えば、バビロニアの叙事詩「エヌマ・エリシュ」では、怪物を制圧するのはバビロンの神マルドゥクだ。その勝利の後、マルドゥクは、他の神々の助けを得て、天地を創造する。その結果、彼は神々によって王と宣言される。

しかしながら、この詩篇では、戦闘のモチーフは、他の神々に優るイスラエルの神の威光を主張するために使用される。なぜなら、竜や怪物を制圧し、宇宙を創造したのは、ヤハウェただ一人だけだからだ。したがって、第一に、神の唯一無二の威光と主権は、創造に基づいている。

この承認に続いて、さらに、義と〔正義〕（righteousness and justice）とが神の王座の基だと主張される。つまり、正義は、こうして創造された宇宙に対する、神の支配と王権の基礎ということだ。正義を行うことこそ、神の支配の土台なのだ。

神が創造主であり、神は正義を行うことによって支配するという、この二つの主張は、この詩篇において結合した基礎を作成して、他のどの神も神のような存在も、イスラエルの神の偉大さに匹敵し得ないという信念を支える。その結果、ヤハウェこそ、礼拝され讃えられるべき方なのだ。

この詩篇から、神の創造の行為が神に宇宙の主権者としての権利を与える一方で、正義が神の王権を描写するものであることを学ぶことができる。あるいは、言い換えれば、主権者である神の力を示したのは創造だったが、神にイスラエルの王となる権利を与えるのは、神が正義を用いることによる、と言ってもよい。

詩篇33篇もまた、正義を神の創造の行為と結びつける。最初の三つの節で、会衆は神を讃えるよう招かれる。その後に、その理由が述べられる。

主は〔義〕と〔正義〕を愛される。
［ヤハウェ］の恵みで地は満ちている。（5節）〔RSVに合わせて調整〕

この義と〔正義〕への言及に続き、6〜9節は創造に言及し、この詩篇の大部分にあたる10〜22節は、歴史における神の支配を描く。ここでも再び、主権者である創造神が、正義の支配を通して世界に関わっていることがわかる。
これら二つの例の中で、正義の神である神は、世界の創造主である神と結びつけられている。しかし、他の詩篇では、神は、創造への言及なしに、支配者また王として語られている。そうした用例においてもまた、正義は神の行動の基本として提示されている。例えば、詩篇9篇7節、8節では、裁くことが権威の王的実践として見られている。

しかし「ヤハウェ」はとこしえに御座に着き
〔正義〕のために王座を堅く立てられた。
主は義によって世界をさばき
公平をもって　もろもろの国民をさばかれる。（7～8節）〔RSVに合わせて調整〕
（詩篇99篇1～4節、および96篇10～13節を参照。）

これらの神についての告白から、聖書的信仰にとって、神による世界の支配と、正義の実践とが密接に関連していることは明らかだ。正義は、この世界とその歴史における神の行為の最重要な特徴を表現する。

正義は神が神であることの基本

しかし、神と正義を結びつけることは、ヤハウェの支配権と、正義を獲得するための神の王的力の行使以上のことを意味する。国々の神々とされるものではなく、イスラエルの神ヤハウェこそが神的（divine）であるという、まさにこの主張が、ヤハウェの正義の行いにかかっているのだ。このことは、詩篇82篇に驚くべき仕方で示されている。そこでは、イスラエルの神が、神々の会議の中に立っている。

神は　神の会議の中に立ち
神々のただ中でさばきを下す。
「いつまで　おまえたちは不正をもってさばき
悪しき者たちの味方をするのか。［セラ］
弱い者とみなしご〔に正義を与え（改２０１７：のためにさばき）〕
苦しむ者と乏しい者の正しさを認めよ。
弱い者と貧しい者を助け出し
悪しき者たちの手から救い出せ。」（1～4節。「」を補足）〔ＲＳＶに合わせて調整〕

この語りの中で、神は国々の神々を告発するが、それは、彼らが正義を支持するどころか、正義を腐敗させるからにほかならない。困窮する人を助けるどころか、彼らは実際には、不正義を行う人々を手助けしているからだ。他の神々によって行われ続ける正義の悪用は、次のような結末を招く。

彼らは知らない。また　悟らない。
彼らは暗闇の中を歩き回る。
地の基は　ことごとく揺らいでいる。（5節）

彼らが正義を追い求め損ねていることは、これらの他の神々が無知であり、それゆえ、下手な導き手であることを示す。彼らは暗闇の中を歩き回る。さらに、正義を実践し損なった結果、創造された秩序そのものが影響を受ける。この神々の無知と地上における彼らの有害な行為についての省察によって、詩人はさらに次の結論に至る。

わたしは言っ［てい？］た
「おまえたちは神々だ。
みな　いと高き者の子らだ。
にもかかわらず　おまえたちは人のように死に

君主たちの一人のように倒れるのだ。」
神よ　立ち上がって　地をさばいてください。
あなたが　すべての国々を
ご自分のものとしておられるからです。（6～8節）

他の神々は、事実、神ではない。イスラエルの神だけが真の神なのだ。それは、イスラエルの神だけが、弱い者また抑圧された者に正義をもたらすからにほかならない。ヤハウェのみが正義を促進するので、イスラエルの神のみがすべての国々の支配者なのだ。

この議論は、正義は王権の正当な行使の一部であるゆえに、正義の神である神のみが、真に神であり得る、という確信に基づいている――なぜなら、そのような存在のみが、真に支配し、力を行使することができるからだ。正義こそ、神にとって神であることが何を意味するのかを定義する唯一の資質となる。正義の行使が欠如した神は、神でなどあり得ない。

同様の感覚は、詩篇58篇1～2節にも見られる。

〔神々よ〕　おまえたちは本当に義を語り　〔原文：エーレム／RSV：gods〕
人の子らを公平にさばくことができるのか。
実に　おまえたちは心で不正を働き

地で手の暴虐をはびこらせている。

神々は本当に正義を行っているのか。詩人は否と言う。彼らはむしろ、暴力を謀り、実行する。この詩篇は、真の神に正義をもたらすことを嘆願して終わる。なぜなら、悪を行う者たちが裁かれるときに、人々は「まことに　さばく［治める］神が地におられる」と語るからだ（11節）。人の神への信仰は、神が正義を行われることに密接に結びついている。

私たちは今、この章を始めたときの質問の一つに対する答えを得た。すなわち、聖書的信仰にとって、正義を行うことは、神の本性と存在にとって本質的であり、また地上の歴史における神の行動と目的にとって本質的なものだ。こうして、次に二番目の質問を提起できる。すなわち、どのようなタイプの正義が聖書的信仰の基本なのか。

神の正義

先に私たちは、「全地の主は正しいことをなさらないのですか」とのアブラハムの問いを引用した（創世18・5、著者による敷衍）。主権者なる主（Lord）である神は正しく行動しなければならない、とのアブラハムの関心は、私たちにとって驚きではない。正義は、私たちが高く評価する美徳の一つである。私たちは神がその美徳を完璧に実行して見せることを期待する。しかし、私たちは経験上、何が正しく、また正義はどのように行われるかについて、その基準や考えが異なることも知っている。このことは、聖書が神を正義の神として描いていると言う以上、次のことを問い続けなければならないことを意味する。「どのような種類の正義が神と結びついているのか。正義のどの行為が、神による世界の支配の基礎を作成するのか。」この問いに取り掛かるために、詩篇の中で、神が正義の神としてどのように描かれているのかを問うことから始めよう。

再び詩篇から始めるのは、そこに、神の正義を驚くほど明瞭に見ることができるからだ。詩篇の多くは、自分たちにとって正義が否定されてきたし、いまなお否定されていると感じている人々の叫びを代表する。[2] 神の正義がどう描かれているのか、これらの詩篇のいくつかを見てみよう。

神が正義を行うという主題は、詩篇においてしばしば、祈っている者に対して危害を加えようとする敵からの救出を神に求める嘆願と結びついている。詩篇9篇はこのモティーフのよい事例だ。

わたしの敵は退くとき
御前でつまずき　ついえます。
あなたが　わたしの正しい訴えを聞かれるからです。
義の審判者として王座に着いておられるからです。（3～4節）

審判者あるいは支配者として、神は、脅かされている者を救出する。詩人にとって、この、神の救出する正義の個人的経験が、続く数節において、神についてのより広範な承認へとつながる。神の正義は、単に個人的な次元で経験されるだけでなく、国の次元でも経験されるものだ。
しかし、この正しい支配は、地上の人々にとって何を意味するのか。それはどのように、より明確に述べられているだろうか。答えは後半の節にある。

悪しき者は　よみに帰って行く。
神を忘れるあらゆる国々も。
貧しい者は決して忘れられることがなく
苦しむ者の望みは　永遠に失せることがない。
［ヤハウェ］よ　立ち上がり
人間が勝ち誇らないようにしてください。
国々が御前でさばかれるようにしてください。
［ヤハウェ］よ　彼らに恐れを起こさせ
国々に思い知らせてください。
自らが人間にすぎないことを。（17〜20節）

国々に対する神の普遍的な裁きは、力ある者に対する裁きであり、助けなき者、困窮している者、貧しい者のための裁きにほかならない。この詩篇から得られる、神の正義に関する第一のポイントは、それが困窮している者を救出することにある。それとは対照的に、神の正義は力ある者に立ち向かう、ということだ。第二は、それは彼らを恐れさせ、その場所にとどめ置き、彼らを拘束する。弱い者また抑圧された者の益となり、力ある者に立ち向かう正義こそ、神によるこの世界の支配の姿を表す。

神の正義が弱い者、貧しい者、抑圧されている者の助けであり、抑圧する者の力を砕くことであるとの理解は、詩篇10篇にも再び表現されている。この詩篇は、不平と嘆願で始まる。

［ヤハウェ］よ　なぜ　あなたは遠く離れて立ち
苦しみのときに　身を隠されるのですか。
悪しき者は高ぶって　苦しむ人に追い迫ります。
彼らが自分の企みに捕らえられますように。（1～2節）

ここで私たちは、貧しい者を抑圧するのは悪しき者だと告げられる。この詩篇は、神が行動してくださるようにとの嘆願で終わるが、それは作者が指摘するように、神こそが、弱い者また困窮している者にとっての正義の希望だからだ。

悪しき者と邪悪な者の腕を折り
その悪を探し出して
一つも残らないようにしてください。
〔ヤハウェ〕は世々にわたって　永遠の王。
国々は主の地から滅び失せました。
〔ヤハウェ〕よ　あなたは貧しい者たちの願いを
聞いてくださいます。
あなたは彼らの心を強くし
耳を傾けてくださいます。
みなしごと虐げられた者〔に〕
〔正義を行って〕くださいます。
地から生まれた人間が　もはや
彼らをおびえさせることがないように。（15～18節）〔RSVに合わせて調整〕

ここでも再び、全世界の王としての神の支配が、弱い者と抑圧されている者の窮状に対して二つの仕方で対応する正義によって、強固に特徴づけられている。第一に、この正義は、抑圧する者に裁きを下す――ここでは、彼らの腕を折ると表現される――が、それは「再び脅かされることがない」ためだ。第二に虐げられている者が救い出される。

先に進む前に、この詩篇の中間部に注目しておく価値はあるだろう（10・3～14）。ここには、弱者を抑圧する悪しき者が描かれている。この描写は、抑圧者の最も深い内面の描写で終わる。すなわち、この人物は、神が何の違いも生み出さないと考えているので抑圧するのだ——神は地上で起こることを気に留めないので、強い者は弱い者を食い物にしても構わない、と。

彼は〔自らに〕言います。「神は忘れているのだ。
顔を隠して〔何一つ〕見ることはないのだ」と。
（11節）〔著者の英訳に合わせて調整〕

私たちは、あたかも神が〔この世界での〕生においてなんら実質的な違いを生み出さないと考えて生きる、抑圧者のこの態度を、実質的無神論と呼ぶ。ここで実質的無神論は、抑圧を通してその姿を表す。もし神が彼らにとって実際に違いを生み出していたなら、彼らは抑圧することはないはずだ。神の支配は、抑圧されている者を救出する正義を通して示されるゆえに、抑圧は無神論の印となる。

神の支配を、弱き者や抑圧されている者にとっての救出また援助として表現される正義と結びつける詩篇は、他にも引用することはできるだろう（68・6～7、76・9、103・6、109・31、113・5～9、

140・12〜13）。しかし、最後の事例として、146篇だけを引用しよう。そこには、この確信が、一定の長さをもって述べられている。

この詩篇は、神のみに信頼するようにとの警告で始まる。続いて、ヤコブの神を賛美する二つの根拠が提示される。第一に、この神が天地を創った神だから。続いて第二に、この詩篇は間髪を入れずに、歴史をたどり続けて、主権者である神がどのように今も働いておられるかを描く。

とこしえまでも真実を守り
虐げられている者のために〔正義〕を行い
飢えている者にパンを与える方。
［ヤハウェ］は捕らわれ人を解放される。
［ヤハウェ］は目の見えない者たちの目を開け
［ヤハウェ］はかがんでいる者たちを起こされる。
［ヤハウェ］は〔義なる〕者たちを愛し
［ヤハウェ］は寄留者を守り
みなしごとやもめを支えられる。
しかし悪しき者の道は　主が曲げられる。
［ヤハウェ］は　とこしえに統べ治められる。

シオンよ、あなたの神は　代々に統べ治められる。〔6～10節〕〔ＲＳＶに合わせて調整〕

これまでに言及した複数の詩篇、特に詩篇82篇にあるように、神の正義は、弱く抑圧されている者たち、すなわち捕らわれ人、目の見えない者、かがんでいる者、寄留者、やもめ、みなしごのための配慮〔といった表現〕によって、肯定的な仕方で示される。これらの人々は、神の肯定的正義の対象なのだ。この正義のコインの裏面として、神の正義は、困窮者を抑圧する者たちを罰する。すなわち、神は悪しき者の道を破滅させる。

運命の逆転としての正義

神の正義は、力なき者の窮状に向けられた変革する力であり、この確信は、「正義（justice）」や「義（rigteousness）」という言葉が使われていない箇所であっても表現されている。それは例えば、社会の競争に敗れた者や社会の底辺にいる小さき者に向けられた神の関心が、運命の逆転を通して示されている箇所に反映されている。すなわち、貧しい者が高く上げられ、力ある者が引き下ろされる、という逆転だ。ハンナの祈り（Ｉサムエル上2・1～10）は、このテーマを描写する。弱り切った者は力を得、飢えた者は食べ物を見出し、低い者は高められ、不妊の者は子を産むようになる。その逆の側では、勇士の武器は折られ、食べ飽きていた者は雇われ人となる。〔詩篇113篇を見よ。そこでは、運命の転換が神の普遍的な王権に結びついている。〕

このテーマはまた、例えばルカ1章46～55節といった新約聖書の要所にも表れている。この箇所はマグニフィカート（マリアの賛歌）であり、来るべきイエスの誕生とミニストリーを讃えて語られたものだ。この詩の中でマリアは、以下のような行為に特徴づけられる神の威厳、偉大さを讃えている。

［神は］心の思いの高ぶる者を追い散らされました。
［神は］権力のある者を王位から引き降ろし、
低い者を高く引き上げられました。
［神は］飢えた者を良い物で満ち足らせ、
富む者を何も持たせずに追い返されました。（51b～53節）

この運命の逆転のモティーフは、正義のための神の働きの一部として、困窮する者のための援助また救出としての神の正義を強調する。子のない者は子を産み、低い者は高められ、貧しい者はもはや貧しくなくなる一方で、力ある者の力は砕かれる。支配者たちはその座から引き降ろされる。神の正義がなされるとき、不平等の状態は変革される。

マリアの賛歌は、彼女がこれから出産する方の働きに対する希望として与えられたものだ。イエスは、ここに表現された希望を裏切らなかった。逆転された運命のテーマは、イエスのミニストリーにおいて力強く表れる。その最も明瞭な例の一つが、ルカ6章20～26節の「至福」(Beatitudes)だ。


イエスは目を上げて弟子たちを見つめながら、話し始められた。

「貧しい人たちは幸いです。

神の国はあなたがたのものだからです。

今飢えている人たちは幸いです。

あなたがたは満ち足りるようになるからです。

今泣いている人たちは幸いです。

あなたがたは笑うようになるからです。

人々があなたがたを憎むとき、人の子のゆえに排除し、ののしり、あなたがたの名を悪しざまにけなすとき、あなたがたは幸いです。その日には躍り上がって喜びなさい。見なさい。天においてあなたがたの報いは大きいのですから。彼らの先祖たちも、預言者たちに同じことをしたのです。

しかし、富んでいるあなたがたは哀れです。

あなたがたは慰めをすでに受けているからです。

今満腹しているあなたがたは哀れです。

あなたがたは飢えるようになるからです。

今笑っているあなたがたは哀れです。

あなたがたは泣き悲しむようになるからです。

人々がみな、あなたがたをほめるとき、あなたがたは哀れです。彼らの先祖たちも、偽預言者たちに同じことをしたのです。」


この幸いと哀れは、神の正義がもたらす運命の逆転を鮮やかに描く。力ある者また富める者が、繁栄している現状に居続けることはない。困窮する者は、その必要を満たされるのだ。[3]

権利回復としての正義

困窮する者、弱い者、抑圧されている者のための援助としての神の義は、詩篇において、また聖書の他の箇所においても同様に、奇妙な事実のように見えるものを説明する。すなわち、苦しむ人々が神に正義を求めて祈るとき、彼らはしばしば、神の正義に従って彼らを裁くようにと、神に祈る。これは危険な祈りのように思える。もしも神が裁いて、彼らが有罪と見なされたらどうするのか。何もしないほうがよほどましではないのか。しかし、この祈りの一見した違和感や危険性は、神の正義が、人を有罪か無罪かに宣告する判決に達する方法として考えられているのではないということに気づくならば、消え去る。むしろ、神の正義とは、困窮の中にある人々を援助する行為なのだ。

この確信に基づくなら、貧しく、弱く、抑圧されている人々による裁きの嘆願の意味を見出すことができる。彼らは裁判ではなく、助けを求めているのだ。なぜなら、神の正義は彼らにとって救出を意味したからだ。詩篇26篇や43篇など、いくつかの詩篇の冒頭にある「私を裁いてください」(judge me)〔新改訳2017では「私のためにさばいてください」〕という嘆願が、RSVでは「権利を回復してください」(vindicate me)と訳されているのは、まさにこの理由による。神の正義は、困窮の中にいる者たちを力ある者また抑圧者から救出することによって、彼らを権利回復する。

神の正義の定義

この部分を要約すると、神の正義は、以下の二つの基本的な仕方で特徴づけられると言えるだろう。第一に、神はすべての国々、全地の審判者だ(詩篇9・7〜8、9・20、67・4、82・8、96・13)。これは、神の正義の範囲、その量(quantity)として描くことができるだろう。

第二に、この普遍的正義は、その正義の行使を通して解放を獲得することになる最下層階級のための行為として表現される(詩篇7・11、9・8、10・18、37・9、76・10、103・6、140・13、146・7)。これを神の正義の質と名づけることができるだろう。

さて、ここで最初の問いに戻ってみよう。すなわち、神の正義の本質とは何か、神の正義の印とは何か、という問いだ。二つのことは明らかだろう。第一に、その目的について言えば、神の正義は貧しい者、恵まれない者、弱い者に対して示される。このことは、神の正義の対象者として名前が挙げられた人々においてだけでなく、運命の逆転のテーマや、神の正義を求めて祈る人々の窮状においても、確認された。

第二に、その結果について言えば、神の正義は困窮する人々を助けるとともに、飢えであれ牢獄であれ、あるいは別の苦しみの事例や抑圧の形態であれ、悪い環境から人々を救出する。神の正義は物事を正すのであり、それは解放する正義なのだ。

物事を正す神の正義は二つの形態を取る。第一に、神の正義は、最下層階級を抑圧から救出し、彼らの状況を変革する。第二に、神の正義は抑圧者を裁く。彼らが抑圧することを可能にする力を粉砕する。先に引用した詩篇では、抑圧的な力は神の支配に対立する――それは無神論の徴、罪なのだ。要するに、これらの詩篇において示され、またその中で切望されている神の正義は、恵まれない者、抑圧されている者のために行動し、また彼らを抑圧する者を打ち砕くことによって、抑圧的なステータスクオー（現状維持の体制）を解体する。

物質的欠乏、抑圧、また道徳的統合性の欠如はシャロームの対立概念であることから、神の正義の行為は、非シャローム的状況を逆転させる。神の正義は、困窮と抑圧のステータスクオーを本来あるべき姿に変革することにより、物事を正す。この変革は、シャロームの基礎を形成する。神の正義とシャロームとの間のこの結びつきのゆえに、私たちはこれをシャローム・ジャスティスと呼ぶことにしよう。シャローム・ジャスティスがないところには、シャロームもない。平和づくりは、シャロームの実現に必要なシャローム・ジャスティスの実現のために働くことを意味する。

これら神の正義の二つの側面――対象者（最下層階級と困窮する者）と目的（シャローム）――から、神の正義のもう一つの主要な特徴、そしておそらくは神の正義の最も基本的な側面が流れ出てくる。すなわち、正義のための神の行動は、個々人の功績にではなく、彼らの必要に基づく。彼らの抑圧という事実が、神からの正義の行為を呼び求める。人々が目が見えないという事実は、彼らを神の配慮の対象とする。先に引用した詩篇146篇の中の何一つとして、困窮する人々の側の特別な功績が、神を彼らのために行動させたとは言っていない。シャローム・ジャスティスは、人々が受けるべき報いを計算することに基づくのではなく、むしろ正しくない状況を正すことに基づく。神の正義とは、シャロームの欠如に対する応答であり、それはシャロームの条件をつくり出すためのものだ。

この原則の例証は、ヨハネ9章に見出せる。イエスとその弟子たちは、ある目の見えない人に出会う。弟子たちは尋ねた、「誰の責任［誰が罪を犯したから］ですか。本人ですか、それとも両親ですか」と〔著者の訳、［］内はＲＳＶ／新改訳２０１７〕。イエスは答えた。「この人が罪を犯したのでもなく、両親でもありません。この人に神のわざが現れるためです。わたしたちは、わたしを遣わされた方のわざを、昼のあるうちに行わなければなりません。だれも働くことができない夜が来ます。」（3〜4節）

イエスの答えは、問題の本質が、罪を非難することにも責任の所在を突き止めることにもないことを含意している。むしろ、この困窮している状況は、神の働きを行う機会――つまり、この男性の目を癒やすことにより状況を変えることだ。私たちは非難を査定する傾向がある――つまり、貧しく恵まれない者の窮状は彼ら自身のせいだと――、あるいは責任の所在を突き止める傾向がある――つまり、彼らの状況は他の誰かの責任だと。他方、イエスはその窮状に対処するために行動される。彼はシャローム・ジャスティスの行為を実践されるのだ。他のことがすべてどうであれ、とにかく、人は目が見えない状態ではなく、見える状態であるべきだ。また、抑圧されている状態ではなく、解放された状態であるべきだ。結果として、シャロームをつくり出す人々は、人々が受けるべき報いを与えることよりも、むしろ状況を変革することに関心を持つ。

「神の正義」対「人間の基準」

私たちは、シャローム・ジャスティスと、私たちにとって一般的な正義の概念を比較することにより、シャローム・ジャスティスの理解を鋭くすることができる。通常、私たちは正義を、応報的か分配的かのどちらかに理解している。

応報的正義（retributive justice）は、刑罰の量を定める。もし誰かが何らかの悪を行えば、応報的正義は、その人がその悪行のゆえに苦しむことを定める。例えば、刑法はこの種の正義に基づいている。このタイプの正義の目的は、物事を正すことにではなく、罰することにあり、人が自らの悪行のゆえに当然の報いを確実に受けるようにする。このことは、例えば、犯罪被害者が傷害や損害の補償を何一つ受け取れないという事実によって示される。応報的正義は、犠牲者に関して物事を正すことを目的としないのだ。

神は多くの場合、応報的正義に従って働かれないので、神に対して不平が向けられることが起こることもある。その一例がヨナ書に見出せる。間違ったスタートと疑わしい（fishy〔魚臭い〕）遠回りの後、ヨナは結局、ニネベの町が四十日で滅ぼされると告知することになる。その後、ヨナはその見世物を眺めようとして、町の外のある場所に退く。しかし、なんとも残念なことに、神はその町を滅ぼさない。ヨナのメッセージを聞いた後、人々は悔い改めたので、その結果、神は町を滅ぼさないことを決断した。もちろん、これこそまさにヨナが恐れていたことであり、そもそも彼が、出かけて行って神のメッセージを伝えることをしたくなかった理由だった。ヨナは応報的正義が執行されるのを見たかったのだが、それは神の正義ではなかった。

さて、確かに、神の怒りと報復の事例は見出せる。しかし、神の正義のこの側面を理解するためには、それを文脈の中で見る必要がある。シャローム・ジャスティスには二つの側面がある。すなわち、困窮している者への援助がその一つ、もう一つが、抑圧する者の力の破壊だ。というのも、抑圧する者の裁きなくして、どうして抑圧される者が自由にされ得るだろうか。神の怒りは、抑圧する者、つまりシャロームなき不正なステータスクオーを支える者に対する神の裁きを表現する。[4]

神の報復は、神の援助を求める祈りにおいてもまた、シャローム・ジャスティスと結びついている。モーシェ・グリーンバーグが指摘するように、神への権利回復の嘆願は、法的手続きによっては正義を手にする望みがないときに、神に行動を起こすことを求める嘆願にほかならない。ここでもまた、神は応報的に働いているのだが、それは、ステータスクオーの状況下においてシャローム・ジャスティスを手にすることができない人々に、そのシャローム・ジャスティスをもたらすことを見据えている。グリーンバーグはこの発言をサムソンに関して述べているのだが、そのサムソンの事例は、自分を抑圧する者から正義／解放を獲得する望みのない者による、神の報復を求める叫びを例証するものだ。サムソンは、自分の必要を満たして、敵に復讐する機会を与えてくださるようにと、神に叫び求める。神は彼の祈りを聞き、彼を苛む者に対して、彼が自らのために行動する機会を与えている。

このように、聖書は確かに神の応報的正義の概念を含んでいる。しかし、右記の例にあるように、それは大抵の場合、神のシャローム・ジャスティスの文脈の中で理解されるべきものだ。というのも、神のシャローム・ジャスティスは、不正な状態を維持する人々の裁きと、力を持っていないために正義を手にすることができない人々が直面する不正の是正との両方の結果として生じるからだ。その結果、シャローム・ジャスティスのために働く、シャロームをつくり出す人々は、貧しい者、抑圧される者の状況を変えるために、彼らと共に働くだけではなく、彼らの抑圧の支配を砕くために、抑圧者に対して闘うこともする。シャローム・ジャスティスは、二重の闘いを要求するのだ。[6]

応報（retribution）をシャロームの目標に仕えるようにすることは、応報的正義の実践を緩和し、また同時に制限する。残念ながら、そのようなねらいは、私たちの現代における正義の実践の事例に常に当てはまるわけではないし、大抵の場合は当てはまらない。多くの場合、シャローム・ジャスティスを必要とする人々――貧しい人々、抑圧されている人々、最下層階級の人々――こそが、罰せられているのだ。

私の経験の中で、このことの一例は、一九八五年春のフィリピン政府による犯罪撲滅隊の任命だった。この平服の隊員たちは、その場で発砲する権限が与えられていた。これが、貧しい者たちが自分たちと家族が生きていくために、命がけの手段を取らざるを得ないほど劣化し続ける経済状況に対して、政府の取った対応だった。貧しい者たちがマニラで射殺されている間にも、エリート階級の支配者たちは、報道によると、海外に何十億ドルもの金を隠し、経済状態をさらに悪化させていた。このように、応報的正義は、力ある、優位な立場の者たちが、力を持たない困窮する者たちを罰するために使用する方法となる。あまりにも頻繁に、私たちは、物事を正し、シャロームをつくり出すどころか、罰しているのだ。

分配的正義

私たちが正義について考える二つ目の主要な考え方は、分配的正義（distributive justice）と呼ばれるものだ。この概念は、報酬や物資、また名声の公正な分配と私たちが見なすものに関係する。私たちは一般的に、人はその功績に従って報酬を与えられるべき、つまり獲得したものに基づいて当然受けるべきものに従って、報酬を与えられるべきだと考える。ここでもまた、分配的正義には一定の場所がある。それは聖書の中にも見出されるし、今日もその場所はある。人は自らの労働の実を刈り取るはずだ。

しかし、蒔いても刈り取らない人がいる一方で、蒔いていないのに刈り取る人がいることもまた真理だ。さらに言えば、すべての人が蒔いたり刈り取ったりできるわけではない。なぜなら、すべての人が自分で生計を立てるための手段を持つわけではないからだ。これは、功績が平等に分配されていないと私たちが考える事態だ。ある人々は、社会が提供する富を得るためのより良い機会を手にしている。

例えば、ある者たちは、その生まれによって、工場や農場のような大きな資本を支配するようになる。他の者たちは、教育や職業上のより良い機会を得ている。このような人々は、私たちの基準によれば、自らの得ている繁栄や権力を受けるに値するとされる一方で、彼らほど幸運でなく、あるいは勤勉でもない人々は、ほとんど価値がないとされ、その結果、その貧しさは正当化される。資源や機会が平等に得られない場合、分配的正義は不平等な分配の言い訳になりかねない。それは富と貧困が隣り合わせに存在することを正当化する。この不平等は、シャローム・ジャスティスの必要を生み出す。すなわち、力なき者また困窮する者が自らの必要を満たせるようにする、状況の変化だ。

正義についての私たちの通常の概念は、互酬性の考え、やられたらやり返す（tit for tat）の考えに基づいている。これは、罰（応報的正義）と報酬（分配的正義）の両方に当てはまる。このやられたらやり返す式の正義には、それにふさわしい場所がある。しかしながら、互酬性がシャローム・ジャスティスによって緩和されず、その結果、それがステータスクオーを維持するように作用し、持たざる者の必要に反して、持てる者の権利を保護するときには、問題が生じる。

正義についての私たちの通常の考え方を概観したことにより、なぜ、貧しい者、困窮する者、抑圧される者が、正義がなされているかどうかを判断する聖書のリトマス試験紙なのかが理解できる。まさにこの最下層階級こそ、この正義の互酬性のシステムによっては十分に助けられないのだ。前述したように、応報は彼らを最下層に留めるために使用される。分配的正義は、彼らを素通りする。

その結果、私たちの正義の概念において、そのねらいはシャロームをもたらすことではなく、ステータスクオーを維持すること――法と秩序（law and order）――となる。こうして、法律は、社会を変革し社会的正義を実現するようなものとしてではなく、私たちの安全と地位を保護するよう機能する。これとは対照的に、シャローム・ジャスティスは、功績にかかわらず、必要に従って作用する。すなわち、第一に、それは持たざる者の必要を深刻に受け止める。そうすることで、聖書の正義はシャロームをつくり出すことを目指す。なぜなら、必要に基づく正義だけが、本当に最下層階級の利益に仕え、彼らの状況を、困窮と抑圧の状況から、充足と自由の状況へと変革するからにほかならない。シャロームは、それが現実のものとなるためには、平和をつくり出す者たちがこの正義のために働くことを要求する。

より正しい構造へ

私たちは今や、聖書的信仰にとって正義がどれほど重要なものであるかを理解している。複数の詩篇の学びを通して、正義が基礎的であることを見出した。すなわち、神の支配は正義に基礎づけられている。さらに、正義を推進することこそ、本物の神を偽物の神々から区別する。正義の行動こそ、神が神であることにとって基本なのだ。

第二に、私たちは神の正義の性質を定義することを試みた。すなわち、この世界において、神の行動と支配の質とは何なのか。ここでもまた、いくつかの詩篇を検討した。それらの中で、私たちは、神の正義が困窮する者、力なき者、抑圧される者のための行動に見られる、という中心的な確信を見出した。神の正義は、援助と解放を通して、彼らの必要を満たし、彼らの状況を変えることにおいて示されていた。

このことから、私たちは神の義をシャローム・ジャスティスとして特徴づけるに至った。つまりそれは、物事が大丈夫な状態となるように、必要に基づいて変革を目指す正義だ。私たちはこの正義を、私たちの通常の正義の考えである応報的正義や分配的正義と対比させた。これらは、すでに見たように、人々に対して、彼らの必要に従って援助するというものではなく、むしろ互酬性の概念——人々に対して、彼らが何に値するかについての私たちの判断に従って与えること——に基づくものだ。そのような正義は、多くの場合ステータスクオーを維持することから、物事を正すことをせず、抑圧的な状況を維持することを通して、実際にはシャロームの実現を妨げかねない。解放し、変革する正義だけが、シャロームを生み出すのだ。

それゆえ、聖書の神を承認する者は、神の正義を阻止するようなシステムではなく、神の正義を反映する正義のシステムをつくり出し、支持することに関心を向けるはずだ。さらに、正義を行うようにという聖書の命令（この章の冒頭で引用したミカ書を参照）と、シャローム・ジャスティスを行う人々の働きの両方から、そうした働きが、神の民にとってきわめて重大な務めであることは明白だ。この点については、正義を行うことに関するものである律法（law）を扱う章、および正義のための手段である国家について扱う章において、それぞれ強調したい。

これらの発見を踏まえると、なぜ教会とキリスト者は、慈善——余剰の分配——には積極的でありながら、困窮を容認し、慈善が必要となる構造自体を変えることには比較的消極的なのだろうか。なぜ私たちは、正義の構造を発展させることよりも、不正義や抑圧をそのまま放置するような援助を与えることに、より多くの関心を向けてきたのだろうか。シャロームをつくり出すことは、力なき者の必要を満たし、彼らの困窮を引き起こす抑圧からの解放を要求することではないのか。

平和をつくり出す者は、抑圧する者と抑圧的な構造に対して闘わなければならない。なぜなら、それらの力が砕かれるまでは、困窮し抑圧される者たちは自由になれず、シャロームはあり得ないからだ。

もちろん、この闘争の残りの半分は、シャロームを経験することができる、より正義の構造やシステムを構築することを、私たちに要求する。この積極的な務めは困難なものだろう。しかし、それでも正義を求める私たちの闘争は、謙虚さと、正義の神への信頼をもって続けられなければならない。

1　聖書的正義の主題については、数多くの資料の中で、以下の二つが有用だ。H.H. Schmid, *Gerechitigkeit als Weltordnung. Hintergrund und Geschichte des alttestamentlichen Gerechitigkeitsbegriffs* (J.C.B. Mohr [Paul Siebeck]: Tübingen, 1968) and J. Miranda, "Law and Civilization," in *Marx and the Bible: A Critique of the Philosophy of Oppression* (Maryknoll, N.Y.: Orbis, 1974), pp. 109-99.

2　詩篇の書全体のうち、「嘆きの詩篇」が約半数を占める。この「嘆きの詩篇」は、人生の不正義と神の不在のゆえに絶望する者たちが、神に助けを求める祈りを表す。

3　ドン・クレイビル（Donald B. Kraybill）の *The Upside Down Kingdom* (Harrisonburg, Va.: Herald Press, 1978) は、ルカにおけるイエスの教えのこのテーマを敷衍している。

4　新約聖書の視点からの罰する神の義については、John Piper, "The Demonstration of the

Righteousness of God in Romans 3:25, 26," *Journal for the Study of the New Testament* 7 (1980): 3-16 および同 "The Righteousness of God in Romans 3:1-8," *Theologische Zeitschrift* 36 (1980): 3-16 を見よ。

5　Moshe Greenberg, *Biblical Prose Prayer as a Window to the Popular Religion of Ancient Israel* (Berkeley: University of California Press, 1983), p. 13.

6　これは、神の応報的正義が抑圧者の上にのみ下るということではない。それはまた、神に対する反逆のその他の現れに対しても同様に下る。ここで強調したいのは、シャローム・ジャスティスの文脈において、応報的正義には、単に悪行を罰するだけではない、積極的な目的があるということだ。

4章　救い——行動するシャローム・ジャスティス

イスラエルは、自分たちの神のみが正義を実践する神だと信じた。正義は、世界に対する神の王権と支配の基礎だった。正義を行うことは、神が神であることにとって基本的なことだった。

神の正義の質について探ることで、それが功績ではなく、必要（need〔困窮〕）に基づくことを発見した。それは弱い者、貧しい者、抑圧された者の必要を満たすことを目指す正義だった。私たちはこれをシャローム・ジャスティスと呼んだ。なぜなら、それは困窮と抑圧の状態を、物事が大丈夫であり、シャロームが見出せる状態へと変革するものだったからだ。

さて、私たちは次のステップに移り、こう問いたい。すなわち、イスラエルの民が自らの神について、この〔正義を実践する神という〕主張をするに至ったのは、何がそうさせたのか。神がこのように世界で働かれるのを、イスラエルはどこで見たり経験したりしたのか。神がシャローム・ジャスティスをもたらすのを、彼らはどこで経験したのか。

聖書において、神がどのように経験されたのかを振り返ってみよう。神が歴史においていかに働くのかを要約するとすれば、それは救いだと、私は確信する。というのも、聖書において、救いは神が神であることにとって中心的だからだ。実際、多くの人は、聖書にとって救いのほうが義よりも重要だと考えている。なぜなら、結局のところ、聖書は、部分的には、神の救済行為の歴史だからだ。このテーマはまた、今日の教会の使命（mission）――神の救いを宣言すること――によってもまた、確証される。神は今なお救う神である、と教会は告げる。

複数の詩篇によれば、この世界における神の支配は、正義によって特徴づけられるので、神の救いの働きもまた、正義によって味つけられたものだと期待できる。例えば、詩篇105篇では、5節から始まって、神の行動と正義が相互に結びついている。この詩篇は、神がイスラエルをエジプトから救ったことに焦点を合わせることによって、イスラエルの歴史を物語る。この救いの出来事が、神の正義は世界に――エジプトにさえも――及ぶという、この詩篇の主張に対して、文脈と内容を提供している。そういうわけで、私たちは次の問いへと導かれる。すなわち、救いの経験は、神をシャローム・ジャスティスの神として理解することの基礎を形成しているのだろうか。

神の救いは、二つの大いなる行為によって、最も集中的に描かれている。それは先述したエジプトからのイスラエルの民の解放と、イエスを通しての救いだ。これらは二つの基礎的出来事であり、前者はヘブライ語聖書およびユダヤ人にとっての基礎、後者はギリシア語聖書およびキリスト者にとっての基礎だ。この二つの行為が基本的なのは、それらが、神の救いの本質と特徴を定義づける救いのモデルを提示するからにほかならない。この章では、出エジプトの出来事と、聖書に見出される救いの全般的理解を精査する。次章では、イエスの死と贖いを考察する。

出エジプト――神の基礎的な救いの行為

イスラエルのエジプトからの脱出（exodus）が、イスラエルの経験にとって基礎的事実であることは、広く認識されている。それはまた、イスラエルの神理解の最も重要な出来事でもあった。そのようなものとして、この出来事は、イスラエルの信仰の根底に位置する。イスラエルは、この最重要な出来事をどのように理解したのだろうか。

このイスラエルの救出が、イスラエルの必要と抑圧、また神に聞かれたその叫びによることは、その物語自体から明らかだ。物語は、出エジプト記2章23～25節から始まる。

長い年月がたち、エジプトの王は死んだが、それでもなお、イスラエルの民は奴隷状態のうちにうめいていた。彼らは叫び声を上げ、その奴隷状態からの救助を求める彼らの訴えは神のもとに届いた。［神］は彼らのうめきを聞き、アブラハム、イサク、ヤコブとの契約を思い起こされた。［神は］イスラエルの窮状をご覧になり、御心に留められた。（NEB）

物語は続いて、この救出を求める叫びに応えて神が取った行動を記す。神は燃える柴の中からモーセに呼びかけ、彼にエジプトに戻って、民の救出を助けるように求める。というのも、神は次のように告げたからだ。

> わたしは、……わたしの民の苦しみを見、彼らの監督者のゆえの彼らの叫びを聞いた。……それゆえ、エジプト人の手から彼らを救出する［救う］ために、わたしは降って来た。……イスラエルの民の叫びは、わたしのもとに届いた。また、エジプト人が彼らを抑圧するその抑圧を見た。来なさい。わたしはあなたを遣わす。（3・7〜10）〔RSV〕

この記事からいくつかのポイントに注目することが必要だ。その第一は、出エジプトが救いの行為だった、という概念だ。神の行動を描写するヘブライ語は様々な仕方で訳されるが、それらは、イスラエルが神の救済行動を語るのに用いてきた言葉だ。私は前記の引用の中で、ブラケット（［］）を使うことで、このことを示そうと試みた。

第二に、神の救いの行為は、イスラエルの抑圧に基づくことがわかる。この救いの行為は、抑圧からの自由という民の必要を満たしたものであることから、この行為もまた、シャローム・ジャスティスの行為として理解することができる。このように、エジプトからの救いは、力なき者たちを抑圧から解放したので、複数の詩篇が神の正義として描いていることの良い事例となる。差し当たって、次のように言うことができるだろう。イスラエルを奴隷状態から救った神の救いは、神の正義の表現だ。それは、困窮している人々を助け、不正義を正し、それによってシャロームをもたらしたのだ、と。

ヘブライ語聖書における救い

神の救いがシャローム・ジャスティスの徴であるというこの発見は、より広範に検証される必要がある。イスラエルの民は、どのように神の救いを理解したのだろうか。彼らは、出エジプトの出来事におけるように、神の救いを通常、抑圧や困窮からの解放と考えていたのだろうか。

この質問に答えるために、イスラエルが救いについて語るのに使用していたキーワードのいくつかを研究する。このより広範な基礎から、イスラエルをエジプトから救った神の救いが唯一無二なものなのか、あるいは、これが神の救いが一般に理解されていた仕方なのかを知ることができる。

私たちは、ホーシアーという単語が聖書の中でどう使われているのかを見ることにより、この語義研究を始めたい。しばしば「救う」と訳されるこの動詞は、ヘブライ語聖書において、神の救いの行為を描くのに使われる最も一般的な単語だ。

まず、この動詞が人間を主語としても使われていることに注目すべきだ。例えば、出エジプト記2章17節には、「そのとき、羊飼いたちが来て、彼女たちを追い払った。するとモーセは立ち上がって、娘たちを助けて［文字どおりには、「救って」］やり、羊の群れに水を飲ませた」とある。ここでは、モーセが「救う」という語の主語だ。彼の救いの行為は、レウエルの娘たちが父の羊の群れに水を飲ませるのを手伝うことだった。というのも、彼女たちは、より力ある男性の羊飼いたちに邪魔されていたからだ。

この単語は、自分たちの民を救うことにおいて、神の代行者（agents）として行為する人々にも適用される。士師記において、イスラエルを抑圧者たちから救う者たちの多くは、「救い主」（saviors）と呼ばれたり、あるいはイスラエルを「救う」と言われる。（例えば士師記3章9、15、31節、6章14、36節、10章1節、13章5節を見よ。）ホーシアーという単語は、英語では多くの場合save（救う）とは訳されず、deliver（救出する）と訳される。その場合、ホーシアーが、他国の抑圧からのイスラエルの解放を表現するのに使われていることは明らかだ。この用法は、イスラエルをエジプトから救出する神の行動に明らかに並行する。

しかしながら、前記で示したように、多くの場合、この単語は神について使用される。神がこの動詞の主語である用例を見て、神の救済行動がどのように示され、神が何から民を救うのかを問うならば、以下のことを見出す。

神は、多くの場合、民を彼らの敵から、彼らを抑圧する国々から救うと言われる。イスラエルを奴隷状態に連れ戻そうと追いかけて来たエジプト軍から、神がイスラエルを救う、出エジプト記14章30節が、この例になるだろう。あるいはまた、士師記7章7節では、神がミディアン人からイスラエルを救うと約束する。あるいは、Ｉサムエル記14章23節では、神はペリシテ人からイスラエルを救う。

ところで、民を彼らの国家的また政治的な敵から救うこと以外には、神は民を、彼らの個人的苦悩から救う。詩篇34篇6節はこのように語る。「この〔貧しい〕者が呼ぶと、〔ヤハウェ〕は聞かれ、すべての苦難から救ってくださった」〔RSVに合わせて調整〕。神は貧しく抑圧されている者をその悲惨から救出するために行為するので、エレミヤ書14章8節では、民が「イスラエルの望みである方、苦難の時の救い主よ」と祈っていることを見出す。干魃《かんばつ》のときには、民は土地に肥沃さが戻ってくることを祈っている。彼らは、神が困難の中にいる人々、他者や自然界の力に翻弄されている人々を救う神であると信じている。

極めて驚くべきことに、ホーシアーは、神が民を物質的また身体的な抑圧から救うことに使用されるが、道徳的な欠陥や問題から救うことに使用されることは、ほとんどまったくない。遅い時代の二つの箇所での言及においてのみ、それは道徳的領域に当てはめられている。エゼキエル書36章29節では、将来、神が民を穢れから救うことが約束され、エゼキエル書37章23節では、神が彼らを背信（backsliding）から救う。驚くべきことに、ヘブライ語聖書において、ホーシアーは決して、民がそこから救われる対象としての罪とは共に使用されていない。

この動詞ホーシアーから派生した名詞イェシューアー、つまり救いの場合にも、同じパターンが見られる。それは出エジプト記14章13節および15章12節において、イスラエルのエジプトからの救いに関連して、神に対して使用されている。また、詩篇3篇2節、8節、および13篇5節にあるように、抑圧および抑圧者たちからの神による民の救いに対しても使用される。それは決して、罪のような霊的、道徳的欠陥からの神の救いには使用されていない。

このことから、ヘブライ語聖書において、救いは第一義的に、政治的、物質的用語であると結論づけることができる。というのも、「救う」(save)は、身体的、政治的抑圧から、また干魃や飢饉のような物質的災害の状況からの民の解放だからだ。したがって、ホーシアーのより良い英訳は解放(liberation)ということになる。救いとは解放にほかならない。

英語では、金銭や物を節約することを指してsaveを使うことができるのだが、それとは違って、ホーシアーは人を救うことにのみ使用される。このことは、saveが英語において持っている「温存する」、「保存する」という意味を、この単語が持っていないことを示しているのだろう。神の救いは、ステータスクオーを温存することを目指すものではなく、抑圧されている人々を解放することにより、その状態を変革することを目指すものなのだ。

このホーシアーについての研究はあまりにも驚くべきもので、神の救いについての私たちの通常の理解と合致しないので、最初は、何かが間違っているのではないかと考える衝動に駆られるだろう。しかし、神の救いの行動に関して使用される他の用語を探求してみても、ほぼ同じ結果が得られる。例えば、ホーシアーと同様に、ハッシールは、出エジプト記3章8節、12章27節、18章9節、10節におけるエジプト人のような敵から、あるいはIサムエル記7章3節、14節におけるペリシテ人から、神が民を救うことを描くのに使用される。それは、Iサムエル記12章10節、11節では、敵からの救いを神に求めるイスラエルの叫びを要約するのに使用される。これらの箇所においてもまた、ホーシアーの場合と同様に、RSV(改訂標準訳聖書)は多くの場合、この単語を「救い」(salvation)あるいは「救う」(save)よりも、むしろ「救出」(deliverance)によって翻訳する。

　ハッシールは、ホーシアーと同様、神が個人を身体的な危険から救うことを述べるのにも使用される。Ⅰサムエル記26章24節では、ダビデは、自分がサウルを殺すことができたにもかかわらず、彼の命を取ることなく慈悲深く振る舞ったのと同じように、神が「すべての苦難から私を救い出して（*hassil*）」くださるようにと願う。あるいは、詩篇54篇でも、神の正義がなされること、神が権利を回復してくださることを求める要請から、祈りが始まる。（抑圧された者の権利回復としての正義については、前章61〜68頁〔および71〜72頁〕を参照。）この詩篇は、感謝の表現で終わる。すなわち、「〔あなたは〕すべての苦難から私を救い出し／私の目が敵を平然と眺めるようになったからです」〔7節〕。ホーシアーの場合と同様に、神の救済行動はほとんど常に物質的また政治的意味合いにおいて見られている。神の救いは、敵国や個人の敵対者からの政治的解放を意味した。

　ホーシアーと同様、ハッシールもまた、霊的な意味で二度だけ使用されている。詩篇39篇8節では、それは「違反」（transgression）と共に現れ、詩篇79篇9節では、「贖う」（atone）と並行して、「罪」と共に使用される。神の救いが、これほど稀にしか、霊的ないし道徳的な事柄と結びつけられていないとは、驚くほどだ。むしろ、救いは身体的、物質的、社会的、また政治的な事柄に関わるのだ。

　神の救済行動について語るのに使用されている他の単語も吟味するなら、これらの発見はさらに補強されることになるだろう。それらの用語もまた、ほとんど常に、社会的、物質的、また政治的領域における神の行為について使用されている。

このように、神の救済行動に関するヘブライ語素材の研究を要約するにあたって、ヘブライ語聖書において「救う」(save) を意味する用語は、実際の歴史的、政治的、また物質的苦悩からの救いについて言及する、ということを強調できるだろう。これらの用語は、困窮している者、不利な立場にある者、貧しい者、助けなき者の、抑圧者からの救出ないし解放を指す。

出エジプトの出来事における神の働きは、それゆえ、神の救いの鋳型なのだ——それは、外国の抑圧者からの奴隷の解放を扱う。この救いの行為は、変革も行う——ステータスクオーという抑圧は粉砕される。この神の救いの概念を英語に翻訳するには、「解放」(liberation) が最も適切な語だ。「解放」は第一義的に人に対して使用されるので、この語には政治的、物質的、社会的意味があり、またステータスクオーの根本的な変化を含意する。神の救いは解放なのだ。

救いとシャローム・ジャスティス

ヘブライ語聖書に提示されている神の救いの性質をより明確に理解したことで、私たちは今や、救いとシャローム・ジャスティスの間の密接な結びつきをより良く受け止めることができる。

前の章で、シャローム・ジャスティスの主要な徴が、困窮している人々に対して、功績に関わりなく流れていく援助であることを見た。これは確かに、私たちが調査した神の救いの行為において当てはまる。解放された人々は、それを受けるに値していたのではない。事実、彼らは、その抑圧を受けて当然だったのかもしれない。これはⅠサムエル記12章9〜10節において明らかだ。

しかし、先祖たちは自分たちの神、［ヤハウェ］を忘れたので、［神］は彼らをハツォルの軍の長シセラの手、ペリシテ人の手、モアブの王の手に売り渡された。それで先祖たちは彼らと戦うことになったのだ。先祖たちは［ヤハウェ］に叫んで、『私たちは［ヤハウェ］を捨て、バアルやアシュタロテの神々に仕えて罪を犯しました。今、私たちがあなたに仕えるため、敵の手から救い出して［救って］ください』と言った。

ある意味では、この民は、自らの偶像礼拝の罰として、受けるべき報いを受けたのだ。それにもかかわらず、彼らはその敵からの救いのために神に祈ることができた。彼らが神の解放に値したのではない。それを要望することができただけだ。彼らの嘆願への応答として、神の救いの行為は、恵みの行為だった。それは必要〔困窮〕に基づく行為だったのであり、功績に基づくものではなかった。このことは、抑圧されている者に実際に功績があったかもしれないことを否定するものではない。それはただ、救いが、困窮している人々に対して、功績に関わりなく流れていく、と言っているだけだ[1]。

これは他の箇所でも同じく当てはまるが、注目すべきことに、この箇所において、民は神に対して、自分たちの罪から救ってくださるようにとは祈っていない。むしろ、彼らは自分たちの罪を告白し、自分たちのために赦しを求めているのだ。他方、彼らが実際に祈り求めている救いは、彼らの置かれている抑圧的な、社会的また政治的状況からの解放なのだ。

この同じ概念はまた、神によるエジプトからの救いにも見出される。神の救いは、イスラエルがあまりに素晴らしかったからではなく、神が彼らを愛したから、彼らの抑圧を見、また先祖たちへの約束を思い出したからにほかならない。申命記7章7〜8節に次のように書かれている。

〔ヤハウェ〕が〔あなたがたの上に〔神の〕愛を置き〕、あなたがたを選ばれたのは、あなたがたがどの民よりも数が多かったからではない。事実あなたがたは、あらゆる民のうちで最も数が少なかった。しかし、〔ヤハウェ〕があなたがたを愛されたから、また〔あなたがたの父祖たちに誓った〕誓いを守られたから、〔ヤハウェ〕は力強い御手をもってあなたがたを導き出し、奴隷の家から、エジプトの王ファラオの手からあなたを贖い出されたのである。

申命記の少し先には、次のように書かれている。

知りなさい。あなたの神、〔ヤハウェ〕は、あなたの正しさゆえに、この良い地をあなたに与えて所有させてくださるのではない。事実、あなたはうなじを固くする民なのだ。（9・6）

エジプトからの救いは、功績ではなく必要〔困窮〕に基づいて行動する、解放者なる神の側の恵みを示した。このことから、救い／解放（salvation/liberation）がシャローム・ジャスティスの表現だと結論づけることができる。なぜなら、それは功績に従って報いることに基づくのではなく、必要を満たすことに基づくからだ。

ここでもまた、神のシャローム・ジャスティスの両面的性質を見ることができる。抑圧される者にとって、神の救いは恵みと解放の表現、また権利回復と自由だ。しかしながら、抑圧者にとっては、エジプト人が思い知らされたように、それは裁きの行為なのだ。したがって、神の救い／解放の行為は、シャローム・ジャスティスのための経路だ。なぜなら、それらの行為は、抑圧された者のために、抑圧の状況を、自由と解放の状況に変革するからだ。

愛と義

シャローム・ジャスティスと神の救いの間にある、この結びつきを見ることにより、神の愛と正義の間に重要な関連づけを行うことができる。愛と正義について考える場合、私たちは通常、それらを何らかの意味で相反するものと見なす。正義は人々が当然受けるべきものだが、その一方で、愛は、彼らが正当に受けるべきもの以上に与える。この愛と正義の矛盾は、愛が功績に関わりなく与えられると考えるのに対して、正義はやられたらやり返す式の考え（互酬性）に基づくと理解されるときに生じる。

これとは対照的に、シャローム・ジャスティスは愛によって動かされる。というのも、シャローム・ジャスティスの基準は、人々がそれに値するかどうかではなく、彼らがそれを必要としているかどうか、というものだからだ。先ほど見たように、愛に基づいて行動する神は、助けなき抑圧された人々を救い、それによってシャローム・ジャスティスを履行するのだ。

このことから、シャローム・ジャスティスとして理解される神の愛と神の正義とは、互いに矛盾しないことが理解できる。愛が原動力であって、シャローム・ジャスティスはその最終結果だ。神は、救いを通してこの正義をもたらすために行動されるので、救いは、神の愛の表現であると同時に、神の正義の表現でもある。聖書の愛と正義の間のこの結びつきを見るならば、神がその一方をもう一方よりも重んじているように見えることはない。聖書的な視点から言えば、神が愛の神でありつつシャローム・ジャスティスの神ではない、ということはあり得ない。神が正義を求める神でありつつ抑圧された者を解放するために行動する神ではない、ということはあり得ないのだ。

しかし、神はあらゆる人を、抑圧する者も抑圧される者も同様に愛するのではないのか。もちろんそうだ。しかし、シャローム・ジャスティスのために働くことによって、悔い改めて神の支配を承認するということを拒絶する人々は、あのエジプト人たちのように、歴史における神の目標、つまりシャロームを妨げている。抑圧を行うことにより、彼らは神に逆らい、この反逆の応報を受け取るのだ。

私たちにとっても、そうだ。私たちをシャローム・ジャスティスに駆り立てる力は、抑圧される者と抑圧する者双方への愛から来る。モーセにとって、このことは、抑圧されている自らの同胞と共に働くことだけでなく、抑圧されている者が自由にされることを要求して、ファラオに対峙することをも意味した。このことが含意しているのは、私たちがシャロームをつくり出す人になるということは、愛から行動し、正義を通して、隷属状態にある人々を解放する、ということだ。なぜなら、解放を通してのみ、シャロームは経験されるからだ。しかし、この愛は、抑圧し、解放することを拒む人々に対する抵抗も、また彼らに対する裁きも避けることはない。というのも、解放なくして彼らはどうしてシャロームのうちに生きることができるだろうか。

ギリシア語聖書における救い

ここまで、ヘブライ語聖書に現れる神の救いについて論じてきた。では、新約聖書についてはどうだろうか。確かに、ここでは、神の救いが何であるかに関する私たちの通常の考えと、より良く一致する救いの見解を見出すことになるだろう。いや、そうかもしれないが、そうでないかもしれない。実のところ、ギリシア語のソーゾー（救う）という単語は、救いを表すヘブライ語が使われているのと似た仕方で使用されている。

統計を示せば、次のようになる。ソーゾーは新約聖書において百十一回ほど使われているが、その主語はほとんど常に、神かイエスだ。その約半分が、共観福音書と呼ばれる最初の三つの福音書に現れる。これらの福音書にこれほど用例が頻出し、またこれらの福音書は、新約聖書における最も重要な出来事であるイエスの生涯と教えを扱っているため、私たちは、ソーゾーがそこでどう使用されているかを見ることによって、新約聖書における救いの考察を始めることにしよう。

共観福音書における救い

ヘブライ語においてと同様、ソーゾーは通常、身体的ないし物質的状態からの救出を表す。このことは、英語に翻訳されると幾分不明瞭になる。というのも、ソーゾーはしばしば別の仕方で訳されるからだ。その一例はマルコ5章23、28、32節に見出せる。23節では、会堂司がイエスに、「娘が〔良くなって〕生きられるように、どうかおいでになって、娘の上に手を置いてやってください」と言う〔一部RSVに合わせて調整した〕。ここで「良くなって」(made well [RSV]) と訳されている語がソーゾーで、文字どおりには「救われる」(be saved) だ。つまり、会堂司が実際に頼んでいるのは、「娘が救われて生きられるように、どうかおいでになって、娘に手を置いてやってください」〔新改訳2017〕、ということだ。

28節では、長血をわずらっている女性が自分自身に、「あの方の衣にでも触れれば、私は〔良くなる〕」(I shall be made well [RSV]：文字どおりには「私は救われる」) と言う。ここでもまた、語られていることは、病気、つまり身体的また物質的要因からの救出だ。最後に、34節では、この女性が癒やされた後、イエスは彼女に、「娘よ、あなたの信仰があなたを〔良くした〕〔あなたを救った」のです。安心して行きなさい。苦しむことなく、健やかでいなさい」と語っている〔RSVに合わせて調整した〕。

あるいはまた、この語は身体的な死の危険からの救出を指しても使用され、それはマタイ8章25節および14章30節に見られる。あるいは、マルコ15章30〜31節では、イエスはある者たちから次のようにあざけられた。

「……十字架から降りて来て、自分を救ってみろ。」同じように、祭司長たちも律法学者たちと一緒になって、代わる代わるイエスを嘲って言った。「他人は救ったが、自分は救えない。」

ここで彼らは、十字架刑の死から自分を救うことによってメシアであることを証明するようにイエスに要求している。彼らは、マルコ5章で見たように、イエスが他人を救った過去の出来事に言及しているのだ。

驚くべきことに、ソーゾーが罪をはっきりとその目的語として使用されているのは、五十回ほどある用例の中でただ一度だけだ。その用例はマタイ1章21節で、イエスの名前を説明した解説の中に見出される——イエスという名前は、ヘブライ語で救い主を意味する。「救う」(to save)という動詞の目的語として使われているわけではないが、罪が含意されていると考えられるもう一つの箇所は、ルカ7章50節にある。共観福音書において、救いの意味は、ヘブライ語聖書において見てきたものと極めて類似している。すなわち、救いは、おもに身体的、物質的問題に関わることとして現れる。それが罪のような内面的、霊的、道徳的欠陥ないし過ちを指すことは滅多にない。

使徒の働きおよびパウロにおける救い

使徒の働き[2]（使徒言行録）、および初代教会のミニストリーに目を向けても、そこに見られるパターンはほぼ同じだ。誰かを救うことは、4章9節や14章9節にあるように、病からの癒やしや、あるいは27章20節、31節にあるように、死の危険から人々を救うことを示す。それはまた、一般的な言い方でも出てきており、使徒2章47節では、「主は毎日、救われる人々を加えて一つにしてくださった」と言われている。

　この場合は、使徒の働きのほとんどの用法と同様に、人々が何から救われるのかについての情報は与えられない。（他の一般的言及は、使徒4章12節、11章14節、15章1、11節、16章30〜31節。）これらの場合、救われることは、部分的にはキリスト者共同体のメンバーになることと並行するように見えるが、しかし、そこにはまた、神学的、霊的次元があるようにも見える。使徒の働きの著者にとって、救いは身体的であると同時に、神学的でもある。

　パウロ書簡を一瞥《いちべつ》することは、新約聖書におけるソーゾーについての私たちの考察の仕上げのために助けとなる。また、これらの手紙には、ソーゾーについての興味深い事実をいくつか見出すこともできる。まず、「救う」という動詞の、直接言及される目的語としては、罪はほとんど決して登場しない。むしろ、パウロは、神の怒りから救われること（ローマ5・9）、あるいは主イエスの日に救われること（Iコリント5・5）について語る。（Iコリント3章15節も参照。）言い換えると、パウロは救いを、なお将来において到来するものと見なしているのだ。それは、将来的救いだ（終末論的）。パウロは通常、ソーゾーを未来形で使用する。

しかし、パウロが救いを将来のものと見なしているということだけでは、彼が救いを霊的なものとしてだけ考えていたことを意味しない。パウロにとって、この将来的救いには、物質的、身体的な意味もあった——それは、Iコリント3章15節で彼が言っているように、最後の審判における個人の救いだった。

だれかの建てた建物が焼ければ、その人は損害を受けますが、その人自身は火の中をくぐるようにして〔救われ〕ます。〔RSVに合わせて調整した〕

ここでは、救われることは、滅びること、焼き尽くされることの反対概念だ。この単語は、Iコリント1章18節において、同じく現在形で、この意味で使用されているが、そこでの対比は、救われつつある人々と、滅びつつある人々の間に置かれている。

さて、未来形のものもいくつか含む使徒の働きでの一般的言及に目を戻すと、それらもまた、同様に終末論的に使用され、時の終わりにおける滅び／神の怒りからの救い／救出に言及しているように思われる。もしそうだとすれば、これらの用例もまた、身体的、物質的な、体の救いに言及したものだろう。というのも、神の怒りを苦しむことから救われるのは、その人全体（whole person）だからだ。

それゆえ、使徒の働きに描かれているように、パウロおよび初代教会にとって、救われることには身体的、物質的構成要素が含意されていた、と結論づけることができる。ある場合には、この救いは終わりの時まで延期された。それは、キリスト者がついに、神の正義によって完全に権利を回復され、あらゆる困窮からの最終的な解放である救いを、完全に経験する時なのだ。しかしながら、そしてこれこそが強調されるべき点だが、新約聖書においては救いがはるかに将来的方向性を持つものとなっているが、それでも、救いは依然として身体的、物理的な救いなのだ。例えば、都、水、木々、民、また諸国が描かれている黙示録の最終章を見よ。これは、神の救いの力によって変革された身体的、社会的、政治的な生活の画像にほかならない。それゆえ私は、将来的救いを霊的な救いだけだと見なすのは、誤った等式だと確信する。[3]

その他の新約聖書における救い

私たちが、共観福音書、使徒の働き、またパウロ書簡において見出したことは、新約聖書の他の部分においても典型的だ。つまり、ソーゾー（救う）は、身体的、物質的問題ないし脅威からの解放の意味で使用される。例えば、ヤコブの手紙においては、救いが身体的病気からの解放であることを見出す。5章15節は、「信仰による祈りは、病んでいる人を救います」と語る。これは共観福音書に見られた用法と密接に関連する。これと並行して、5章20節には、将来を指し示す用法が見出せる。

　罪人を迷いの道から連れ戻す人は、〔彼ら〕の魂を死から救い出し、また多くの罪をおおうことになるのだと、知るべきです。

この箇所は、私たちの通常の理解により近い、霊的な救いの概念、つまり魂の罪からの救いを指しているように見える。しかし、必ずしもそういうわけではない。というのも、新約聖書において、「魂」と訳されている単語（*psyche*）は、命ないし人の全体を意味するのであって、それは使徒の働き27章20節、31節にあるとおりだ。そこでは、この単語は難破船から救い出された人々、つまり身体的な人物全体を指している。また、聖書的な見解からすると、体が復活するので、主の日には、体とすべてを持つ人物全体が救われるか、それとも滅びるか、どちらかなのだ。したがって、ここはおそらく、「彼らの命（life）を死から救い出す」と訳すべきだろう。

　この項目で主張してきたポイントは、救いには霊的ないし内面的構成要素が一切ないということではない。救いは、いくつかの箇所では確かに、人物のこの側面を含んでいる。むしろ、強調しているのは、聖書がしばしば、あるいは通常は、とさえ言えるほどに、救いを物質的、身体的解放ないし救出として語っている、ということだ。この聖書的強調は、軽視されるべきではない。つまり、私たちは救いを、身体的なものと対立するかのように、霊的なものとして、人物の一つの側面だけに限定すべきではない。体と精神と霊である人物全体が解放されるのだ。聖書の救いは、このように全的（total）なもの、人物全体の解放を含むものだ。確かに、聖書的な救いによって通常直接的に影響を受けるのは人物の身体的部分だとしても、それは単に身体的なものではなく、また身体的な解放を軽視するような意味で霊的なものでもない。[4]

　したがって、救いを霊的な概念だけに限定するならば、また救いを、人物の全的存在から離れてそれ自体の分離した存在を持つ何らかの魂を救うことだけだと考えるなら、私たちはもはや、「全身体的な」（full-bodied）聖書的救いではなく、「脱身体的な」（disembodied）救いの理解をしていることになる。これは、ヘブライ語聖書が神の救いについて述べる仕方ではないし、共観福音書がイエスの救いの働きについて述べる仕方でもない。聖書的な救いは、物質的かつ霊的な、人物全体の解放にほかならない。

　この点に関して言えば、モーセが最初にファラオと対峙したときに、抑圧されていたイスラエルの民が礼拝できるように、エジプトから出て三日間の旅をさせるように要求したことは重要だ。明らかに、隷属状態にあることは、神への礼拝の妨げだった。なぜなら、もしも礼拝が単に霊的なことだけなら、なぜイスラエルは、神を礼拝するために抑圧状態を抜け出す必要があったのか。

　救いの全体性（totality）は重要だ。なぜなら、救いを霊的および魂の救いに限定することは、必ずしもシャロームをもたらさないからだ。もしも、求められていることが非身体的な実体、つまり魂を救うことだけだとしたら、救いはあらゆる種類の物質的不正義および抑圧をそのままにして済むことになる——私たちが神の救いの対象として確認した、身体的抑圧および搾取からの解放には一切注意を払うことなく、魂を救うことに忙殺されることになりかねない。実際、これこそあまりにも頻繁に起きていることであり、それはこのタイプの救いが、より裕福な人々によって、まさに抑圧する者たちによって、より裕福でない、抑圧される人々に対して説教されている場所では、特にそうだ。第三世界のどの国でも、この手の福音を見出すことができる。しかし、これはシャロームの福音ではない。

しかしながら、私たちは、来世における人々の苦しみに対してのみ関心を表明する一方で、現世における人々の抑圧と苦しみ、つまり彼らの現在の地獄に対しては何もしないようなものが、聖書における神の救いではないことを見てきた。神の救いは、現在の現実であるように意図されているのであり、今ここでの解放を目指すものだ。それは、今この時に抑圧されている人々を解放し、今この時に病気の人を癒やすことだ。すでに見たように、神の裁きは、この解放を阻害する者すべてに対して立ち向かう。

救いの聖書的メッセージは、現在の変革、ステータスクオーという抑圧の終焉を意味する。聖書的な視点からすると、この変革なくしては、救いは不完全であり、シャロームは欠如しているのだ。

罪はどうなったのか?

聖書が通常、「救う」(save)や「救い」(salvation)という語を罪と共には使わず、むしろ、身体的な病や政治的抑圧と共に使用するからと言って、それで聖書が罪を深刻に受け止めていないということを意味するわけではない。深刻に受け止めているのだ。しかし聖書は、罪について語るのに、別の一揃いの用語を用いる。

旧約新約の両方において、最も頻繁に罪と共に使用される単語は、「赦す」(forgive)だ。罪とは、赦される何らかのことだ。罪は、人と人との間、あるいは人と神との間の関係を妨げる。加害者側、つまり関係性を傷つけた人が赦しを求め、被害者側が赦しを与えることによって、その関係性を健全さ(wholeness)へと修復する。例えば、ヘブライ語聖書において偶像礼拝は罪であり——それは神との関係を破壊した——その関係を修復するためには、神の赦しが必要だった。

赦しという言葉の他に、犠牲の祭儀からの用語も使われる。すなわち、「償う」(expiate)や「贖う」(atone)、「罪を負う」(bear sin)や「運び去る」(carry off)だ。ヘブライ語聖書においては、これらの用語は、もちろん動物犠牲の効果について述べたものだ。新約聖書では、これらの用語はキリストの死に適用される。

最後に、法的領域から借用される一連の用語が、罪と共に使用される。ここには、「身代金」

(ransom）といった用語が属しているが、この語は、支払いによって誰かの解放（release）を確保することを意味する。あるいは「買い戻す」（redeem）で、これには、redeeming a pledge（質入れ品を質請けする）の場合のように、類似した意味がある。このように、罪は深刻な事態であり、関係性を損ない、人々を隷属させ、またシャロームが実現することを妨げた。罪は、拭い去られ、消し去られなければならなかった。

ここでは、罪の本質については議論しない。そのトピックは、贖いに関する次の章まで延期することにする。誤解を避けるためにここで指摘しておきたいのは、罪は深刻な問題であり、聖書において多様な仕方で扱われているが、救いに関する語彙は、その主要な仕方ではない、ということだ。

しかしながら、ここで、私たちの救いの理解にとって注目すべき重要な点は、ある人の罪の概念は、その人の救いの概念と関係しているように見える、ということだ。ある人が救いを霊的、個人的、内的な事柄と見なしている場合、それは罪についての特定の見方と関係する——罪もまた、個人的なものとなる。しかし、もしも他者を抑圧することが罪であり、抑圧が罪の徴であるなら、抑圧されている者を抑圧者から解放することは、罪に打撃を加えることになり、救いと理解されることになる。

さらに言えば、罪は、特にパウロにおいてそうなのだが、より一般的な理解では「隷属」(bondage）であることから、救いは、すべての隷属から解放することによって、また奴隷化するすべての罪深い構造を変革することによって、罪の根を斧で断ち切るのだ。パウロがローマ6章17節で述べているように、「あなたがたは、かつては罪の奴隷でした」。しかし、この隷属から、私たちは自由へと召された――それは、自由な民となるためだ（ガラテヤ5・1）。

しかしながら、個人的、内的な罪の概念は重要なものであり、私たちが決して脇へ払い除けたり、軽視したりすべきものではない。ある種類の隷属は、他の種類の隷属よりもオープンなものだと理解されている――それは、社会的構造や関係性の中に現れる。他の形態の隷属は、精神や心に根ざす――例えば、性差別、人種差別、また封建制度だ。これらの束縛する、抑圧的な思考の習性は、当然ながら、特定の社会的、経済的構造と結びついており、そうした構造と共に、これらの習性は成長し、拡大し、そして実際に、それらは互いに強化し合う。その結果、両方の形態の隷属を考慮に入れる必要があり、また両者共に取り組む必要がある。私には、どちらか一方のアプローチも――社会の構造を変えることなしに精神や心を変えようとすることも、あるいは、個人の変化の必要を含めることなしにその構造を変えようとすることも――その一方だけでは不十分だと思われる。隷属からの自由としての聖書的な救いは、その両方を扱うことができる。すなわち、身体的、物理的な抑圧状態と、この抑圧を増強し助長する思考の習性からの救出（deliverance）だ。

それゆえ、救いを通常は罪からの救出と結びつける英語の用法において、救いは、たとえ罪や隷属の形式によっては異なる形式を取り得るにしても、すべての人のためだということを肝に命じるべきだ。精神の内なる変革は、抑圧的な社会構造の外なる再生と並行する。それらは別々の救いではない。なぜなら、その両者の根底には、罪、すなわち、シャロームと正義を求める神の意志に対する不従順があるからだ。したがって、罪からの救いは、個人的変化と社会的変化、両方の過程および闘争となる――この二つは、実践において分離されてはならない。

モーセとイスラエルの民の例に再び戻ると、彼らをエジプトから身体的に解放することでは十分でなかった。むしろ彼らは、彼ら自身の奴隷的精神性から自由にされる必要もあった――〔この奴隷的精神〕は、彼らがエジプトに戻り再び奴隷生活に戻ることを繰り返し切望したことに表れている。この視点から見ると、つまり、罪を聖書的に隷属および抑圧と理解するならば、罪が人の隷属として現れることを念頭に置いて、救いを、なお罪からの救いとして語り続けることもできよう。すなわち、救いは、精神と心の変革および社会構造の変革の両方を通して、人々を窮状から解放する。その〔二つの変革の〕どちらも、その一方だけでは適切ではない。

以上のすべてを踏まえて、次の疑問が浮上する。私たちの救いの理解はなぜ、聖書において救いとして語られていると私たちが〔ここまでの考察において〕確認したことと、これほどまでに異なってしまったのか。単純化が過ぎるかもしれないが、教会において救いの概念に何が起こったのかを推測するならば、罪が焦点的課題となったのだ。とりわけ、個人の罪と罪責、そして、個人はどうすれば神との正しい関係に入ることができるのか、ということだ。[5] 天国に行けるようになるための罪の赦しおよび神との関係を回復することが、教会の焦点となり、それが救われていることだと言われるようになった。こうして、救いは個人的、内面的、霊的、将来的なこととなった。以前には救いによって扱われていたもの——病気や社会的抑圧からの解放——は、こうして、教会の救いの概念の外に落ちて行った。その結果、それ〔つまり解放〕は、教会にとって中心的なものと見なされず、教会が主要なエネルギーや注意を費やすべきものと見なされなくなった。

この傾向は、ある程度、贖罪論の教理によって促進された。贖いを、シャローム・ジャスティスと救いというより広い文脈において理解するために、次章では、贖いに目を向けたい。そこでは、罪や構造、個人の変革について、より多くのことを述べることになる。これまでのところ明らかになったことは、神の救いは、旧新約聖書のどちらにおいても、明瞭に、解放として、社会的、政治的、身体的問題を扱うものとして示されている、ということだ。この救いの側面は、救いについての聖書的な見解を得ようとするならば、無視するわけにはいかない。

1　罪の告白が、神による救出に対して彼らの功績を意味したという人もいるかもしれない。しかし、ここでの悪（wrong）の告白は、神の援助を要望するための導入部の役割を果たしているように見える——それは、彼らが神から正当に受けるべきものを要求する根拠ではない。告白は、おそらく神の行動のためには必要条件だとしても、その十分な理由ではない。

2　使徒の働き・使徒言行録はルカ福音書の続編を構成するが、それでも、ルカをその親族的文書であるマタイおよびマルコと共に論じることは適切だ。また、このあと明らかになるように、「救う／救い」という語の設定および用法は、使徒においてはルカと多少異なっている。このことは、救いに関する議論において両者を分けて扱うことを正当化してくれると期待する。

3　Carlos H. Abesamis, Where Are We Going: Heaven or New World? (Manila: Communications Foundation for Asia, 1983) を見よ。

4　聖書における救いの研究で、将来的救いの聖書的強調が全的救いであることを示したものとしては、Abesamis, *Where Are We Going: Heaven or New World?* を見よ。彼の書には、伝統的な救済の概念と、聖書に見出されるものとを比較した有用な章がある。彼の研究は、私がここでは省略した、神の国についてのイエスの教えから多くを導き出しているため、本章に対する重要な補完となる。彼の研究は、本章と関連して読まれるべきものだ。

5　西洋のキリスト教が、宗教改革以降、パウロをどれほど個人主義的に読んできたかについての古典的発言については、Krister Stendahl, "The Apostle Paul and the Introspective Conscience of the West," *Harvard Theological Review* 56 (1963): 199-215, pp. 199ff.〔Reprinted in idem, *Paul Among Jews and Gentiles, And Other Essays* [Philadelphia: Fortress, 1976], 78-96, 78 頁以下〕を見よ。

5章　贖い――神の正義の行為

出エジプトの出来事、および聖書の中で救いについて使用される用語を調べることにより、私たちは、通常の救いの理解とは大きく異なる見解を見出した。私たちは多くの場合、救いを霊的、内的、また彼岸的なやり取りであって、神に関わること、また人の神との関係に関わることだと考える。それは、個人の実際の身体的生活および状況とは、ほとんど関係がない。

この理解は、私たちが見出した聖書における強調、すなわち物質的また政治的な救出としての救い――解放としての救い――とは際立って対照的なものだ。私たちの、霊的、個人主義的な救いの見解は、一体どこから来たのだろうか。その聖書的根拠は何か。それは解放としての救いとは、どのように結びつくのか。これらの問いを精査するためには、救いのより伝統的な理解を探求する必要がある。その詳細のすべてに触れることはできないが、ここでは主要な争点を扱い、さらなる考え方の傾向性を示唆し、また救いを理解する上でのシャロームの重要性を示すことを目指したい。

贖いの諸理論

聖書には二つの中心的な救いの行為が描かれている。一つ目は出エジプトで、二つ目はイエスの生涯、死、復活だ。救いに関する伝統的なキリスト教の見解は、その大部分が、この二つ目の行為、つまりイエスの生涯、死、復活において、あるいはそれを通して何が起こったのかをめぐる解釈に基づいている。新約聖書自体は、イエスの死の結果として何が起じたのかについて、単一の明確に定義された解釈を提示していないので、教会は、長年にわたり、複数の説を発展させてきた。私たちの〔抱いている〕救いの伝統的な理解の土台を据えるために、まずは、贖いに関するこれらの多様な考え方を簡潔に見てみよう。

私たちはまた、贖いをより広い聖書の文脈の中に位置づけることにより、これらの通常の見解を越えて、一歩先へと進みたいと思う。そうするのは、神がイエスにおいてもたらしていると私たちが見るこの救いが、出エジプトの出来事におけるように、神が他の箇所でしておられることとどれほど似ているかを理解するためだ。私たちは、神の救いの働きを、歴史を通して、共通の目的を持つ一つの連続した働きとして期待すべきではないだろうか。その手段は変わるにしても、神の目的と目標は同じままではないだろうか。それゆえ、イエスの働きを救いの行為として見るに際して、私たちは、この出来事についての聖書の理解が、他の箇所での神の正義と救いの行動の理解とどのように結びついているかを発見しようと試みたい。

贖いを、救い、正義、およびシャロームと共に、一般的な聖書の主題の一つとすることが、一つの重要なポイントだ。過去においては、贖いは多くの場合、聖書的信仰の主要な構成要素とは区別して扱われた。このことは、おそらく以下の二つの理由によって起こった。第一に、イエスの死において何が起こったかを説明するにあたって、ローマ的な正義の考え方が使用され、時として、贖いを非聖書的な枠組みの中に位置づけたことにより、贖いに異なる展開が加えられた。第二に、贖いはキリスト教信仰にとってあまりに中心的であるため、そうした贖いの理解は、ひとたび受け入れられると、聖書のその他の箇所についての私たちの解釈や理解を支配するようになっていった。それは、尻尾が犬を振り回すような事態〔本末転倒〕に見える。

本書での私たちの手順は、それとは正反対だった。私たちは贖いに取り組むに先立って、まず、正義と救いに関する、より広範な聖書の見解を導き出した。そうして今や、その広範な聖書的文脈の中で、贖いを理解することを試みようとしているのだ。

今日の教会の立ち位置からすると、贖いを、神の本質についての核心的事柄と考えるかもしれない。しかし教会は、最初の千年間、贖いについて公式の、あるいは十分に形成された教理を持たなかった。贖いの様々な見解が書き記されて、教会によって受け入れられたり拒絶されたりするようになるのは、ようやくその後になってからだった。

贖いの教理がこのように遅れて発展した理由の一つは、新約聖書においてキリストの働きを示すのに使用されるメタファーや言語描写の多様性にあるだろう。マルコ10章45節において、イエスは、供与される自らの命について、ransom（身代金）として言及する。パウロはローマ3章24～26節で、expiation（償い）を、Ⅱコリント5章18節ではreconciliation（和解）を、ガラテヤ3章13節ではredemption by becoming a curse（呪いとなることによるあがない）を使用する。そしてエペソ1章5～10節では、becoming God's children（神の子どもとなる）、redemption（あがない）、forgiveness of sins（罪の赦し）、イエスの死を通してuniting all（すべてのものを結び合せる）こと、といった様々な用語やイメージが使用される。さらに多くの言語描写をこのリストに加えることもできるだろう。一つのことが明らかだと思われる。すなわち、新約聖書には、キリストの死の効果を描写する単一の表現法がないということだ。

これらの言葉やメタファーは、生活の様々な領域から採用されている。それらは、イエスの死によってもたらされた効果の景色（view）を見せるために聖書著者たちが使用した一連の窓のように見られているかもしれない。しかし、これらの言葉の窓のうちのどれ一つとして、その一枚だけでは全体を見ることはできない。それぞれの窓は、私たちに全体の一部を見せる役割を果たすのだが、どの一つも全体を見せてはくれないのだ。一つの言葉の窓からの景色が、景色の全体あるいは唯一の景色とされるときに、問題が生じる。それは向こう側にある現実を見せる窓ではなく、むしろそれ自体が完全な景色になってしまう。こうなると、焦点があまりにも狭められてしまい、聖書の証言は歪められる。

したがって、ransom（身代金）や expiation（償い）といった言葉の窓だけを使用したり、あるいはそれらを主要なものとして使用するのではなく、むしろ新約聖書がイエスの死の結果を描写している箇所に基づいて、贖いの理論を構築することがより優っていると思われる。そこで、ローマ5章1~11節のような複数の記述的な箇所と、正義、救い、シャロームの主題という、より広範な背景とを使用することで、贖いについての補完的な視座を提示することにしよう。この視座は、伝統的な諸理論を豊かにするものとして提供される。[1] しかしまず、視座を得るために、三つの主要な伝統的な見解を調査することにしたい。

充足ないし代償理論

充足ないし代償的見解は、*Cur Deus Homo?*（『クール・デウス・ホモ――神は何ゆえに人間となりたまひしか』〔長沢信寿訳、岩波文庫：岩波書店、一九四八年〕）という題のアンセルムスの著作の中で、一〇九七年に展開された。この本は、なぜ受肉が必要だったのか、なぜ神は人間になる必要があったのか、という問いに答えようと試みた。その答えは、贖いの理論という仕方で提示された――すなわち、一人の人が死に、それによって私たちに救いがもたらされるようにと、神は人間になられた、というものだ。

それでは、なぜ、このことをなすために「神・人」（the God-man）が死ぬ必要があったのか。アンセルムスはこのように説明した。すなわち、人間は罪人であり、神に対して反逆したことによって、神を怒らせた。人間は、その罪のゆえに、罪責を負い、神によって罰せられるべきものだ。それゆえ、すべての人間は神の怒りと裁きの下に立つ。私たちは、私たちの上にとどまり続ける神の怒りに、どのように対処すれば良いのか、これが問題だ。人間は、自らの悪に対して、自分自身では神に充足（satisfaction）を提供すること、言わば神に賠償（restitution）をすることはできない。人間のできることの何一つとして、神の怒りを自分の上から取り除くことはない。神もまた、人間を赦すことができない。なぜなら、それは道徳的秩序に反するからだ。それ〔赦すこと〕は不正義となる。これこそ、人間と神とが自らをその中に見出すジレンマなのだ。すなわち、人間は神に払い戻しができず、神は人間の負債を赦すことを、正義によって妨げられる。

しかし、イエスはその問題を解決することができた。神的存在として、彼は罪なしにその生涯を生きることができた。彼は、神に対して何一つ負債を負っていない。負債のない者として、彼は自らを私たちの代償として提供することができ、私たちの罰を引き受けることができた。私たちが受けるべきだった神の怒りは、イエスの上に放たれた。今や神の正義は充足され、負債は支払われた。私たちは、イエスの死の功績（merits）が私たちに移行されることにより、個人として、自分自身の罰からの放免（release）を受け取った。この移行により、私たちは神との関係において正しくされ、こうして、私たち自身の行いがもたらすはずだった破滅を免れた。

この、イエスから私たちへの功績の移行、私たちの罪のためのイエスの贖いは、私たちの信仰的伝統に従って、サクラメント〔秘跡〕を通して（through the sacraments）、あるいは信仰によって（by faith）生じる。カトリック信者にとっては、サクラメントが救いを個々人に対して効力あるものとする。プロテスタント主義の多くでは、この移行を起こさせるのは個人の信仰だ。

おそらくこれが、今日における贖いの支配的見解だろう。ほとんどのキリスト者にとって、これこそが正統主義を表す。この見解には利点もあり、新約聖書がイエスの死について語る仕方に基づいてはいるが、それは新約聖書の教えをすべての点において表しているわけではない。基本的に、この贖い理解は、イエスの死をシャローム・ジャスティスの文脈ではなく、むしろ罰する正義（応報的正義［retributive justice］としても知られる）の文脈の中に位置づけている。この充足説によれば、私たちは悪を行ったゆえに罰せられて然るべきだ。神は私たちを赦すことができない。なぜなら、それは応報的正義の敗北だからだ。しかしながら、新約聖書は贖いを、応報的正義ではなく、シャローム・ジャスティスに基づくものと見なしている。パウロはローマ5章6～11節で次のように語る。

実にキリストは、私たちがまだ弱かったころ、定められた時に、不敬虔な者たちのために死んでくださいました。正しい人のためであっても、死ぬ人はほとんどいません。善良な人のためなら、進んで死ぬ人がいるかもしれません。しかし、私たちがまだ罪人であったとき、キリストが私たちのために死なれたことによって、神は私たちに対する愛を明らかにしておられます。ですから、今、キリストの血によって義と［された］私たちが、この方によって神の怒りから救われるのは、なおいっそう確かなことです。敵であった私たちが、御子の死によって神と和解させていただいたのなら、和解させていただいた私たちが、御子のいのちによって救われるのは、なおいっそう確かなことです。それだけではなく、私たちの主イエス・キリストによって、私たちは神を喜んでいます。キリストによって、今や、私たちは和解させていただいたのです。〔新改訳2017では、「義と認められた」〕

パウロは、人間の状態を弱く、不敬虔で、罪人また敵であると表現する。罪人として、私たちは助けを必要としていたが、自分自身を助けることはできなかった。なぜなら、私たちは弱かったからだ。さらに、私たちは神の敵だったために、助けられるに値しなかった。それゆえ、神は私たちの必要を満たすために、愛から行動した。ここに、シャローム・ジャスティスが描き出されている――それは、人間の功績にではなく、神の愛に基づいて、人間の必要を満たす。正義を扱った章〔第3章〕で見たように、シャローム・ジャスティスは罰を取り消すわけではない。それは、抑圧し、シャローム・ジャスティスを妨げる人々に対する罰については、特にそうだ。だから、ここには神の怒り、つまり神の罰する正義がある。しかし、正義のこの側面は、シャローム・ジャスティスをもたらすという、イエスにおける神の目的の文脈の中で見られなければならない。それはつまり、すべてが和解されてシャロームを得るという、神の願いだ。誰一人として滅びることは、神の意志ではない。神は和解とシャローム・ジャスティスをすべてに拡大する。すべての人がこの提供を受け入れるわけではないという事実は、この提供自体もまたその本質も、決して減少させない。

しかし、贖いがシャローム・ジャスティスではなく、むしろ応報的正義として見られるときには、イエスは正義を実現する行為者、私たちを神と和解させる存在となる。〔その場合〕神は、罰する正義に従って行動する厳格な裁判官として、宥められる（pacified）べき対象となる。この概念は、Ⅱコリント5章18～21節で述べられていること、すなわち、神がキリストにあって世をご自分と和解させたということとは、正反対の理解を表す。その箇所では、イエスは、関与する神の手段であって、神が和解を行う主体なのだ。これこそ、新約聖書の一貫した証言だ。すなわち、神は和解の行為者（the agent）なのであって、和解の対象（object）ではない。

さらに言えば、贖いの代償的見解においては、贖いと倫理の間、つまり、神に対して和解されることと和解の生を生きることとの間に、分離が見出される。少なくともパウロにおいては、贖いが、罪と死の領域からキリスト・イエスへの主権の移行を意味したことは、明らかだと思われる。実に、「キリストにある」（in Christ）は、キリスト者であることが何を意味するかを述べるのに、パウロが最も頻繁に使用する用語だ（例えば、ローマ8・2、39、12・5、Ⅰコリント15・22、Ⅱコリント5・17、ガラテヤ2・4、3・14、28を参照）。このように、贖いは、私たちが負った負債に対処するという、単なる応報的正義に関わる問題ではなく、生の関与（life commitment）の変化、方向性の変化なのだ。

パウロはこのことを、ローマ6章17～22節で最も明瞭に述べている。ここで彼は、イエスが来たのは、私たちがかつての主人への隷属から解放されて、新しい主人の下で生きるようになるためだと告げる。贖いにおいて重要なことは、人が今や「キリストにある」ということ、キリストの体の一員だ、ということなのだ。この新約聖書の強調点に注意が払われないことで、時として、贖いを法的虚構とする概念が生み出された。すなわち、神は私たちを正しい者として扱うが、私たちは依然として、同じ罪人のままである、というものだ。この点について、新約聖書は明確だ――私たちは同じ罪人のままではない。もし私たちが罪の中にとどまるなら、私たちは「キリストにある」者ではなく、またもし私たちが「キリストにある」者でないなら、イエスは無駄死にしたことになる。

最後に、この見解は、「ゆりかご即墓場キリスト論」(cradle-grave christology) と呼ばれるものを表す。この見解が含意すると思われる重要なことは、イエスは死ぬために生まれた、ということだ。神のメシアとして、イエスが歴史において誰〔どのような存在〕であり、何を教え、どのように生きたかはすべて、ある意味では、救いに対して妥当性を持たないということだ。しかし、イエスの生涯という模範は、新約聖書において重要だ。実に、イエスの苦難でさえ、手本ないし模範と見なされており、単なる神学的出来事ではない。

Iテサロニケ1章6節で、パウロは、テサロニケの人々がキリスト者になったとき、彼らがパウロとイエスとに倣う者となり、またそのことによって、彼らもまた、「多くの苦難の中で……みことばを受け入れ」たと語る。あるいは、パウロはガラテヤ6章17節で、自分自身のことについて次のように記す。「これからは、だれも私を煩わせないようにしてください。私は、この身にイエスの焼き印を帯びているのですから。」また、ピリピ3章10節でも、「私は、キリストとその復活の力を知り、キリストの苦難にもあずかって、キリストの死と同じ状態になり……」と書いている。パウロは、自分自身の経験とイエスの苦難とを、明確に結びつけているのだ。

この線に沿って、パウロはⅡコリント1章5～6節で次のように記す。

私たちにキリストの苦難があふれているように、キリストによって私たちの慰めもあふれているからです。私たちが苦しみにあうとすれば、それはあなたがたの慰めと救いのためです。私たちが慰めを受けるとすれば、それもあなたがたの慰めのためです。その慰めは、私たちが受けているのと同じ苦難〔をあなたがたが忍耐をもって〕耐え抜く〔ときに〕、あなたがた〔も経験するもので〕す。〔RSVに合わせて調整〕

キリストの苦しみが、神学的な意味だけでなく、模範としての実践的な意義も持つことは明らかだろう。彼に従う者もまた、イエスが彼らのために苦しんだのと同じく、苦しむこと、しかも互いのために苦しむことが想定できた。イエスの死と復活のこの側面は、「ゆりかご即墓場キリスト論」によっては軽視され得る。なぜなら、このキリスト論は、出来事に神学的意味を与えることによって、イエスの働きの焦点を狭めることで、それらの出来事の歴史的、倫理的意義を損ないかねず、その結果、イエスの働きの十分な影響を把握し損ねることになるのだ。

しかし、前段においてそうしたように、贖いをシャローム・ジャスティスの文脈の中に位置づけることによって、ある矛盾が現れるように思われる。先に、私たちは、身体的必要や抑圧を終わらせること、奴隷を自由にすること、また病気の人を癒やすことについて語るのに、最も頻繁にシャローム・ジャスティスを使用した。ところが贖いは、こうした必要にではなく、むしろ神学的、非身体的次元に向けられているように見える。すなわち、罪の隷属からの解放へ、神との和解へと向かう次元だ。このことは、シャローム・ジャスティスとはどのように関係するのだろうか。このことは、貧しく飢えた人々の食卓にどのようにして食事を提供するのだろうか。それはどのようにして、貧困によって抑圧された人々を自由にするのだろうか。

前章で指摘したように、罪からの解放は、態度および価値の変化と、その新しい価値を反映し強化する構造的変化との、両方を伴う。贖いが回心――精神と視点の変化――に力を与えるのとまさに同じく、贖いはまた、構造的社会的変革にも力を与える。抑圧された人たちが、社会的変化がもたらされるためには自分たち自身が行動しなければならないと説得される必要があるということが、精神の変化が必要であるということを雄弁に証言する。いったい、回心なしで――良心化(conscientization)なしで――長期的に本当の変革はあり得るだろうか。

それゆえ、贖いは、神のシャローム・ジャスティスの働き――功績を考慮することなく人間の必要を満たすこと――を例示するだけでなく、私たちが他のところですでに見たものの一部であるように思われる。贖いは、個に――贖いのこの見解〔充足・代償説〕は、個を強調する――より焦点を合わせ、またかつての個人的な精神と心との隷属からの自由に、より焦点を合わせるのに対して、例えば出エジプト〔の出来事〕は、集団と社会的変化のほうにより焦点を合わせる。本当の変化のために両方の変革が必要であることを認めるなら、貧しい者が食卓の上に食事を得るためには、回心が必要だ。贖いのこの見解や他の見解が指し示しているのは、この個人的回心の必要なのだ。

道徳感化説

追随者を獲得した贖いのもう一つの理論は、アンセルムスの少しばかり後の時代に生きたアベラルドゥスによる。それは、部分的には、アンセルムスの見解における神の冷たさ、距離、怒りに満ちた姿に対する反発として理解される。それはまた、個人に何が起こるのかということを、より一層強調する。

この見解においては、神は愛の神であり、宥められる（appeased）必要はない。確実に、これは新約聖書の教えの重要な一つの側面だ――神は、怒りのゆえではなく、愛のゆえに、イエスを通して働かれる。おそらく、このことの新約聖書における最も明瞭な発言は、Ⅰヨハネ4章10節だろう。

私たちが神を愛したのではなく、神が私たちを愛し、私たちの罪のために、〔償い〕(expiation)としての御子を遣わされました。ここに愛があるのです。〔RSVに合わせて調整〕(ヨハネ3・16も見よ。)

しかし、人間は、神の愛にもかかわらず、神を拒絶してしまい、不従順のうちに生きている。彼らは、自らを罪の中に、そして神から疎外された状況において見出す。しかし、もしも信仰によって、イエスの死を通して神の愛を経験するなら、彼らの心の内に愛が覚醒され、愛が彼らを変革する。愛の絆は、今や彼らを、神と、そして仲間たちと結びつけるようになる。彼らの心の中で覚醒されるこの愛こそが、彼らが義とされることの基礎なのだ。Ⅱコリント5章14～17節は、この考えを表現して、なぜイエスが十字架上で死んだのか――すなわち、すべての人がキリストの支配の下に生きるようになるため――ということをひとたび理解するなら、彼らの生はキリストの愛によって支配される、と述べる。

贖いのこの見解は、主観的見解としても知られているが、それは〔贖いにおいて〕起こることが人間の内側で起こるからにほかならない。つまり、人間が世界を感じ、また見る仕方における主観的な変化なのだ。これに対して、代償的見解は客観的見解として知られている。すなわち、イエスの死は、神に対する私たちの負債の客観的な除去をもたらすのだ。これは、私たちの内部で起こる何かではなく、外側の現実における変化だ。私たちの負債は取り除かれ、私たちはもはや債務者ではない、ということだ。

確かに、神の愛と人間の変革に強調点を置くことは、本質的な聖書の主題であり、代償的見解の傾向のいくつかを修正するのだが、この〔道徳感化〕説にも弱点はある。イエスがなぜ死ななければならなかったのかについて、十分には説明しないのだ。私たちに愛を示すために、なぜ無実の人が死ななければならなかったのか。神は、私たちに対する愛を示すために、別の方法を見つけることはできなかったのか。この点では、代償説がより強力に見える。

その過程における神の役割もまた、二義的なものになる傾向がある。というのも、私たちはイエスの模範と死によって変革されるからだ。神は、劇を鑑賞する傍観者のように見えるのであり、緊密に関わってはいない。この点は、前の〔充足・代償〕説にも見られた弱点だ。しかし、前段ですでに見たように、神が能動的に関わっていたこと、また神こそが、「〔人間〕の罪過（trespasses）を彼らに対して計上すること（counting）なく、キリストにあって、この世をご自分と和解させた」行為者（agent）だったこと（Ⅱコリント5・19、RSV）は、新約聖書から明らかだろう。

最後に、この見解〔道徳感化説〕は、罪と悪とを十分に深刻なものとして扱っていないように見える。神の怒りは、罪を犯し続ける人々に対して向けられる。それは、人間の意志の問題、また人間がそこにおいて生きている罪深い構造の問題という、より深い罪の問題を軽視しているように見えるのだ。私たちは、何が正しいことか、何が愛に満ちたことかを知っていて、それを行うことを望んでいるにもかかわらず、多くの場合、結局は悪を行うことになってしまう。というのも、私たち自身が悪しき状況ないし構造の一部だからだ。例えば、抑圧という罪は、人々が善良で愛に満ちた人々であることによって克服されるというよりも、むしろ抑圧の構造を、シャローム・ジャスティスを通して愛が表現されるような構造に変革することによってこそ、克服される。

古典的理論

贖いのこれら二つの説ないし説明は、過去七百年ほどにわたって、教会において支配的だった。しかし、前述したとおり、このどちらの説も完全に適切なものではないように思われた。その結果として、この〔二十〕世紀に、もう一つ別の説が提案された。その現在の形式はスウェーデン人学者グスターフ・アウレンによるものだが、彼は、この見解が実際には、初代教会および初代教会教父たちの理解に含意されていたものだと主張する。彼ら教父たちは決してそのような一つの理論を展開したわけではなかったが、アウレンは、彼らの著作の中にこの理論が埋め込まれているのを見出した。彼がそれを古典的理論と呼ぶのは、アンセルムスおよびアベラルドゥスの時代まではこの理論が教会の元来の見解だったが、この二人の見解がそれに取って代わっていった、という理由による。

この見解によれば、闘いが行われている。それは、善と悪との間の闘いだ。人間は自分たちが悪の力に囚われ、サタンに隷属していることを見出す。人間を捉えている悪は、人間が行う悪の行為において個人の次元で（personally）表現されるとともに、社会の制度において、また人種差別、性差別、階級差別のような社会的関わりにおいて、集合的にも（corporately）表現される。

その結果、私たちは、自分たちが、自分自身では解放できない力によって隷属させられていることを見出す。個人として、私は自分自身が悪を行っていることを見出す。私は、私の社会とその制度とに参加しているので、より大きな悪の共犯者でもある。この理論の真の強さは、それが罪と悪についての新約聖書の見解を深刻に扱っていることにある。罪は、特にパウロ書簡において、隷属させる力ないし勢力だ。それはただ単に悪行を行うことではない。さらに言えば、罪は社会を支配する勢力のうちに存在する。すなわち、この世の勢力である、もろもろの支配と権威（principalities and powers）だ。罪の問題は、ただ単に個人の負債を赦すことによっては解決されない。人間は、彼らの生に及ぶ罪の力から解放される必要がある。これはまた、罪の社会的次元を扱うことをも意味する。

罪と、罪に対処する神の行為とに関するこのより広範な見解は、現在の悪の時代からの救出について語るガラテヤ1章4節や、あるいは、キリストが最終的にあらゆる力を神に服従させることを告げるIコリント15章22〜26節にある闘いのイメージのような、新約聖書の複数の箇所に基づいている。この古典的見解は、イエスと悪の勢力の間の継続している闘いに関する、新約聖書の言葉遣いを深刻に扱う――この闘いは、すべての諸力が神の支配に服従するとき〔に実現する〕、神に属する究極的な勝利が伴う。

新約聖書の教えが、私たちの生や諸制度を支配する強力な勢力として理解される罪からの解放の必要性を強調していることは、重要な点だ。伝統的に、贖いの諸理論は、罪の射程や範囲を十分深刻に扱ってこなかった。罪は、私たちが悲しみを感じる個人的悪行をはるかに超えるものだ。罪は、私たちがそれによって生きる価値や方向性――物質主義、封建主義、および欲望のような、私たちの生を支配する力――と関わる。私たちが解放されることができる以前に、また私たちが解放の社会構造を築くことができる以前に、私たちはまず、それらの〔価値や方向性を〕具現化し活性化させている、これらの勢力と構造の支配から自由にされる必要がある。贖いのこの見解〔古典的理論〕は、前段において展開した、内的変化と、罪および抑圧を表現し推進する諸構造の変化との、両方の必要性に関する考察を補強する。イエスは解放するために死んだのだ。

しかし、この〔古典的理論の〕見解では、イエスはすでに、原則として、その復活において悪しき力に勝利している。神はイエスを悪魔に手渡した。その代わりに、悪魔は捕らえていた人類の残りを解放した。ある意味では、神と悪魔の間に取引が成立したのだ。つまり、神はイエスをもって悪魔に支払いをし、その代わりに、人類の解放を得た。イエスを身代金（ransom）と見るこの概念は、イエスが、多くの人の身代金として自らの命を与えるために来たと告げる、マルコ10章45節のような箇所から手がかりを得ている。しかし、悪魔は騙されたのだ。イエスは彼の魔手にとどまることなく、墓から勝利に満ちて起き上がる。こうして、悪魔はその戦利品に騙される。

このことは、イエスの復活が、諸力が圧倒され、さらに世の終わりには、この諸力がついに打ち負かされることの、目に見える徴であることを意味する。したがって、私たちは、この勝利が〔完成に向かって〕展開する過程の時代に生きているのだ。終わりはまだ到来していないので、抑圧のすべての諸力はまだ取り除かれていない。それでも、結果は確実だ。すなわち、いつの日かそのようになるのだ。神の解放の働きの力と射程をなお拡大しようとする闘争のただ中で、私たちは希望と信仰に生きる――いつの日か、最終的な勝利が到来する。

このように、この見解の強さの一つは、私たち自身の働きと闘争の流れの中にキリストの死を位置づけることにある。諸力に対する勝利は勝ち取られている。それが、復活の証言なのだ。しかし、私たちはまだその勝利の結果を獲得していない――それは、将来において到来する。それまでの間、私たちは、隷属と抑圧の諸勢力と、神の解放する愛と正義の勢力との間の闘いの中に囚われているものとして、自らを見出す。私たちは、キリスト者として、人間を奴隷のうちに捕らえ置く勢力に対するこの闘争において、神の側にいるのだ。

したがって、この第三の見解は、力強いものであって、私たちが他の箇所で見てきたものの多くに合致しているように見える。しかしながら、この理論にも弱点がある。それは、おそらく、あまりに二元論的だ――悪に対して、あまりに大きな力が与えられている。すなわち、神は、人類〔に対する権利〕を主張する悪魔の要求を尊重しなければならない。もしも神が実際に主権者(sovereign)であるなら、悪魔に支払いをするために、イエスは本当に死ぬ必要があったのだろうか。神は、悪に対して、その限界と力を設定しなかったのだろうか。したがって、道徳感化説と同様に、この見解はイエスの死について説得的な理由を示していないように見える。

第二に、〔この見解が〕私たちの罪からの贖いを、神が悪魔に対して行った欺瞞行為（fraud）によって得られるとしていることは、道徳的に不快なものとして、多くの者に衝撃を与える。神は、私たちを罪の隷属から解放するために、本当に不誠実に身を落とす必要があったのだろうか。

このように、一方では、神と、悪の社会的文化的勢力――もろもろの支配と権威――との間の闘いという、最も重要な新約聖書の主題を考慮することによって、この見解は、他の二つの見解に対してバランスを保たせてくれるが、それにもかかわらず、この見解にも欠点があるのだ。

贖いの伝統的諸見解の要約

これらの贖いの伝統的諸見解に共通する複数の点を指摘することによって、聖書的信仰の文脈において贖いをさらに議論する準備を整えることにしよう。

第一に、イエスの死は、彼の教えおよびその生涯とは無関係とされる傾向がある。前述したように、ゆりかご即十字架キリスト論がある。この理解は、もしもイエスの死をその歴史上の位置および意味から取り除いてしまうとすれば、イエスの死の意味を歪めることになる。イエスの死は、歴史的な出来事として、つまり彼の生涯の真の部分として理解される必要がある。これは、あれかこれか――イエスの教えと生涯か、それともイエスの死と復活か――という意味ではない。むしろ、それは単純に、これらの出来事が〔ゆりかご即十字架〕よりも長い生涯の部分として起こったのであり、その視点でそれらの出来事を理解することが有用だ、ということを言っているのだ。例えば、最初の見解〔充足・代償説〕では、イエスが私たちに代わって死ぬことができるために要求されることとして、彼が完全な生涯を生きたことが重要だ。

第二に、贖いは、聖書の他の部分に描かれている、より大きな射程を持つ神の目的や働きに対して、十分にその一部となっていない。贖いを唯一無二なものとし、神学的真空状態に位置づけようとする傾向がある。その理由は、それは意味において唯一無二なものであって、他の出来事とは比較にならないから、ということだ。私たちは、イエスにおける神の行動は、たとえ唯一無二なものだとしても、おそらく、正義と救いを求めるその他の神の行動とは異なっていない、あるいは矛盾しない、という見解によって、この傾向に対してバランスを取る必要がある。

第三に、罪とイエスの働きとは、個人の生にのみ関わるものとして見られる傾向がある。その結果、贖いの社会的影響は、無視されるか、あるいは副次的問題にすぎないと見なされかねない。しかしながら、個人的なことを超えるこの罪の本質は、他の箇所に見られる解放する救いという神の行為と、贖いとを結びつけることができる身代金説によって強調される。新約聖書の罪の概念の理解と、隷属からの自由としての贖いの理解の両方にとって、この見解〔身代金説：古典的理論〕は重要だ。

最後に、伝統的諸見解の関心は、なぜ無実の犠牲者が死ななければならなかったのかを説明することにある。しかし、神は何か他の方法で愛を示すことはできなかったのか。これが、悪魔を宥めることができる唯一の方法だったのか。有罪の者を赦すことができるために、完全に無実な者が死ぬことを要求する神は、正しい神なのか。このように問うなら、完全に満足できる答えを見つけることはできないように思われる。伝統的な諸見解は、それぞれの見解が期待することに対して、部分的にしか答えることができない。イエスの死をそれ自身の文脈に位置づけることによって、私たちは、より大きな聖書的見解とも結びつくことになる、より歴史的な答えを探求したい。

贖いのメシア的見解[2]

ここでは、ここまで議論してきた見解を補完することを試みたい。取り替える、ということではない。それとともに、前述の諸見解が、いくつかの点について結論を閉じないままであったのと同じく、以下において提示するものもまた、それが完全ないし唯一可能な見解であるかのように見せかけるつもりはないことを、記しておきたい。むしろそれは、より広範な聖書の使信の射程の中で、またそこに見られる歴史における神の目的の中でイエスの働きと教えとを理解するという、これまで軽視される傾向にあった方向性を指し示すものだ。

ここで私たちが贖いのメシア的理解と呼ぶものは、イエスについての基本的な告白に端を発する――イエスは、地上における神の義なる支配（righteous rule）、正義と平和の神の国を打ち立てるために来られた、神のメシアだった。実に、イエスがキリスト（メシアを表すギリシア語）であったということは、イエスについての最も初期の、また最も広く行き渡った告白だった。「イエス・キリスト」という語句は、新約聖書にあまりに数多く出てくるために、私たちはほとんどそれが固有名詞、つまり名と姓だと見なしてしまうだろう。しかし、この語句は告白、すなわち、イエスこそキリスト、メシアである、という告白なのだ。これが初代教会のイエス理解の岩盤だったのであり、実に、おそらくイエス自身に遡るものだった。というのも、ヘンゲルが次のように指摘するように、[3]

それゆえ、復活のイエスの顕現は、彼のメシア性と後のキリスト論の発展を基礎づける十分な根拠とはならないし、これらのことに関して満足すべき説明を与えるものでもない。もしイエスがメシア的特徴をまったく持っていなかったとすれば、キリスト教のケーリュグマの起源はまったく説明不可能なもの、不可解なものにとどまるであろう。

その結果、メシアとしてイエスが教え実践したことは、その誕生から死までの時間を占める単なる穴埋め（filler）ではなかった。それは、彼のこの地上における目的そのものの不可欠な部分——神の国の告知——にほかならなかった。実に、まさに彼の死と復活が彼の生の主張を確証するように、彼の生はその死を照らし出す。彼はメシアとして死に、彼の復活は、部分的にはこの主張を証明した。

メシアがついには十字架刑で処刑されるなどという衝撃的な事態は、一体どのようにして起こったのだろうか。私たちは、イエスのメッセージを神の国のメシア的メッセージとして理解するときに、この結末を理解することができる。それは正義のメッセージだ。つまり、貧しく抑圧される者のためのよき知らせ、人間回復のよき知らせだ。イエスの教えの内容については、後のメシア・イエスに関する章において、さらに詳しく述べることにする。ここでの目的のためには、福音書著者たちによって報告されるイエスのメッセージが、神の国はイエスのメッセージと人格のうちに到来している、あるいは近づいている、という切迫感に特徴づけられていることに注目することで十分だろう。（マルコ1章14～15節、ルカ4章17～21節、10章5～9節、17章20～21節を見よ。）[4] その結果、今こそ決断の時、悔い改めと変革の時となった。金持ちは貧しい者に財産を与え、人々は支配することではなく、むしろ仕えることを求めるべきなのだ。

しかし、このよき知らせを宣言するとともに生き抜くことにおいて、イエスは指導者層の支配的価値観と衝突した。（彼の経済的教えが疎外をもたらすことについてはルカ16章14～15節を、彼の経済的かつ政治的行動については19章45～48節を見よ。）その結果、宗教的、政治的、経済的体制側は彼に敵対し、その死を画策するようになった。イエスは、体制派の秩序や彼らの権力的地位にとって脅威だったのだ。

この衝突において、イエスはそのミニストリーの最初から最後まで、手段の問題と格闘している。その最初においては、サタンが政治的権力、奇跡行為、また食料の供給をもって彼を試みている。イエスはこれらを放棄するが、しかし誘惑は最後に再び戻ってくる。彼は園において、権威者たちとの衝突の結果として、死を苦しまなくて済むようにと祈る。しかし、彼の逮捕に際して弟子たちが彼を救出しようと行動を起こすと、彼らが自分のために暴力を用いることに抵抗する。それどころか、もしも武力を使うことを望むなら、十二軍団以上の天使が彼のために戦うべく控えていると主張する（マタイ26・47～56）。

イエスは、軍事的ないし政治的手段によってメシア的秩序を押しつけようとするのではなく、むしろ身を委ね、苦しみ、十字架の上で死ぬ。勝利に満ちた王となるはずだったメシアが、ローマ人の手にかかり死ぬ、ましてや十字架の上で死ぬということは、前代未聞であり、一見するとイエスのメシア的主張を損なうものだ。パウロが後に書いているように、十字架はユダヤ人にはつまずき、それ以外の私たちには愚かなものだ。というのも、それを通して、イエスは自分が神の呪いであることを証明したからだ（Ⅰコリント1・23、ガラテヤ3・13）。このように、福音書に描かれているイエスの死は、彼の生涯とミニストリーに対する歴史的、政治的反動に起因し、また、彼自身がそのミニストリーを維持し、継続させるために、政治的また軍事的手段を用いることを拒んだことに起因する。（ヨハネ6章15節を見よ。）

しかし神は、イエスの苦しむ愛のあり方が、悪と抑圧の力に対する勝利という結果を生む徴として、イエスを死者からよみがえらせた。人の生に及ぶ究極的力である死でさえも、打ち負かされたのだ。（Ⅰコリント15章12～57節を見よ。）復活は、神がメシアであるイエスの教え、生涯、死を、罪と抑圧の諸力および支配に対する勝利の道として権利回復したことを表している。ここには、パウロが書いているように、いつの日か来る勝利と解放の初穂また前触れがある。私たちは、現時点ではそれを完全な形で経験しないにもかかわらず、この勝利の期待のうちに生きまた闘争する。私たちはすでに、古典的見解が贖いのこの側面に置いた強調点に注目した。すなわち、イエスの働きは、私たちが今日この世で出会う悪しき勢力および構造からの解放に力を与えるためのものだったのだ。

さらに、イエスがその死において悪を吸収した（absorbed）以上、神の力は、悪の吸収（absorption）において示される。それにより、十字架は、ローマ5章1～11節が指摘するように、敵への愛によって表現された、神の救いの力の究極的シンボルとなった。

ローマ書のこの箇所から、私たちはまた、愛に動機づけられた十字架が、物事を正す神の行為であることを見る。それにより、十字架は、私たちが聖書の他の場所で見てきた神の救いの基本的な性質とパターンとを例証する――〔神の救い〕は、物事を正すことを目指す。ここでは、このパターンが異なるレベル、つまり神学的領域に適用されており、人間と神の間において物事を適切にする。

この観点からすると、私たちは義とされること（justification）を、罰する正義としてではなく、シャローム・ジャスティスとして理解すべきだ――義とされるとは、物事が正しくなるためになされる、罪からの解放なのだ。[5]ローマ5章1〜11節において、和解と平和の樹立が義とされることに起因することに注目することが重要だ。すなわち、シャローム・ジャスティスが物事を大丈夫（okay）にするので、今や和解と平和のための土台があるのだ。私たちの和解の考え方は、あまりにも頻繁に、実際には物事が大丈夫でないときに、人々の間で物事を正すことが和解だと考える。イエスの死は、私たちが平和と和解を得るために、物事を正す必要があること――この場合は、神との間で――を指摘する。それ以下のものは、ステータスクオー〔現状維持の体制〕の隠蔽でしかない。イエスは、ステータスクオーを放置するために死んだのではない。彼の死は、違いを生んだのだ。

この神学的言語は、「救う」（save）および「救い」（salvation）が、第一義的には罪および神との関係について語るためには使用されず、むしろ身体的、物理的な事柄を語るために使用されているという、私たちが先に行った考察と矛盾するように見えるかもしれない。それゆえ、一見すると、確かに一定の溝が現れる。しかし、救いに関する私たちの先行の考察と確かに結びついているのは、贖いがシャローム・ジャスティスの表現だということであり、それは、贖いが必要を満たすことの雛形（model）となっているからだ。この場合の必要とは、（前段で論じたように）罪の力から自由にされる必要であり、それは人間が神と和解されるため、（キリストにあること、新しいものを着ることで）新しい方向づけを獲得するため、また、この和解と方向づけを反映する新しい社会状況をつくり出すためにほかならない。前段で論じたように、贖いは、本物の変化と解放に必要な回心のより個人的な部分を扱うことによって、他の箇所でも歴史における神の救いの行為のうちに見られた、神の目的を成就し、力を与える。このように理解することで、贖いは、救いとシャローム・ジャスティスをもたらす神のその他の行為と結びつく。このことについては、以下においてさらに論じることにしたい。

イエスの死が、解放するシャローム・ジャスティスの行為だったとは、何を意味するのだろうか。パウロにとって、この行為は、私たちを罪と死の領域から、キリストと命の領域へと移行させるものだ。罪（パウロ書簡においては、大抵の場合、複数形の罪々ではなく、単数形の罪）は、人の生を支配する力だ。（ローマ6章を見よ。）それは一つの勢力（a force）であり、人間を隷属させ、多様な仕方で自らを表す。私たちが示唆してきたように、その中には、人種差別、性差別、物質主義、封建主義、階級主義がある。人間が自由になり、自由な社会をつくり出すためには、人間は束縛するこれらの勢力から解放される必要がある。すなわち、内面的には、これらの思考習性から解放され、外面的には、それらを強化し、抑圧や疎外を通してそれらを表現する様々な構造から解放される必要がある、ということだ。イエスの十字架は、人間に力を与えて、彼らが新しい種類の生を生きる新たな精神と新たな意志を持つことによって、これら〔の思考習性〕から自由になれるようにする。この〔新しい〕生は、新しい一連の関係性および社会経済的構造において表現され、抑圧、貪欲、また支配する意志に属する古い価値や関係性に取って代わる。その結果、私たちの生は変革されるが、それは、私たちが罪の力の隷属から自由にされ（Ⅱコリント5・14〜17、ローマ6章）、私たちの新しい自覚を反映する構造に向かって闘争するからにほかならない。

十字架上のイエスの死は、どのようにこれを成し遂げるのだろうか。私たちの忠誠をキリストへと移行させる神の行為の根底には、神の愛があるので、イエスの死は、私たちがシャローム・ジャスティスを行うことを可能にする。贖いは、私たちを変革するゆえに、私たちの生が愛を中心とするようにさせるのだ。

というのも、一人の人間がすべての人のために死に、それゆえすべての人類が死んだ、という結論にひとたび達したからには、キリストの愛は私たちに選択の余地を残さないからです。彼がすべての人のために死ぬことの目的は、人が、なお生きている間にも、自分自身のために生きることをやめるため、また彼らが、自分たちのために死んで復活した方のために生きるようになるためです。それゆえ、私たちとしては、誰を判断するに際しても、この世の基準は価値を失いました。たとえ、それら〔の基準〕が、かつては私たちのキリストの理解において価値を持っていたとしても、今ではもはやそうではありません。それゆえ、誰でもキリストと結ばれるときには、そこに新しい世界があるのです。古い秩序は過ぎ去りました。そして、新しい秩序がすでに始まったのです。（Ⅱコリント5・14〜17、ＮＥＢ）

愛こそ、私たちがキリストの模範において経験することであり、それはまさに、神がキリストにあって私たちを愛し、それによって物事を正してくださった、その愛にほかならない。だからこそ、私たちもまた、愛に動機づけられて物事を正し、正義のために闘争するのだ。新約聖書は、Iヨハネの次の箇所にあるように、この点について雄弁に語る。

> 愛する者たち。私たちは互いに愛し合いましょう。愛は神から出ているのです。愛〔す〕る者はみな神から生まれ、神を知っています。愛〔さ〕ない者は神を知りません。神は愛だからです。神はそのひとり子を世に遣わし、その方〔を通し〕て、私たち〔が生きるようにし〕てくださいました。それによって、神の愛が私たちに示されたのです。私たちが神を愛したのではなく、神が私たちを愛し、私たちの罪のために、〔償い〕(expiation)としての御子を遣わされました。ここに愛があるのです。愛する者たち。神がこれほどまでに私たちを愛してくださったのなら、私たちもまた、互いに愛し合うべきです。(Iヨハネ4・7〜11)〔RSVに合わせて調整〕

さらに、新約聖書のいくつかの章句は、贖いの結果が、私たちが罪の隷属からイエスの主権(lordship)の領域へと移行するという、単なる個人的次元の解放だけではないことを明らかにする。この解放はまた、イエスの教えと生涯の価値を体現する新しい社会秩序の出現によっても、特徴づけられる。すでに見たように、愛と正義は互いに矛盾しない。事実、私たちはその逆こそが正しいことを見出した。愛はシャローム・ジャスティスを動機づける――実に、愛はこの正義を通して表現されるのだ。その結果、まさに神の愛が正義と平和を樹立する力として、イエスを通して表現されるように、この愛を経験する私たちもまた、古い社会的分断と、それらの分断を維持させる構造がもはや価値を持たないような、新しい共同体を求めて闘争する。したがって、抑圧および搾取のすべての罪深い関係性を廃止することは、なぜキリストが死んだのかについての本質的な部分なのだ。

イエスの死が、新しい関係性の構築によって実現される新たな社会秩序をもたらすためだったということは、エペソ2章14～17節において明瞭に教えられている。

> 実に、キリストこそ私たちの平和です。キリストは私たち二つのものを一つにし、ご自分の肉において、隔ての壁である敵意を打ち壊し、様々な規定から成る戒めの律法を廃棄されました。こうしてキリストは、この二つをご自分において新しい一人の人に造り上げて平和を実現し、二つのものを一つのからだとして、十字架によって神と和解させ、敵意を十字架によって滅ぼされました。また、キリストは来て、遠くにいたあなたがたに平和を、また近くにいた人々にも平和を、福音として伝えられました。

キリストの死は、敵対者間——ここではユダヤ人と異邦人の間——に和解をもたらすことを意図していた。この和解が、第一義的だった。この和解に続いて、その新しい関係性の中にある人間が、共に（together）神と和解したのだ。この箇所の順序に注目してほしい。人と人との和解が、神との和解よりも前に来ている。私たちは通常、この順序を逆にする。神との和解が最初に来て、その上で、他の人との和解は二次的かつ任意のものだと考える。あるいは、他者との和解は、私たちが神と和解した後にはじめて可能になると考える。ここで私たちが見出すのは、かつての敵同士が一つとなって平和をつくった後に、神との和解が来るのであり、それによって彼らは共に〔神に対して〕和解される、ということなのだ。

この主題はまた、明らかに古い洗礼式の定型句であるガラテヤ3章27〜28節にも見出される。自らがキリストにある（in Christ）ことを承認して教会に加わったときに、かつての社会的区分および構造、つまりユダヤ人かギリシア人か、奴隷か自由人か、男か女か、といったことは、もはや価値を持たなくなったのだ。

贖いの内的、主観的側面と、贖いの外的、社会的、客観的側面とは、コロサイ3章10〜11節においてもまた、結びつけられている。ここで著者は、キリスト者に対して、キリスト者の生を生きるように勧めている——もし私たちがキリストと共に起こされた〔復活させられた〕のなら、私たちは自らの精神の内にイエスの価値観を持つべきだ、と。著者は続いて、それが何を意味するかについて、第一に、私たちが何をやめるべきか、次に、その新しい本質がどのような結果を生むかについて、例を挙げて示す。

……新しい〔性質〕（the new nature）を〔身につけた〕のです。〔この〕新しい〔性質〕は、それを造られた方のかたちにしたがって日々新しくされ続け、真の知識に至ります。そこには、もはや、ギリシア人もユダヤ人も〔あり得ず〕、割礼のある者もない者も、未開の人も、スキタイ人も、奴隷も自由人もあり〔得〕ません。キリストがすべてであり、すべてのもののうちにおられるのです。〔RSVに合わせて調整〕

私たちの変革から、つまり私たちを支配するキリストの愛から生じる新しい性質は、自動的に（automatically）、人間関係において新しいあり方を生み出す。ここでもまた、古い社会的区分は、私たちの間において、もはや価値を持ち得ない。新約聖書はここで、贖いの個人的側面――新しい性質を身につけ、古い性質をやめること――を、集合的側面――かつての敵を一つの新しい社会にする和解――から分離しない。贖いのどちらか一方の側面でも軽視することは、その実現のためにキリストが死んだことを宣べ伝えることとはほど遠いことだ。

イエスの死の結果、何が生じるのかについて描写する新約聖書のこれらの箇所から、それが人間と社会の両方を変革する力として理解されていたことがわかる。イエスの働きは、神ないし悪魔を宥めることを目的とする否定的な働きではなく、むしろ肯定的な働きなのだ。霊的なことと社会的なこと、個人的なことと集合的なことは、二つの別の領域に分けられていない。シャローム・ジャスティスを反映し、そこにおいて人々がシャロームを経験することができる新しい秩序を実現するためには、新しい人（people）と新しい構造の両方が必要なのだ。このことに関して、私たちは、罪と抑圧にもかかわらず和解が生じるのではなく、むしろ物事を大丈夫（okay）にする正義が生じたから「和解が生じるのだ」、ということに注目しなければならない。私たちの他者との和解は、イエスを通してなされる神の和解の働きと同じく、シャローム・ジャスティスを土台かつ前提とする。それは偽装（whitewash）ではない。

もしも、贖いの目指すものがシャローム・ジャスティスへと向かう肯定的な変革だとするなら、それは聖化から分離することはできない。贖いと倫理とは、手に手を取り合って進む。イエスの生涯と教えとが、私たちに模範を提供することは、新約聖書から明らかだ。ここには、抑圧、不正義、支配、鎮圧の余地はない。実に、その正反対のことこそが真なのだ。私たちが罪の力から解放されたのは、私たちがすべて自由になり、また自由な者として互いに仕え合うためにほかならない。ローマ6章とガラテヤ5章1～15節は、私たちが仕えるようになるために、キリストは「私たちを」すべての拘束から解放し、私たちは自由であり続けるべきだ、ということを示している。

もちろん、人間共同体を損なうこの社会的区分や構造を取り除くために、教会が必ずしも常に闘争してきたわけではなく、あるいは、おそらく頻繁に闘争することさえなかったことは明らかだ。その限りにおいて、教会は贖いの力を体現してこなかったように思われる。教会は、まず自らに対して悔い改めを呼びかけることから始めるべきなのかもしれない。

贖いとシャロームづくり

前記の点に照らして見ると、贖いの持つ、精神および意志を変革する力を経験した人々は、シャロームのための積極的な働き手――すなわち、あらゆる面において、つまり物質的にも社会的にも道徳的にも、物事を大丈夫にする〔働き手〕――となるべきだと思われる。私たちは、地上で神の望むシャロームを実現するようにシャローム・ジャスティスの行為者（agents）となることによって、イエスにおける神の愛に応答するときにこそ、私たちの生のための神の意志を成就するのだ。人々の間でシャローム・ジャスティスと大丈夫さ（okayness）を求めて闘争することは、贖いの現実と有効性の実感できる証拠（tangible evidence）なのだ。これに達しないことは、イエスにおける神の正義の行為が成し遂げると理解されていたことを、否定することにほかならない。

しかし、この働きにおいて、私たちは強い勢力の対抗を受けている。それは悪の勢力であり、個人の罪と集合的、構造的罪の両方である罪の勢力だ。現代という時代は、変革され、神の正義とシャロームのために働いている人々と、その行く手を阻む人々の間の闘争の時代なのだ。これは深刻な闘争だ。なぜなら、この闘いは、ただ肉と血だけに対する闘いではなく、個人を超えた悪の勢力に対する闘いだからにほかならない。そしてそれは、民族主義、人種差別、階級差別、性差別――そのいくつかを列挙したにすぎない――といった、この地上における人間に対する神の意図を阻む悪魔的勢力に埋め込まれているものだ。

私たちはまた、究極的勝利が神の正義とシャロームのために働く人々の側にある一方で、それまでの間は、鎮圧や抑圧の勢力がしばしば支配することを知っている。十字架は、失望であるどころか、希望の前触れであり、神のシャロームを求める私たちの戦いが、いつの日か——私たちが生きている間でないとすれば、おそらく私たちの子どもたちや孫たちの代には——実を結ぶことを示す。この生き生きとした信仰と希望に駆り立てられて、私たちは、神の愛によって変革された民として、誠心誠意、このシャロームのための闘争に身を投じる。

もしも贖いがこの変革する力であるならば、その贖いの効果は、これらの悪魔的勢力の表現のすべてを根絶することによって、キリスト教会そのものの中で目に見えるものになるはずではないか。もしも贖いのメッセージがよき知らせであるならば、キリスト者である人々は、他者に正義とシャロームをもたらす行為者であるとともに、率先して正義とシャロームの雛形となるべきではないのか。私たちが、いつの日か確かに神の贖いの正義が勝利し、普遍的シャロームが実現するという希望の種を蒔くのは、民族主義や階級差別、性差別からの解放を通してではないのか。シャロームづくりとしての平和づくりは、人々を隷属させているすべての勢力からの解放を反映する新たな社会的関係性を通して、この贖いの力を現実のものとすることにほかならない。

1　贖いについては、膨大な量の文献がある。異なる視点を提示するという点では、以下のものが特に有用であろう。Gustaf Aulen, *Christus Victor: An Historical Study on the Three Main Types of the Idea of Atonement*, trans. A.G. Herbert (New York: Macmillan, 1951)〔グスターフ・アウレン『勝利者キリスト：贖罪思想の主要な三類型の歴史的研究』、佐藤敏夫・内海革訳（教文館、1982年）〕; H.G. Link, “Reconciliation, Restoration, Propitiation, Atonement,” in *New International Dictionary of New Testament Theology*, III:145-76; Gordon Kaufman, *Systematic Theology: A Historicist Perspective* (New York: Charles Scribner's Sons, 1968), pp. 389-410; Martin Hengel, *The Atonement: The Origins of the Doctrine in the New Testament*, trans. John Bowden (Philadelphia: Fortress, 1981)〔M・ヘンゲル『贖罪：新約聖書におけるその教えの起源』、川島貞雄・早川良躬訳（教文館、2006年）〕; John Howard Yoder, *Preface to Theology: Christology and Theological Method* (Grand Rapids: Brazos, 2002; originally from Co-op Bookstore of Goshen Biblical Seminary, n.d.); John Driver, *Understanding the Atonement for the Mission of the Church* (Scottdale, Penn.: Herald, 1986).

2　この部分は、ジョン・ハワード・ヨーダーの『イエスの政治』（佐伯晴郎・矢口洋生訳：新教出版社、1992年）における先駆的研究に基づく〔John Howard Yoder, *The Politics of Jesus: Vicit Agnus Noster* (Grand Rapids: Eerdmans, 1972; 2nd ed., 1994)。ベテル・カレッジ教授ドゥエイン・フリーゼンは、この書から、〔ヨーダーの研究〕が贖いについて提供する洞察を読み取っている。私はそれら取り入れ、ある程度敷衍した。したがって、以下に提示される見解は、ヨーダーとフリーゼンに大幅に依拠しているが、それでも、彼らの見解の正確な表現として受け取られるべきではない。

3　Martin Hengel, *The Atonement: the Origins of the Doctrine in the New Testament*, pp. 41, 48.〔ヘンゲル『贖罪：新約聖書におけるその教えの起源』、81、92頁〕

4　この点については、E・P・サンダースの著書 *Jesus and Judaism* における、イエスのメッセージ、特に神の国に関するメッセージの扱いから多くを学んだ〔E.P. Sanders, *Jesus and Judaism* (Philadelphia: Fortress, 1985), Part Two "The Kingdom" (pp. 121-241)〕。

5　E・P・サンダースの義認に関する議論、および、より全般的にパウロの思考に関する議論は、極めて啓蒙的で有用だ。彼の書 *Paul and Palestinian Judaism: A Comparison of Patterns of Religion* (Philadelphia: Fortress, 1977)〔パウロについては、Part Two: Paul (pp. 429-542)、および Conclusion (pp. 543-56)〕を見よ。

6章　律法――シャローム・ジャスティスの手段

ここまで、神の正義と、救い／解放を通して表されるその表現を考察してきたので、この等式の人間の側に目を向けたい。人間にとって、解放されるとは何を意味するのだろうか。

この問いは、二つの部分に分割できる。第一に、人は解放に対してどのように応答すべきなのか。すでに見てきたように、解放はシャロームに先立って現れなければならない。なぜなら、解放がシャロームのための道を備えるからだ。しかし、解放は、それ自体でシャロームを生み出すのではない。では、解放された人々はどのようにシャロームを建て上げることができるのか。

第二に、私たちはどのように解放を維持するのか。一度自由にされた後、どうすれば抑圧と搾取に再び陥らないでいられるだろうか。昨日は抑圧されていた者が、明日には抑圧する者になり得るのだ。神の救い／解放を経験した者は、どのように他者と関わり、また、もはや抑圧することなく解放し、シャロームへと導く社会構造を、どのように形成するのか。

神の解放の行為と、解放に対する人間の応答との間の結びつきを理解するために、まず、解放と律法（law）を共に結びつけている、聖書の一般的なパターンを精査したい。このパターンから、神の働きである解放と、人間の応答である律法の間の結びつきを理解することができるだろう。このより広範な描写を見た上で、このパターンがどのように契約として表れるようになったのかを精査したい。この枠組みの中に律法を位置づけた後に、聖書の律法の目的と働きを検討し、律法を正義とシャロームの両方に結びつけたい。

「それゆえ」(therefore) パターン

律法を、解放に対する責任ある応答として理解するためには、聖書的宗教の根本的な特徴を把握しなければならない。すなわち、律法は神の救いの文脈の中に見出されるのだ。私たちは、律法と解放を正反対のものとして理解する傾向がある。律法は一方の極――律法主義(legalism)および制限――を表し、他方、救いないし解放は、もう一方〔の極〕――賜物(gift)および自由――を表す、と。しかしながら、聖書においては、律法と解放は密接に結びついている。

さらに言うと、律法と解放の結びつきは、旧約聖書と新約聖書の両方に見出される。時折、私たちは聖書を二つの対立する部分に分離することがある。すなわち、律法である旧約聖書と、救いおよび恵みである新約聖書の二つだ。しかしながら、以下に見るとおり、恵みと解放は旧新約聖書両方に見出され、律法も両方に見出される。実に、解放と律法を結びつけることは、聖書の両方を結びつけるパターンにほかならない。

このパターンを例示するために、十戒を取り上げよう。これらの法は聖書の律法の真髄と見なされている。ここには、簡潔かつ明瞭な表現で、人間の生に対する神の基本的な要求が提示されている。この箇所を暗唱するとき、人々は大抵、第一戒の「あなたには、わたし以外に、ほかの神があってはならない」（出エジプト20・3）から始める。しかし、この箇所はここから始まってはいない。それは1〔～2〕節の、「それから神は次のすべてのことばを告げられた。『わたしは、あなたをエジプトの地、奴隷の家から導き出したあなたの神、〔ヤハウェ〕である』」をもって始まる。まず、神の恵みの宣言がある。すなわち、神の解放の行為だ。この、神がすでになされたことに基づいて、この箇所はこう続ける、「〔それゆえ（therefore）〕あなたには、わたし以外に、ほかの神があってはならない」と。〔十戒の〕戒めは、神の恵みから生まれる。それらの戒めは、解放を経験した人々が、今やいかに応答すべきかを述べているのだ。

十戒を解放への応答として捉えるこの理解は、十戒には罰則節（penalty clauses）が添えられていないという観察によって強化される。例えば、殺人を禁止する戒めの後には、殺人に対する刑罰が何かを告げるいかなる文言も続かない。これは奇妙な種類の律法〔法律〕だ。しかしながら、この律法は、もしもそれをしなければ何が起こるか、ということに対する関心から生じているのではなく、むしろ、すでになされたことに対する応答なのだ。

ヨシュア記24章には、イスラエルの民に対するヨシュアの告別説教がある。彼は、自分たちの民族史を概観することで演説を始める。すなわち、神がどのように彼らの先祖を導き、エジプトから救出し、荒野で守り、そして、最終的にパレスチナの良い土地を与えたのかを概観する。イスラエルは今や、これらのすべてを神の賜物として保持している。続いて、14節でヨシュアは言う、「〔それゆえ〕今、あなたがたは［ヤハウェ］を恐れ、誠実と真実をもって［神］に仕え、あなたがたの［先祖たち］が、あの大河の向こうやエジプトで仕えた神々を取り除き、［ヤハウェ］に仕えなさい」、と。ここでは、過去における神の恵みと現在におけるイスラエルの応答とを結びつける、この「それゆえ」（therefore）が、明確に述べられている。今イスラエルが行うように期待されていることは、過去における神の恵みと解放に対する応答として理解されているのだ。

詩篇105篇において、このパターンは、神を讃える賛美の中に現れる。この詩篇は、イスラエルのための神のすばらしい働きすべてのゆえに、神を讃えるように招く招きをもって始まる。この、イスラエルへの神の恵み深い行為の連禱（litany）は、44節まで続く。その後、この詩篇の最後の節である45節において、詩人は次のように締め括る、「これは、彼らが［神］のおきて（statutes）を守り、［神］の〔律法〕（laws）を保つためである。［ヤハウェ］を讃えよ〔＝ハレルヤ〕」、と。律法を行うことは、神の恵みの行為に対する適切な応答なのだ。

最後に、申命記におけるこのパターンの複数の用例を考察したい。例えば、申命記10章12節〜11章12節において、恵みと律法がいかにつなぎ止められているかを見よう。11章1節と11章8節にある「それゆえ」に注目してほしい〔どちらもヘブライ語の前置詞ヴェ：新改訳２０１７では訳出されない〕。ここでは、神のなさったことが、律法を守るようにとの勧告の基礎となっている。

申命記26章1〜11節では、このパターンは、礼拝からの場面という異なる状況設定のうちに存在する。ここでは、イスラエルの農民たちは、彼らの収穫物の初物を供えるよう命じられる。彼らは、それらをかごの中に入れて祭司のもとに携えていき、次のように言う。「今日、あなたの神［ヤハウェ］に報告いたします。私は［ヤハウェ］が私たちに与えると〔私たちの〕［父祖たちに］誓われた地に入りました」（3節）、と。祭司は初物のかごを携え、それを祭壇の前に置く。礼拝者は、そのとき、神が過去にイスラエルのためにしてくださったことについての発言をもって、応答する。この連禱は、次の発言をもって終わる。「今ここに私は、［ヤハウェ］よ、あなたが私に与えてくださった大地の実りの初物を持って参りました」（10節）、と。初物を献げることは、土地の賜物、および過去における神の時宜を得た助けに対する応答なのだ。ここで、礼拝は神の恵みに対する応答として理解されている。すなわち、初物を携えて来ることは、土地という神の賜物に対する応答にほかならない。

このパターンは、ヘブライ語聖書全体を通して一貫しているだけではなく、ギリシア語聖典の中にも見出せる。例えば、よく知られているローマ12章1節には、「〔それゆえ〕、……私は……あなたがたに勧めます」とある〔新改訳2017は「ですから」〕。パウロは、この書の最初の11章分を神学的な事柄に費やしている。そして今度は、キリスト者に対して、彼らがいかに生きるべきかを教示することに向かう。彼は、この指示の冒頭に「それゆえ」（therefore）を置くが、それは、その後に続く教えが、イエスにおける神の解放の行為に対する応答だからにほかならない。ここでもまた、私たちは、恵みに律法が続くという同じパターンを見出す。すなわち、神がなしてくださったことに対して、今や人々がいかに生きるべきか、ということが続く。

これと同じことは、エペソ4章1節にも見出せる。ここでも、この書の最初の三つの章において、著者は神学——神がイエスを通して何をなしてくださったか——を提示する。そして、後半の三つの章には、指示——キリスト者はいかに生きるべきか——がある。この書のこれらの二つの部分は、次のように結びつけられている。すなわち、「〔それゆえ〕、主にある囚人の私はあなたがたに勧めます。あなたがたは、召されたその召しにふさわしく歩みなさい」、と〔新改訳２０１７は「さて」〕。ここでも再び、「それゆえ」(therefore)が神学と倫理、恵みと人間の従順を結びつける。4〜6章に提示される指示は、1〜3章に見出されることに対する応答として理解されているのだ。

また、Iペテロ2章9節以下にも、このパターンを見ることができる。9節および10節において、キリスト者である人々に向けられた神の恵みを描く一連の宣言を見出すが、それは、「あなたがたは……あわれみを受けたことがなかったのに、今はあわれみを受けています」、と結ばれる。11節は、「愛する者たち、私は勧めます。あなたがたは旅人、寄留者なのですから、……肉の欲を避けなさい」、と続ける。憐れみを受け、今や神の民とされた結果、キリスト者は、この神の行為に応えて正しい生活を送ることによって、この憐れみに応答すべきなのだ。

このパターンは、直説法(indicative)に続く命令法(imperative)として描かれることがある。それはつまり、聖書においては、まず神がなしてくださったことが語られる。すなわち、すでに起こった解放だ。これが直説法だ。それに命令つまり命令法が続き、自由にされた人々に対して、彼らの解放にどのように応えるべきかを教える。

この「それゆえ」パターンは広く聖書全体に見出され、聖書的信仰の根本的な確信を反映すると考えられるので、このことは、もしも私たちが神の恵みを律法の文脈から切り離してしまうと神の恵みの本質を誤解することになる、ということを含意している。私たちは、律法を恵みから分離するならば、律法の意味を誤解することになる。聖書的宗教においては、恵みと律法は一致するのだ。

律法に関する聖書のこの根本的洞察は、聖書の律法が解放後の律法であることを含意する。解放は、抑圧からの解放であって、律法からの解放ではない。その結果、以下に見るように、聖書の律法はシャローム・ジャスティスの手段となるべきものだったのであり、それゆえ、抑圧に対する防波堤なのだ。これは、分配的正義および応報的正義の道具としての律法とは対照的なものだ。その場合の律法は、不平等を維持する傾向がある。功績に従う分配、あるいは持っているものに基づく分配は、「持たざる者」から「持てる者」を守ることになり得るし、その一方で、応報的正義は、より正しい制度をもたらすのではなく、むしろステータスクオー〔現状維持の体制〕を継続するために刑罰を科す傾向がある。聖書の律法は、抑圧者の律法から自由にされた人々のためのものなのだ。

「それゆえ」パターンが含意するもの

律法を、神の恵みに基づくものとして、またその恵みに対する応答として見ることは、私たちが律法をどのように理解し、またどのように従順であるべきかにとって重要な意味を持つ。この点を先鋭化するために、律法主義（legalism）と従順（obedience）の精神性を対比させよう。この対比によって、律法の存在を律法主義と同義と見なす誤解を消散させることもできると期待したい。律法主義と従順とは、むしろ、律法に対する二つの異なる理解の仕方だ。律法主義は、律法を押しつけられた義務と見なすのに対して、従順はそれを、神の恵みと自由への応答と見なすのだ。

第一に、従順は神がすでに行ったことへの応答だが、他方、律法主義は報酬（reward）を得るために正しい行いをすることだ。従順は、神の恵みが過去においてすでに与えられたことを認識しており、また神が、現在においても継続して、人々の抑圧からの救いを意志していることを認識している。この歴史に対する神の基本的な意志は既定の事実（given fact）であって、私たちの側のいかなる行いによっても獲得することはできない。私たちがすることは、この既定のこと（given）に対する応答だ。つまり、私たちはこの基礎に基づいて、神の共働者（co-workers）として行動を起こすのだ。このように、従順は恵みと歴史の文脈の中で律法を理解する。従順は聖書の律法を解放の手段として理解しており、それは、以下に見るように、シャロームを実現し、維持し、促進するためのものにほかならない。これに対して、律法主義は、私たちは神の好意ないし愛を獲得するために正しいことを行わなければならない、と信じている。もし私たちが十分に善くあるなら、神は私たちに報酬をくださる。この場合、私たちは神の意志に応答するのではなく、むしろ労賃(wages)のために働くことになる。

この従順と律法主義の間の異なる視点において、重要なのはバランスと強調だ。従順もまた、報酬を期待することができる——信実な働き手は、その労働の労賃ないし成果を受け取るべきだ。聖書には、信実さへの報酬の約束が豊富にある——申命記が典型的だ。しかしながら、従順に対する報酬は、応答としての従順に基づくのであって、ただ単に「得る」ために行うものではない。例えば、火の燃える炉に投げ込まれようとしている三人のヘブライ人の物語において、彼らはこのように言う。

「ネブカドネツァル王よ、このことについて、私たちはお答えする必要はありません。もし、そうなれば、私たちが仕える神は、火の燃える炉から私たちを救い出すことができます。王よ、あなたの手からでも救い出します。しかし、たとえそうでなくても、王よ、ご承知ください。私たちはあなたの神々には仕えず、あなたが建てた金の像を拝むこともしません。」(ダニエル3・16〜18)

ここで三人の男たちは、自分たちが即座に救出されることによって報いを受けるか否かにかかわらず、神に対する自分たちの忠誠と従順とを表明している。もし神が彼らに報いて〔救出して〕くださるなら、それは良いことだ。私たちは、彼らが炉の中で死ぬことを免れることをむしろ想定している。しかし彼らは、もしも惨死するとしても、なお従うのだ。

第二に、従順とは解放することだ。なぜなら、従順とは自己を受容すること（self-accepting）だからだ。つまり、私たちは神の前で、あるいは他者の前で、自分の価値（self-worth）を証明してみせる必要はないのだ。私たちにはすでに価値がある。なぜなら、神は私たちを愛し、すでに私たちに対して恵みをもって行為をなしてくださっているからだ。神はすべてのものの解放を意志している。人間は自由になる権利を獲得する必要はないのだ。これに対して、律法主義は罪責（guilt）と自己不安（insecurity）とを餌に増強する。というのも、私たちは、自分が十分に善いかどうか、あるいは自分の努力が〔基準を〕満たしているかどうかについて、決して完全には確信を持てないからだ。その結果、律法主義は道徳主義と論争とに向かう傾向を持ち、それらは、解放とシャロームを求める神の意志への応答から、〔私たちの〕注意と活力とをそらしてしまう。

第三に、従順は、今ここにおける神の恵みへの応答だ。私たちは、自分たちが置かれているこの瞬間、この場所に対して、妥当性を持つもの（relevant）でなければならない。それ〔従順〕は、解放とシャロームを求める神の意志が、どうすれば、今（now）この時と場所において実現できるかを問う。しかしながら、律法主義は、報酬が収穫される将来（future）に目を向ける。律法主義は、その報酬を得るために、しばしば将来の利益を目的に現在を抵当に入れる。このことは、道徳主義に対する一般的態度の無神経な形式のうちに見出せる——善くあれ、そうすれば天国に行ける。貧しい者、抑圧されている者は、天においてその正しい報酬を受け取るのだから、今は苦しみに耐えるべきだという考えは、報酬を将来にあるとするこの考えと結びついている。

契約

聖書的信仰は、ある時点で、この「それゆえ」パターンを、神と民との間の契約として理解することによって定式化(formalize)した。この契約の概念において、聖書の指導者たちは、元来は世俗的なものだった考えを使って、神学的洞察を伝達したのだ。[1] 世俗的な使用においては、契約とは二つの当事者の間でなされる合意だった。契約は両者の将来の関係を定義づけた。これらの諸条件を守ることが、良好な関係を保証した。

創世記26章26~31節には、そうした契約がイサクとアビメレクとの間で交わされていることを見出す。この契約の結果がシャロームだった。というのも、今や彼らは、正しい(right)ものである関係を得たからだ。

合意は、個人やグループの間だけでなく、国家やその他の大きな単位の間でも結ぶことができた。ヨシュア記9章は、イスラエルとギブオンの間の契約的合意の記事を提示する。そうした政治的合意を、英語では通常、条約(treaties)と呼ぶ。こうした合意は、一方的なものであり得る。すなわち、一方の当事者が他方に対して義務を負わせるというものだ。ヨシュア記9章15節はこの事例だが、そこでは、その義務は全面的にイスラエルの民の側にあるように見える。あるいは、契約は、Ⅱ列王記11章4節にあるように、相手側に義務を負わせる方法でもあり、その箇所では、祭司エホヤダが兵士たちを誓約の下に置き、彼らと契約を結ぶことによってそれを確定した。あるいはまた、Ⅰ列王記5章12節にあるように、〔契約は〕双務的でもあり得たのであって、その箇所では、ソロモンとヒラムの間で条約が締結され、両者が互いに対して義務を負った。[2]

関係性を規定し、シャロームをもたらすために契約を用いることとは、ここで言及した諸契約におけるように、関係性が責任に関わることを明らかにしている。人が他者との関係性に入るとき、それは、その関係性を維持し、育むための一定の義務を含意する。そうでなければ、関係性は一方的なもの、搾取的かつ抑圧的なものになりかねない。律法が契約の文脈の中に置かれるとき、その律法の要点は、部分的には、大丈夫（okay）である関係性を促進させるものとなる。

神の側では、イスラエルとの関係は、イスラエルの父祖たちに対する配慮（care）に始まり、エジプトにおける奴隷状態からのイスラエルの救出（rescue）、そして最終的には、土地の賜物（gift）に至る。それでは、その関係性におけるイスラエルの義務とは何だったのか。契約がそれらを説明する。

この点を理解するもう一つの方法は、人間に対する神の愛が、シャローム・ジャスティスを表現する解放の行為を通して注がれたことを思い起こすことだ。これらの神による愛の行為が、ヤハウエとイスラエルとの間の関係性に対して土台を築いた。律法は、契約と恵みの文脈の中にあって、今やイスラエルが神への愛をどのように向けるかを表現する。つまり、イスラエルがどのようにして、神によって築かれたこのシャロームの関係に入り、またそれを維持するか、ということだ。

神が共同体と個人との両方と契約を結ぶということが、重要だと思われる。しかし、使用される契約の形式は異なる。個人に対しては、創世記15章におけるアブラハムの場合のように、約束的契約（promissory covenant）が用いられる。それら〔の契約〕において、強調点は神が行うことに置かれ、人間がなすべきことについてはほとんど語られない。共同体に対しては、出エジプト記の記事の現在の形態では、シナイ山で義務的契約（obligatory covenant）が用いられており、それは民に対して意図された規定（regulations）ないし律法（laws）を強調する。この型の契約は、神の民である共同体の生を規定するために定められた。このことは、律法が、神が関わろうと望む共同体の土台であることを含意しているように見える。あるいは、別の言い方をすれば、律法は、解放された民となり、シャローム・ジャスティスを履行し、シャロームを経験することを望む人々にとって、基礎的なのだ。

私たちはここまで、契約概念がどのようにヤハウェとイスラエルの民との関係を描写するのに使用されていたかを見てきた。この概念は、この章の冒頭で論じた「それゆえ」パターンとどのように結びついているだろうか。私たちは、「それゆえ」パターンは契約の使用によって定式化されたと述べて、この単元を始めた。このことは、どのようにしてそうなったのだろうか。

第一に、すぐ前で見たように、契約は、「それゆえ」パターンが想定するように、神と民との間の関係に含まれる責任を明らかにする方法だった。

第二に、契約のパターン自体が、「それゆえ」パターンに続くものだ。すなわち、契約において、契約を結ぶ当事者は、自分がどのような善いことごとを行ったかを告げるだろう。その後に続く合意は、この以前の歴史の基礎に基づいて、契約当事者たちがどのように関係すべきかを反映する。例えば、創世記26章26～31節にある、イサクとアビメレクの間で交わされた契約を見るとよい。イサクが彼らになぜ来たのかと尋ねると、アビメレクは次のように答えている。「私たちは、［ヤハウェ］があなたとともにおられることを確かに見ました。ですから、こう言います。……私たちとあなたとの間で、誓いを立て〔ましょう〕。〔私たちに〕あなたと〔の間に契〕約を結〔ばせてください〕。私たちがあなたに手出しをせず、ただ良いことだけをして、平和のうちにあなたを送り出したように、あなたも、私たちに害を加えないという〔契〕約です。あなたは今、［ヤハウェ］に祝福されています」（28～29節〔RSVに合わせて調整〕）。ここでは、彼らの間の過去の歴史が、彼らの間の関係の基礎を形成している。それは、神と民の間の契約においてもまた、そうなのだ。すでに見たように、神がなさった善いことが最初に言及され、その後に、両者の関係を規定する条項が続く。

新約聖書における契約

ここまでヘブライ語聖書の中の素材に焦点を合わせてきたが、それでも〔その過程で〕、聖典の両側〔旧約と新約〕において、この「それゆえ」パターンおよび契約パターンがどれほど浸透しているかを示そうとしてきた。しかしながら、ここで、より慎重に新約聖書に舵を切り、そこにおいて「契約」という語がどのように使用されているのかを確認したい。

契約を指すギリシア語はディアセーケー（*diatheke*）だ。この語は、新約聖書に三十三回出てくる。ヘブル書だけでその半数以上の十七回が出てくる。その次に最も頻繁に使用しているのはパウロで九回、次いで共観福音書が四回だ。

共観福音書では、この語はイエスの死に関連して使用される。ルカ22章20節にはこうある。「この杯は、あなたがたのために流される、わたしの血による、新しい契約です。」マタイには、「これは多くの人のために、罪の赦しのために流される、わたしの契約の血です」（マタイ26・28）とある。これらの箇所はどちらも、マルコ14章24節に依拠している。イエスの死が新しい契約の開始（inauguration）であることは、初代教会においてすでに十分発達した伝統だったと思われる。というのも、パウロがⅠコリント11章25節で、神から受けた言葉として〔次のように〕繰り返しているからだ。「この杯は、わたしの血による新しい契約です。飲むたびに、わたしを覚えて、これを行いなさい。」

「契約」は頻出する語ではないが、それでも、イエスの死において何が起こったのかを語るために選ばれたことから、それは最も重要な語なのだ。イエスは新しい契約をもたらした、すなわち、人々と神との間、および人々の間の関係における新しい日をもたらしたと信じられた。

イエスにあって新しい時代の夜が明けたというこの考えは、新約聖書（New Testament は、字義どおりには「新しい契約」！）の他の箇所においてもまた、反映されている。パウロはⅡコリント3章6節において、奉仕者としての自らの役割を説明するのに新しい契約のイメージを用いる。ヘブル9章15節は、新しい契約の仲保者としてのキリストについて語る。「契約」（covenant）という語そのものは使用されていないものの、このことに関する最も強い表現は、おそらくエペソ3章にある。そこでは、筆者はイエスのゆえに何が新しくなったのかを説明する中で、それを6節で「キリストの神秘（the mystery of Jesus〔5節、新改訳２０１７では「奥義」〕）として言及する。「それは、福音により、キリスト・イエスにあって、異邦人も共同の相続人になり、ともに同じからだに連なって、ともに約束にあずかる者になるということです。」

それはつまり、イエスの死を通して結ばれた新しい契約は、今や神の民が新しいアイデンティティーを持つことを意味する。すなわち、異邦人は、ユダヤ人と並んで、神の正義と解放する救いを受け取ったのだ。この契約と新しい時代の結果、前章で述べたように、新しい共同体が生まれることになる（エペソ2・14～17、Ⅱコリント5・14～21）。

律法に対する契約の含意

契約の直接的な含意と、より一般的に「それゆえ」パターンの含意とは、神が解放の働きを通した共同体の創立者として理解されるゆえに、人間の所有権と主権はすべて二次的なものとなる、ということだ。実に、他者を抑圧し不当に扱うことは、神への反逆なのだ。

そして、神が彼らにその土地を与えたゆえに、それは神のものであって、彼らのものではない。それは、レビ記25章23節が次のように述べるとおりだ。「……土地はわたしのものである。あなたがたは、わたしのもとに在住している寄留者だからである。」それによって、聖書の契約律法(covenant law)は、人が他者に隷属する人間の封建主義のすべてを決定的に破壊することを目指す。契約律法は、封建的構造およびその精神性から人々を自由にすることを意図している。すべてが神の下にあり、誰一人として、他者の上に特権を持つ者はいない。つまり、すべての資源は共同体の善のためのものであって、他者を犠牲にする私的な搾取のためのものではない。

契約の形式は、神に関係づけられることの集団的また社会的次元を強調する。神の民は、特定の型の人々だ。すなわち、彼らは契約によって明確化される特定の型の共同体を形成する。このことは、神との関係にあることが、シャローム共同体と呼ぶことのできる特別な共同体を形成するということを、強く含意する。

聖書的律法の目的

これまでのところ、律法に関する私たちの会話は一般的な言い方でのものだった。私たちは、律法を恵みと解放の文脈の中に位置づけ、その意味をこの側面から探究してきた。しかし、律法は特定の目的のために存在する――それは、ある社会が善かつ適正だと考えるものをもたらすためのものだ。このことはまた、聖書の律法においても当てはまる。すなわち、すべての人のために実現されるべきことの表現として、神によって命令が与えられるのだ。

聖書的律法が促進するこれらの価値ないし目的とは何だろうか。この問いには、二つの仕方で律法そのものから答えることができる。[3] 第一に、「動機節」(motive clause) と呼ばれるものを見ることができる。第二に、いくつかの律法の内容を精査することで、それらがどのような種類の価値ないし構造を実施しようとしているかを見ることができる。

動機節は、聖書的律法の目的を示す重要な指標だ。というのも、それらはその律法の理由ないし根拠を述べているからだ。それらの節は、通常、神の解放と正義の働きが解放された共同体において継続されるために、その律法が与えられたのだと語る。例えば、出エジプト記22章21節には次のようにある。

寄留者を苦しめてはならない。虐げてはならない。あなたがたもエジプトの地で寄留の民だったからである。やもめ、みなしごはみな、苦しめてはならない。もしも、あなたがその人たちを苦しめ、彼らがわたしに向かって切に叫ぶことがあれば、わたしは必ず彼らの叫びを聞き入れる。そして、わたしの怒りは燃え上がり、わたしは剣によってあなたがたを殺す。あなたがたの妻はやもめとなり、あなたがたの子どもはみなしごとなる。

ここでは、律法を守る動機は肯定的なものと否定的なものの両方だ。すなわち、イスラエルは抑圧からの解放を経験した。だからこそ、彼らは抑圧してはならない。同様に、彼らは神が抑圧者の上に裁きを下すことによって抑圧されている者を解放することを知っている。だからこそ、もしも彼らが抑圧するならば、彼らもまた裁きを予期できる。律法とは、飴と鞭の両方だ。その動機節は、その律法が従われた場合に〔与えられる〕、すべての人に対する正義とシャロームの約束を差し出し、またもしも一度解放された民が転向して抑圧者になる場合に〔下される〕罰を差し出す。ここにもまた、先述した過去の想起（過去における出来事のゆえに、行いなさい）と、将来の考慮（報酬か処罰か）の組み合わせを見出す。この場合、将来の考慮もまた、過去の経験に基づいている。すなわち、あなたは、あなたの神がどのような種類の神であるかを知っているのだ。

申命記は、力無く困窮する者への神の関心を差し示し、律法をイスラエルの民の経験に基づいて動機づける箇所が特に豊富だ。

あなたがたの神、〔ヤハウェ〕は神〔々〕の神、主の主、偉大で力があり、恐ろしい神。えこひいきををせず、賄賂を取ら〔ない。〔ヤハウェ〕は〕みなしごや、やもめのためにさばきを行い、寄留者を愛して、これに食物と衣服を与えられる。あなたがたは寄留者を愛しなさい。あなたがたもエジプトの地で寄留の民だったからである。(10・17～19)

寄留者や孤児の権利を侵してはならない。やもめの衣服を質〔草〕に取ってはならない。あなたがエジプトで奴隷であったこと、そしてあなたの神、〔ヤハウェ〕が、そこからあなたを贖い出されたことを覚えていなければならない。それゆえ私はあなたに、このことをせよと命じる。

あなたが畑で穀物の刈り入れをして、束の一つを畑に置き忘れたときは、それを取りに戻ってはならない。それは寄留者や孤児、やもめのものとしなければならない。あなたの神、〔ヤハウェ〕があなたのすべての手のわざを祝福してくださるためである。あなたがオリーブの実を打ち落とすときは、後になってまた枝を打ってはならない。それは寄留者や孤児、やもめのものとしなければならない。ぶどう畑のぶどうを収穫するときは、後になってまたそれを摘み取ってはならない。それは寄留者や孤児、やもめのものとしなければならない。あなたは、自分がエジプトの地で奴隷であったことを覚えていなければならない。それゆえ私はあなたに、このことをせよと命じる。(24・17～22)

これらの箇所から、解放された共同体が、解放された者の共同体として生き続けるようにすることこそ、律法の動機づけだということが明らかだ。律法は、この神の働きを継続するものだ。[4] この観点において、律法は、エジプトからの救いという最初の行為がそうであったのと同様に、神の賜物なのだ。

第二に、律法の内容もまた意義深く、これらの動機節の条項とも一致する。というのも、律法の多くは、貧しく、困窮し、弱い者の必要を満たし、その権利を守ることに心を砕くからだ。困窮する者のために正義を求めることにより、聖書的律法はシャロームの手段なのだ。

解放する正義を求める律法の要点は、特に以下の種類の命令（commandments）に見ることができる。第一に、申命記14章28～29節にあるように、慈善の命令がある。これらの律法は、共同体の基本的資源に与れない人々のために、〔その必要〕を提供することを目的とする。地域共同体が、自分たち自身の貧しい者、困窮する者の世話をすることになっていた。この慈善の命令は、共同体には常に、自分自身の必要を満たすのに十分な資源を持たない者がいることを認識している。私たちの時代においては、このリストに、重い障害を抱える人々を加えることができるだろう。

第二に、生産手段に対する所有権を持たない人々に対して、共同体の生産物を手に入れる権利が保証されていた。前段で引用した申命記24章19～22節の落穂拾いの律法がある。（申命記23章25～26節とレビ記19章9～10節も見よ。）最低限の生活権（subsistence）は、所有（ownership）にではなく、共同体のメンバーであること（membership）に基づくものだ。ここでもまた、社会の誰もが皆、生計を立てる手段を持つわけではなく、他者の生計手段を利用せざるを得ない人がいるということだ。これら二つの律法において、問題は所有権にではなく、資源の利用権（access）にあり、また彼ら〔所有者〕に由来する生産物がいかに分配されるかにこそある。利用権と分配とは、公平なものであるべきだ。

第三に、律法は、この経済的資源の利用権の問題に、安息年とヨベルの年の律法をもって取り組んだ。これらの律法は、経済改革立法（economic reform legislation）の一つの型であり、共同体の資本資源が少数の人の手に集中しないようにするために、再分配することを目指したものだった。これらの律法は、出エジプト記23章11節、申命記15章1～11節、およびレビ記25章に見出される。これらの律法においては、二つの資源が再分配されるべきものとされている。すなわち、土地と金銭だ。この経済的再分配の目指した結果は、経済的にすべてを失った人が、もう一度、経済的自立を取り戻すことだった。この再分配は、富と権力の大きな格差が、時の経過と共に拡大することがないようにするためのものでもあった。

これらの律法から、私たちは聖書の律法が、抑圧や物質的不平等の問題に対して三方向のアプローチを採っていたことがわかる。第一は、自ら生活を支えることができない人々を支えることだ――慈善が必要な場合もある。第二に、何とか自活できるが、それでも定期的に〔生活資源の〕利用が必要な人々がいる――これもまた、律法によって提供される。最後に、いくらかの資本資源を自ら管理することさえできれば、生産力があって自活もできるようになる人々がいる。この人々に対しては、律法は経済的変革、つまり資本財の再分配を義務づけていた。

律法の目的を、シャローム・ジャスティス、物質的幸福、正しい社会関係、道徳的統合性とする考えは、Ⅱコリント8章8～14節において新約聖書にも引き継がれている。ここでパウロは、豊かであったにもかかわらず私たちのために貧しくなられたイエスの例を用いて、衡平(equity)を実現するために、持てる者が持たざる者に分配することを教える。ここでは、イエスの例が、私たちを動機づけるために与えられている。

経済的正義をもたらすことに関する律法の強調は、少なくとも申命記では、人々がなぜ繁栄するかをめぐる律法の理解にさらに示される。例えば、申命記15章10節は、もしも私たちが富を手にしていて頼まれたならば、与えるべきだとし、私たちが繁栄しているのはまさにこの理由のためだと指摘する。同様に、申命記28章9～14節は、人の幸運は自分自身の賢さや勤勉さのみによるのではなく、神によるのであるから、繁栄している人はその繁栄を経済的正義のために使う義務があることを強調する。

前段での動機節に関する観察と合わせて、ここでの複数の律法の概観から、私たちは律法の目的がシャローム・ジャスティスであると推論できる。神は人々を解放し、繁栄させたが、それは、その民が今度は解放する民となるためだった。これらの律法の実践を通して、正義は貧しく困窮する者に表され、その結果シャロームの共同体が生まれる。したがって、律法の目的は、解放に従って、物質的、社会的、霊的なレベルにおいてシャロームをもたらすような一連の新しい関係性、手続き、構造を創造し、標準化することだ。律法は、今ここでシャロームを実現するための、神からの人々への賜物なのだ。

律法と正義

この章の主要な含意は、聖書における解放は目的なき解放ではない、ということだ。それは何かのためだ。解放の目標は律法と教えの中に体現されており、それは解放に対する応答であり、解放によって動機づけられたものだ。これらの律法は、解放された共同体がいかにその生活を整えるかを示すことで、解放を維持することに努める。

解放された共同体を推進し、維持することでシャロームを実現するという、聖書的律法のこの目標は、律法と正義に関する私たちの理解を変革するはずだ。もちろん律法は、当然ながらそれ自体で適用することはない。人々が自発的に履行し、また履行できる必要がある。この点に関して言えば、抽象的な律法よりも、社会の構造とその諸制度のほうが、日々の営みを決定することを私たちは知っている。実に、律法はこれらの諸制度の反映、またそれらの運営の手引きと見なされ得る。その結果、正義は手続きとして理解されるようになる傾向を持つ――正義は、適用されるべき律法が実行された結果として生じる。この正義の見解においては、律法が規範となり、それ自体において正義がなされたかどうかを決定することになる。律法に従うことは正義のリトマス試験紙であるという信念は、律法のこの理解から生じ得る。この考えの枠組みにおいては、正義の問い（それは正しいか、正義かを問うもの）は、合法性の問い（それは法的か、適法かを問うもの）に取って換わられる。

この正義の手続き的理解とは対照的に、シャロームは実質的に理解された正義による。すなわち、物事の正しく大丈夫な状態が結果として生じた場合に、正義がなされたことになる。この見解では、合法性は正義の試験ではない。なぜなら、律法は、もしも正しい結果をもたらさないならば、その律法自体が不正なものだからだ。その代わりに、正義のリトマス試験紙は、力なき者、抑圧された者が援助と解放を受けて、そこにシャロームがあるかどうかなのだ。この視点から、預言者が貧しい者、孤児、また寡婦を、正義の有無の指標として使用したことは、納得できる。

正義に関するこれら二つの異なる見解は、社会における律法の役割に対して重大な結果を生む。正義を手続き的に理解した場合には、律法は保守的勢力となる——律法はステータスクオー〔現状維持の体制〕を維持するように働く。なぜなら、それはおもに規則を実施することに関わるからだ。これに対して、正義を実質的に理解した場合には、律法は、社会において一連の衡平な社会関係を制定することによって、社会を変革するように働く。この後者の機能は、もちろん聖書的律法の関心事だ。このことが含意するのは、正義はこの試験に合格するときにのみシャローム・ジャスティスとなり、シャロームに至らせる、ということだ。シャロームは手続き的正義のみからは生じない。

自分自身の人生において神の解放を経験し始め、自らを歴史における神の目的と一致させる人にとって、聖書の律法と教えに従うことは、解放に身を投じること（commitment：関与）の重要な徴となる。というのも、それは実質的正義のための闘争への関与を体現するからだ。

この考察は、聖書全体に浸透している従順の強調を説明する手がかりとなるだろう。例えば、イエスは山上の説教の終わりで次のように言う。

「わたしに向かって『主よ、主よ』と言う者がみな天の御国に入るのではなく、天におられるわたしの父のみこころを行う者が入るのです。その日には多くの者がわたしに言うでしょう。『主よ、主よ。私たちはあなたの名によって預言し、あなたの名によって悪霊を追い出し、あなたの名によって多くの奇跡を行ったではありませんか。』しかし、わたしはそのとき、彼らにはっきりと言います。『わたしはおまえたちを全く知らない。不法を行う者たち、わたしから離れて行け。』」（マタイ7・21～23）

ここで明らかなのは、人々を神の民の一員に数えるのは、彼らがなす信仰告白ではなく、むしろ神の意志への従順である、ということだ。たとえ彼らがイエスの名に訴えて多くの力ある業を行っても、それは彼らの真正性を確立しない。むしろ、人が天の国の一員であることを示すものは、神の意志との一致（conformity）なのだ。

あるいは、Ｉヨハネ3章23〜24節にはこうある。

私たちが御子イエス・キリストの名を信じ、キリストが命じられたとおりに互いに愛し合うこと、それが神の命令です。神の命令を守る者は神のうちにとどまり、神もまた、その人のうちにとどまります。神が私たちのうちにとどまっておられることは、神が私たちに与えてくださった御霊によって分かります。

もし私たちが神の命令を守っているなら、それによって、自分が神を知っていることが分かります。神を知っていると言いながら、その命令を守っていない人は、偽り者であり、その人のうちに真理はありません。しかし、だれでも神のことばを守っているなら、その人のうちには神の愛が確かに全うされているのです。それによって、自分が神のうちにいることが分かります。神のうちにとどまっていると言う人は、自分もイエスが歩まれたように歩まなければなりません。（Ｉヨハネ2・3〜6）

このように、信念（belief）があれほどまでに重要な役割を果たすヨハネ文書においてさえ、この信念は従順として明示されている。それはつまり、神が主権者であると信じることは、シャローム・ジャスティスを目指す命令に従うことなのだ。この命令を拒否することは、神とのシャロームを拒否し、また現在の解放とシャロームを求める契約共同体の闘争を拒否することにほかならない。

聖書的律法のこの光に照らして見て、教会はなぜ、シャローム・ジャスティスをつくり出す律法を履行する、より積極的な勢力ではないのだろうか。なぜキリスト者である人々は、正義が実際になされているかどうかについて聖書が試験紙としている、まさにその貧しく力なき人々に反して作用する法律を変えることについて、これほどまでに遅いのだろうか。

シャロームづくりに対する聖書的律法が含意することは明らかだ。シャロームづくりをする人とは、聖書的律法のような、シャローム・ジャスティスを目指す法律〔法〕を実施するために闘争する人のことだ。この闘争において、シャロームづくりをする人は、法ないし政策が正しいかどうかのリトマス試験紙である人々にとってどのような利益をもたらすかによって、その法の倫理性を判断する。すなわち、それはどのように貧しい者、抑圧されている者、力なき者を助けるのか、ということだ。その一方で、シャロームづくりをする人は、この試験に合格しない法や政策には、反対して闘争する。

1　契約の主題については膨大な量の文献がある。ここでは、私が有用だと思い、以下の議論において依拠したいくつかの資料を挙げておく。Dennis J. McCarthy, *Treaty and Covenant: A Study in Form in the Ancient Oriental Documents and in the Old Testament*, second ed. (Rome: Pontifical Biblical Institute, 1978); George E. Mendenhall, *Law and Covenant in Israel and the Ancient Near East, in BA Reader* 3 (1970), 3-53 (originally in *Biblical Archaeologist* 17 [1952]: 24-46, 50-76); Moshe Weinfeld, *Deuteronomy and the Deuteronomic School* (Oxford: Clarendon, 1972); Dennis J. McCarthy, *Old Testament Covenant: A Survey of Current Opinions* (Richmond: John Knox, 1972); E. Kutsch, "berit," *ThWAT*; Moshe Weinfeld, "berit," *TDOT* II:253-79; D. N. Freedman, "Divine Commitment and Human Obligation," *Interpretation* 15 (1964): 419-31.

2　聖書における契約の多様な形態、またそれらと古代近東の契約および条約との関係に関する議論については、*Theological Dictionary of the Old Testament* (*TDOT*) にある Moshe Weinfeld の項目「berit」を見よ。

3　私は、Millard Lind の論文、"Law in the Old Testament," in *The Bible and Law*, ed.Willard M. Swartley, Occasional Papers 3 (Elkhart, Ind.: Council of Mennonite Seminaries, 1982), pp. 9-41 から多くを学んだ。

4　これらの動機節は、律法において広範に行き渡っている。出エジプト23・9、レビ19・33～36、25・35～42、申命15・12～15、16・12を見よ。

7章　国家、シャローム、正義

本章は、ここまで描いてきた聖書の宗教の核心的信念がイスラエルの生においてどのように表現されていたかを確認する、以下の三つの章のうちの最初の章だ。正しく敬虔なこれらの信念は、はたして日常生活から分離されていたのだろうか、それともこうした信念は、イスラエルの歴史と社会の形成から流れ出、またそこに入り込んでいたものなのだろうか。

聖書的信仰のこの次元を探求するために、私たちは聖書の歴史と思想における三つの時期を見ることにしよう。それは、王権および国家の出現の時期、アモス、ホセア、ミカ、イザヤなど、古典預言と呼ばれるものの出現の時期、そして最後に、これらの信念を中心とするイエスの生涯と教えだ。

まず国家から始めることにするが、それは、律法がどのように適用されるかについて、また実行される正義の種類について、人々の一般的福祉（well-being）について、その最たる責任を担うのは社会のどの制度かを問う場合に、まず思いつくのが国家だからにほかならない。古代イスラエルにおいて、それは王権（kingship）を意味した。というのも、それがイスラエルの国家の形式だったからだ。私たちはまず、イスラエルにおける王権の出現を見ていく。なぜイスラエルが王権を採用したのか、またこの新しい制度がその社会にどのような影響を及ぼしたのか、ということだ。第二に、古代近東およびイスラエルにおける王権の背景を精査する。すなわち、そもそも王権とは何を行い、どのように機能するはずのものだったのか、ということだ。

イスラエルにおける王権の出現

周知のとおり、王権はイスラエルに元々あったものではなかった。イスラエルは歴史上のある特定の時点で、王権を近隣諸国から取り入れた（Ⅰサムエル8章）。イスラエルは国家〔となる〕以前から存在していたし、国家〔を喪失した〕以後も生き続けた。つまり、その存在は国家〔という形態〕には依存しなかったのだ。したがって、イスラエルにとって、国家は所与のものではなく、選択されたものだった。

なぜイスラエルはこの外国の制度を取り入れたのだろうか。国家を持つことによって、イスラエルは何を得、また何を失うことになったのか。そして、おそらくより重要なこととして、この制度を採用した結果、イスラエル社会に何が起きたのか。

これらの質問に答えるためには、イスラエルの歴史を概観する必要がある。すなわち、イスラエルは、国家になる以前にはどのような状態だったのか、そして国家になった後にはどのような状態だったのか。その社会の国家〔成立〕前後のスナップショットから、なぜイスラエルが王を持つことを選んだのか、その選択の結果イスラエルに何が起きたのかを理解することができる。それを知ることで、私たちは国家がシャロームとどう関わるのか、また律法を通してシャローム・ジャスティスをつくることとどう関わるのかを見極めることができるようになるだろう。

王を持つ以前のイスラエル

王権の出現はIサムエル記で報告されているため、国家以前のイスラエルがどのような状態だったかを知るには、士師記に向かう必要がある。この書には、差し迫った時に敵からイスラエルを救い出した戦時の英雄たちに関する一連のストーリーが描かれている。これらの指導者たちが戦った敵は、一つの例外を除いて、イスラエル人の領地に侵入して彼らを抑圧した近隣諸民族だった。それで、これらの指導者たちは救い主（saviors）ないし救出者（deliverers）と呼ばれた。彼らが民を抑圧から解放したからだ。

こうした救出者たちのストーリーを見ると、当時のイスラエル社会を垣間見ることができる。その情報は断片的なものだが、そうした手掛かりを手繰り寄せると、その社会のおもだった特徴を素描することができる。

これらのストーリーの最初の驚くべき特徴は、羊や家畜の群れを表す言葉が稀なことだ――ヨルダン川対岸に暮らす諸部族を描く士師記5章16節は例外。（ダン部族に関する注記については18

章21節も見よ。）それ以外の箇所では、人々は土を耕し、穀物やぶどうを栽培していることがわかる。肉が食されることは稀だった。実際、肉は特別な機会や犠牲のために取っておかれたようだ（士師6・19、13・15、19、15・1）。人々は、日中は畑で働き、日が暮れると村に戻った（士師13・9、19・16）。したがって、この時代のイスラエルは、おもに点在する城壁のない村々に暮らす農民によって構成されていたと考えられる。こうした村々は畑の近くにあり、そこに住んでいたのは、ほとんどがそれらの畑で働く人々だった。

人々は、複数の住居ないし「家々」（士師18・14、22）からなる、「父の家」（ベート・アーブ）と呼ばれる拡大家族の中で暮らしていた。ここには、父、成人した息子たち、その妻たちと僕《しもべ》たちが暮らしていた（士師6・30）。これが、法的責任と義務の最小単位だった。この「父の家」は、ある意味ではその構成員の行動に対して責任を負った（士師6・30、8・35、9・16、19）。彼らはまた、家の構成員の葬りにも責任を負った（士師16・31）。この拡大家族は、基礎的な経済単位だったと考えられる。つまり、生産と消費両方の単位だったのだ。

この基礎的社会集団の上に、氏族（clan）ないし「一族」（ミシュパハー）があった。氏族の構成員は、おそらく村で一緒に暮らしていたのだろう（士師6・24、8・32）。それは、複数の「父の家」によって構成されていた（9・5）。翻って、氏族は部族（tribes）に属していた。士師記では驚くべきことに、救出者について語らない最後の数章（18〜21章）を除き、部族（シェベト）という語は現れない。さらには、救出者の個々のストーリー（士師3〜16章）の中でも、十二部族すべてが共に行動することはない。[1]

通常は、侵入して来る敵を撃退するため、短期間、一人の人物の指揮下において複数の部族の連合が形成される（4・6、10、6・35）。ここから得られる集団生活の光景は概して、村における生活の光景とほぼ同じだ。それは中央集権化されておらず、地域ごとの管理下にある。村の規模を超えるような大きな集団が形成されることはめったになく、こうした外部の抑圧者に対する防御のためといった極端な場合に限定された。

政治的組織も、社会構造のこうした光景を映し出す。日々の営みを取り仕切る主要な人物は、長老たちだったと推察される。しかし、戦時中はサリーム（副官たち）〔改2017：首長たち／協：兵の長たち〕が部隊を組織し、戦闘を導いた。サリーム自身は、カツィーンないし将軍と呼ばれる総司令官の指揮下にあった。

エフタのストーリー（士師10・17～11、11）は、この民生および軍事指導体制の構造および組織を例示する。10章18節において、サリームはアンモン人との戦いを指揮する人物を求めている。この人物が彼らのローシュ（頭）〔改2017：かしら〕になる、と彼らは言う。しかし、この機能を果たす人を誰一人見つけることができず、その選考は長老に任せられる。彼らはエフタに掛け合い、最初はカツィーン（将軍）の称号を提示するが、彼は断る。そこで彼らは、カツィーンとローシュ、つまり将軍職と頭職の両方を提示する。後者は明らかに、軍事行動の時期の後にも続く公職だった。エフタはこれを受け入れる。それを受けて、長老たちは彼を民のところへ連れて行く。民は彼を受け入れ、エフタは将軍と頭の両方になる。

このエピソードから、政治的組織の二つの側面が見えてくる。第一に、強力な全体的指揮権は、平時には置かれていない。つまり、緊急事態の時には、その危機に対処するために誰かが選ばれなければならなかった。明らかに、そうした軍事的指揮権は、その人が頭としても批准されない限り、危機の間だけ続くものだった。第二に、そこには二重構造があった。つまり、民生の事柄のための地域の指導者として長老たちが存在し、戦闘のための地域の指導者として副官たちが存在した。政治的な事柄を手配することは長老たちに任され、戦闘のために人々を組織することは副官たちに任された。[2]

要するに、救出者のストーリーにおいてイスラエルについて見出すのは、親族および家系に従って構成される、中央集権化されていない地域耕作者たちの集団なのだ。私たちが見る限り、彼らは永続的な中央機関を持たなかった。同盟は流動的かつ一時的なもので、外的勢力からの圧力に晒されたときに呼び出されるものだった。このタイプの社会を「ランク社会」(ranking society〔首長制〕)と呼ぶことができるだろう。所与の階層において、誰もが平等に共同体の経済的資源を手に入れることができる。ある者たちはより多くの富ないし特権を集めるだろうが、それでもすべての人が自らの暮らしのための資源を平等に入手できた。[3]

王制下のイスラエル

王制の出現に伴って、異なる構造や制度を持つ、異なるタイプの社会が現れる。確かにほとんどの人は農村の耕作者のままだったが、今や彼らは異なる社会的枠組みの中で機能する。彼らは小作農（peasants）、つまり中央集権化された社会秩序の一部となったのだ。王制の出現および発展のストーリーは、Ⅰ、Ⅱサムエル記およびⅠ列王記の最初の十二の章に見ることができる。この移行において、イスラエルに何が起こったのだろうか。

もちろん、士師記の時代に見られた社会生活の形態は継続した。依然として、父の家が基礎的な社会的単位であり、長老たちによって導かれていた（Ⅱサムエル12・17）。この〔王制〕時代の初期には、〔なお〕氏族は活動的で、血の報復を追求し（Ⅱサムエル14・7）、宗教的儀礼を行っていた（Ⅰサムエル20・6）。

しかし、新たな諸要因がイスラエル社会において強力な仕方で作用するようになる。まず、都市生活への移動が進行する。イスラエル人は今や、城壁に囲まれた複数の都市に暮らすようになったが、それは明らかに、小規模な中心都市だった（Ⅰサムエル6・18、7・14、30・27〜31）。また、イスラエル丘陵地帯におけるテラス（段々畑）の広範な造成は、おそらくこの時代に遡る。[4] このことは、生産手段（土地）への資本投資の増加と、丘陵地帯におけるより大きな生産量のみならず穀物栽培の可能性をも含意した。それは、鋤や鉄の使用による生産高向上の可能性とも関連したが（Ⅰサムエル8・12、13・20）、そのどちらも、士師記には言及されない。この生産高の大幅な向上の見込みは、小作農が余剰分を生産し、都市住民を支える能力を高めた。[5]

第二にして最も重要なことは、中央集権化した政府、すなわち、補助的機関と人員とを備えた国家の成立だ。国家に伴う新しい特徴は、以下の三つの見出しに分類することができる。最初のものは、王による王座および国家の運営維持を補助する人々の集団だ。この補助人員は、国家官僚、閣僚、およびその補佐たちからなる専門家によって構成される（Ⅰサムエル18・5、22～24、Ⅱサムエル8・16～17、20・25～26）。ここに、地方の親族集団ではなく、王と国家とにその忠誠を向ける人々の集団を見出せる。地方や地域の利害に対してよりもむしろ、中央政府に対して結束と忠誠を向ける集団の存在は、国家の出現にとって都合が良い。そうでなければ、地方の利害が国家の計画を阻止することになる。[6]

国家の出現に関連する二つ目の特徴は、軍事化だ。私たちは、ヨアブのようなイスラエルの軍事的エリートの出現だけでなく、王が自らの権力維持のために援助を頼った精鋭の外国人傭兵部隊の存在もまた、目にすることになる。これらの国家の部隊がどのようにして権力の均衡を手中に収めるようになったのかについて、以下の二つの出来事が鮮やかに描き出す。

一つ目は、アブサロムのダビデに対する反逆において、民衆の軍隊（すなわち民兵）がアブサロムを支持した出来事だ。ダビデには六百人の職業軍人しか残されていなかった（Ⅱサムエル15・18）。ダビデは、彼らの助けによってイスラエル人民兵を破り、王位を奪還した。この敗北の後、民衆の軍隊は歴史から消える。[7] 権力は今や、王の統制下にある職業軍隊の手中に集約されることとなった。

二つ目の出来事はソロモン王の戴冠だ。ソロモンの兄弟アドニヤは、複数の有力者たち、ヨアブ、およびエブヤタルに支持されていたが、最終的にはソロモンが、職業軍人部隊に支持されて勝利した（Ⅰ列王1章）。

宮廷におけるエリート層の出現に伴い、行政と軍隊の双方、また常備軍の規模と軍事技術の水準は大幅に向上する。このことは、イスラエル軍における戦車〔戦闘馬車〕勢力の増強に見られる。より初期の時代において、ダビデは軍馬を必要としなかった。というのも、イスラエルには戦車がなかったからだ。それで、ダビデは軍馬を捕らえるとその膝腱を切った（Ⅱサムエル8・4）。しかし、ソロモンの時代までには、事態は変わっていた。私たちは、四万の馬房および一万二千人の騎兵についての記述を読むことになる（Ⅰ列王4・26、10・26）。[8] この変化はイスラエルにとって劇的な意味を持つ。まず第一に、これらの馬と人員を養うことが必要だったため、この軍事組織を支えるために、ある種の税制が必要とされた。第二に、これらの戦車の馭者《ぎょしゃ》たちは訓練を受けた職業軍人だった。つまり、士師記および王制初期の時代に戦った民衆による民兵とは対照的に、彼らは常任の戦士だったのだ。

こうした常備軍への依存もまた、イスラエルの統治において、権威が民と共にあった〔形態〕から、権威が中央集権化した権力のもとに存在する〔形態〕へと移行したことを示す。以前には、指導者たちは、ある程度は彼らが民の利益のために何をしたかに基づくが、民衆の幅広い支持を得て、民を導いた。（エフタの場合、彼の頭としての地位は、民を抑圧から解放することにかかっていたことに注目してほしい。）今や、権威は力（force）、つまり軍事力を使用する能力に依拠し、指導者は民の余剰から利益を得る。

このことは、私たちを直接、国家の三つ目の本質的特徴へと導く。それは、中央政府とその政府が依存している諸勢力を養うために、余剰分を増加させ（accurue）、集約させる必要性だ。[9] それは、二つの主要な方法によって実現された。第一に、国家は国民に課税した。二種類の税制があったことが読み取れる。一つ目は賦役（corvée）で、人々が国家の事業のために、一年のうちの一定期間、強制的に労働させられるというものだ（I列王4・27〜28）。

二つ目は物品による課税で、宮廷の高官が必要とする食料か貴重な物品の形で税を納めるというものだ。I列王記4章7〜19節および5章6〜8節には、イスラエルを十二の行政区に分割し、各行政区が一か月間、宮廷に食料を供給したことが言及されている。監督官は、各行政区の知事たちの仕事を調整する責任を負った。[10]

産物の増産（accurual）という税制を超えて、資本資源（土地〔農地〕）が、都市部の支配者層の手中に再分配され、集約された。それは、少なくとも初めのうちは、俸禄《ほうろく》地所（prebendal estates）の発展を通して行われた。それらは宮廷の高級官僚たちに与えられた土地不動産だった。そこから得られる産物は、彼らの生活のために使用された。Iサムエル記8章14節にはこの発展への警告がある。Iサムエル記22章7節では、それはすでにサウル王の時代に現実のものとなっていたようであり、サウルは、自分が与えた以上の領地をダビデが家臣たちに与えているのではないかと恐れている。ダビデの治世下では、この制度が行われていたことが確認できる。Ⅱサムエル記9章9～10節において、ダビデはメフィボシェテに土地の権利を与えている。彼の従者ツィバは、自身の息子十五人と召使い二十人と共に、その土地を耕して、エルサレムに住むメフィボシェテのもとに作物を届け、その生活を支えることになった。（宮廷の人員によって所有された土地についてのその他の言及は、Ⅱサムエル記13章23節、14章30節、Ⅰ列王記2章26節にある。）

土地を生産資源として、すなわち、その土地に暮らすことなく他者の働きから恩恵を受ける人物の生活を支えるための生産資源と見なす考え方は、イスラエルの土地に対する態度を変えた。土地は商品となり、その権利は王によってたやすく移譲された。Ⅱサムエル記16章4節および19章30節には、ダビデが地所の権利を移譲している事例が記されている。この実践の影響は、より少数の人の手に資源の所有権を集中させ、土地の産物を中心的都市に供給させることになった。

当然ながら、この中央集権化の結果、エルサレムと、おそらく他の中心的都市でも同様だが、エリート層が富み、贅沢な生活を享受するようになった。Ⅰ列王記4章22～24節にはソロモンの宮廷の記述がある。10章27節では、ソロモンがエルサレムで銀を石同様に扱ったことが記されている。この繁栄のすべては、どこかから来たものだった。貿易から来たものも、貢ぎ物（tribute）から来たものもあったが、そのほとんどは、もはや自由な［身分の］地方耕作者ではなく小作農、つまり国家のネットワークの一部となっていた、地方のイスラエル人の働きから来たものだった。

これらの発見から、士師たちの時代から王たちの時代までの間に、イスラエル社会の構造および機能に著しい変化があったことがわかる。イスラエル社会は、誰もが基本的な資源を平等に入手できた「ランク社会」(ranking society)から、階層化された社会〔stratified society〕へと移行したのであり、その社会においては、都市部のエリート層が、エルサレムでも、そしておそらくは他の諸都市においても、地方の村々で農作物を作っていた人々にはまったく手の届かない生活を享受していた。こうして貧困と富裕との可能性および現実が、隣り合わせに現れることとなった。下の表は、こうした変化のいくつかをより明確に示す試みだ。

親族支配から国家への移行

この移行は、次のような疑問を招く。いったい誰が、自由な地方の耕作者から小作農に変わることを望んだりするだろうか。なぜイスラエルの民は、王権の

親族支配から国家への移行

	国家以前	国　家
1	序列は民衆の支持に依存する 気前よさ、再配分	序列は相続される身分に依存する 余剰の増加、中央集権化
2	指導者は民衆の支持により出現し、 民衆の支持に依存する	雇われている家臣集団が、 民衆による抑制均衡を回避させる
3	親族集団の役人、地域規模	官僚制、全国規模
4	家族的親族系統の組織	政治的領土的組織
5	社会的連帯、生活スタイルにおける平等	王およびエリート層の贅沢な生活
6	私的、家庭的建築様式	大量の労働力投入を要する記念碑的 国家建造物
7	地域集団による戦士の供給、 必要に応じた軍事指導者の選抜	恒久的指導者の指揮下にある国軍

重荷に耐えることを選んだりするだろうか。この選択を理解するために、ここでイスラエルに王を選ぶことを強いた力に目を向けよう。

なぜ王権に移行したのか

第一に、自然な社会的変化の要因があった。先ほど見たように、救出者〔士師〕たちの時代には、イスラエルは小さな農村に暮らす地方耕作者によって構成されていた。その社会は、拡大家族で暮らす人々による広く分散した社会だった。

王権出現の時代に至ると、状況は変化し始める。人口密度が高まっていった。鉄製の農具が使用されるようになり、より多くの収穫が可能になった。イスラエルの丘陵地のテラス化（段々畑化）は、より大規模になっていったと思われる。このことは、すでに示唆したように資本投資、生産力向上、丘陵地域での穀物栽培を示す。

生産におけるこれらの変化の結果、イスラエル社会はより複雑になっていった。都市文化が出現し始めた。祭司階級や預言者たちの出現は、職業がより専門化していったことを示す。そして最後に、富める者と貧しい者の格差が拡大していった。裕福な牧羊家ナバル（Ⅰサムエル25・2～13）と、ダビデのもとに集まって来た者たち、すなわち「困窮している者、負債のある者、不満のある者たちもみな、彼のところに集まって来たので、ダビデは彼らの長となった」（Ⅰサムエル22・2）という者たちの間の対照は、際立っている。分散した地方の農民たちから、より都市化し、専門化し、経済的に階層化した社会へと至る自然な社会的変化がすでに始まり、その社会的影響を及ぼし始めていた。

ダビデの若者たちが用心棒代（protection money）を要求した際に、ナバルが答えた次の言葉は、この文脈において理解できる。「ダビデとは何者だ。エッサイの子とは何者だ。このごろは、主人のところから脱走する家来が多くなっている」（Iサムエル25・10）。社会がより複雑化し、専門性と富の格差が拡大することにより、法と秩序の問題が生じた。

このことは、王権出現の背後に横たわる二つ目の要因へと私たちを導く。すなわち、国内統治の伝統的な形態の崩壊だ。これこそが、民が王を求めた理由としてIサムエル記8章が挙げる主要なものだ。サムエルが士師〔改2017：さばきつかさ〕として任命した息子たちは、「さばき〔正義〕を曲げていた」〔8・1〜3〕。こうして、氏族の指導者たち、長老たちは集まり、新しい形態の指導体制を求めた。古いモデルが機能していないように見えたのだ。

古いシステムの失敗は、士師記の救出者ストーリーに追加されている二つのストーリーにおいてもまた、主題となっている。17章6節には、「そのころ、イスラエルには王がなく、それぞれが自分の目に良いと見えることを行っていた」という表現がある。この表現は、18章1節に再び見出され、また19章1節にも部分的に見出される。それはまた、21章25節において、士師記に結論を提供する。その意図は明らかだと思われる。つまり、国内で混沌がはびこっているのは王がいないから、ということだ。実力（might）による支配は、社会的規範の侵犯、また弱者の圧迫へと至り、最終的に、ベニヤミン族は危うく消滅するところだった。古い統治制度は、イスラエルの新しい社会状況にとって、もはや適切なものではなくなっていたのだ。

最後の要因として、ペリシテ人の脅威があった。民は、彼らを治める王を求めただけではなく、「私たちの先に立って出陣し、私たちの戦いを戦ってくれる」王を求めていた（Ｉサムエル８・20）。彼らはパレスチナの支配をめぐるペリシテ人との闘争を成功へと導くことのできる軍事的指導者を求めていたのだ。

社会の複雑さが増大し、国内の社会的緊張が高まり、国外の軍事的脅威が高まるに伴い、新しい政治形態が必要となったと思われた。現実的な危険と必要とが、民が王を求めることを正当化するように見えた。しかし、すでに見てきたように、民が王権の結果として獲得することを望んだ恩恵が何であれ、彼らは背負うべき重荷もまた受け取った。イスラエルはなぜ、これらの重荷にもかかわらず、王権を選択し、それを維持したのだろうか。事実、Ｉサムエル記８章では、サムエルがあらかじめ民に警告し、もし彼らが王を立てることを選ぶなら、その王は彼らを抑圧することになると告げる様子が描かれている。これらの警告とそれに続く重荷にもかかわらず、民が王権を肯定的に見なしていたのは、どのような王権観を抱いていたからなのだろうか。

この問いを探るためには、王権という制度に伴う王権の機能と目的についての考え方を見る必要がある。王権は〔外から〕取り入れられたものであることから、イスラエルにおける王権を考察するためには、イスラエルがこの制度を取り入れた人々が王権をどのように考えていたのか、ということから〔探求を〕始めよう。この王権の精査においては、王は法を擁護し正義を維持すべき、という考えに考察の範囲を限定するが、それは、これは国家に関する私たちの関心の焦点だからにほかならない。また、〔この考察を〕簡潔にするため、メソポタミアの王権のみを考察するが、それは、そのイデオロギーがイスラエルに最も影響を与えていると考えられるからだ。[11]

古代近東における王権

イスラエルとは異なり、メソポタミアでは王権は神的起源を持つ制度だった。『シュメール人王朝表』に、「王権が天から下って来たとき……」(Pritchard, *Ancient Near Eastern Texts*, p.265)と書かれてあり、あるいはシュメール人の洪水物語には、「崇高な王冠と王権の玉座が天から下って来た後に……」とある。[12] 王権は人類の利益のために与えられたものだった。つまり、文明化の過程の一部だったのだ。

王権の制度そのものが天的起源を持つだけでなく、王たち自身もまた、神々によって王座に招かれたと言われている。例えば、次のようにだ。

しかし、エンリルの第一の戦士であるニンギルスが、ラガシュの王権をウルカギナ〔ウルイニムギナ〕に与えたとき、彼〔ニンギルス〕の手が群衆の中から彼〔ウルカギナ〕を摑んだ。すると、彼(ニンギルス)は、彼〔ウルカギナ〕に古《いにしえ》の日の(神的)法令を命じた。

アンとエンリルがリピト・イシュタルを招いたとき、この賢い羊飼いは、……その地に正義を確立し、不平を根絶し、武器の力によって敵意と叛逆を翻し、シュメール人およびアッカド人に幸福をもたらすために、その地の君主の権を……。[13]

王になるようにとの神々による招きには目的があった。それは、その地の民のために正義を確立し、それによって幸福が生じるようにするためだった。最初の引用文において、テクストは続けて、ウルカギナが正義を回復するために成し遂げた改革に言及する。同様に、リピト・イシュタルの場合にも、彼は、テクストの後の部分で言及される具体的な行動を通して、その地に正義をもたらした。さらに、ハンムラビの有名な法典は、王権の正当な行使として正義に言及する。

崇高なるアヌ、……が、……この地に正義を出現させ、強者が弱者を抑圧することのないように、悪しき者と邪悪な者を滅ぼすために、私ハンムラビをその名を呼んで召したとき……。

マルドゥクが、この地の民に正義を与え、（彼らに）（良い）統治をさせるようにと私に命じたとき、私はその地にあまねく真実と正義を示し、（そして）民を繁栄させた。

強者が弱者を抑圧しないため、（そして）それによって孤児と寡婦に正義を与えるようになるため、私は自らの記念碑に私の貴重な言葉を刻み、……その地の裁きを裁き、（そして）その地の決断を決断して、（そして）抑圧される者に正義を与えるようにした。[14]

このように、王は市民の益のために、その地に正義を維持することが期待されていた。というのも、それが王の正当な働きの一部だったからだ。この正義は、強者が弱者を抑圧することなく、また下層階級の者が保護され、正義が与えられることにおいて確認された。では王は、このタイプの正義が行われていることをどのように保証したのだろうか。

王はおもに三つの方法でこの正義を推進した。第一は、ハンムラビ法典のような法典を公布することによった。しかしこれは、日常生活の中での実際の法の実践にはほとんど関係がないか、あったとしてもごく僅かだったように思われる。法典というものは、明らかに、実際の法の実践への手引きというよりも、むしろ王の善意や知恵と行ったことの証言だった。第二に、王は民によって王のもとに持ち込まれる個別の事案に裁定を下すことができた。そして実際にそのようにしたのであり、王ないし王の高官たちは、多くの裁定を下すことを依頼された。第三に、王は社会に生じた不正義や不平等を正すことを目的として、経済的社会的改革を制定することができた。こうした改革の中で最もよく知られ、詳細に記録されているものは、〔バビロニア王〕アンミ・サドゥカの一連の改革だ。[15] これらの改革において、物価が固定され、関税率が定められ、土地が以前の所有者に戻され、奴隷が解放された。つまりそれは、より正義に適った秩序に向けた社会の全般的な再調整だった。

こうした法典や改革文書の中で正義を表すのに使用される用語は、通常の場合、キットゥーム・ウ・メシャルーム（*kittum u mesharum*）だ。キットゥームは、本来あるはずの正しく正当な秩序を指していると考えられる一方、メシャルームはこの正当な秩序の正義に適った実践を示す。これらの用語は共に使用されることで、正義の全射程――正当に履行されている正しい規範――を示す。このように、アンミ・サドゥカの改革条例は、メシャルームを再び確立すること、すなわちより公正な社会を実現するものだった。

この僅かな調査からでも、王権の正当な機能が、正義に適った手続きによって正当な秩序を維持することにあったことがわかる。秩序は、民が外部からの侵略者と内部の抑圧者から守られているときにこそ、正当なのだ。それは解放する秩序を維持するということであり、そこにおいては、弱者や財産を奪われた者たちが、力ある者や優位な立場の者によって餌食にされることなく、また奴隷にされることもない。これは、効力を発揮し続けた、本物の正義の力強いヴィジョンであって、そこから、イスラエルが王権を選択した際に、なぜそれがイスラエルにとって魅力的なものだったのかを理解することができるだろう。

イスラエルにおける王権

この王権理解がイスラエルにおいても見出せることは、したがって、驚きではない。ここでもまた、王は正義に適った秩序を実現し、維持する責任を負った。この命令を遂行するにあたり、王は、全宇宙の主権者である神の正義を映し出す。詩篇72篇は、この点において特に際立っている。[16]

神よ　あなたの〔正義〕を王に〔改2017：さばき〕
あなたの義を王の子に与えてください。
彼が義をもって　あなたの民をさばきますように。
〔正義〕をもって　あなたの苦しむ民を。〔改2017：公正〕
山も丘も　義によって
民に平和をもたらしますように。
王が　民の苦しむ者たちを弁護し
貧しい者の子らを救い
虐げる者どもを打ち砕きますように。（1～4節）

それは　王が　叫び求める貧しい者や
助ける人のない苦しむ者を救い出すからです。
王は　弱い者や貧しい者をあわれみ
貧しい者のいのちを救います。
虐げと暴虐から
王は彼らのいのちを贖います。
王の目には　彼らの血は尊いのです。（12～14節）

王は、地上において正義と義に責任を負う。それを行うことにおいて、王は、人間社会において正義とシャロームを求める神の御心を反映する。ここに出てくる二つのヘブライ語の単語ミシュパト（正義：justice）とツェダカー（義：righteousness）は、アッカド語のキットゥーム・ウ・メシャルームと同様に、二つが共に使用されることで、正義とは何であるのか――社会における、正義に適う規範の正当な履行――を示す。義つまりツェダカーが正当な秩序である一方で、正義つまりミシュパトは、シャロームへと至る正義に適う秩序を達成するために、正義を行うことにほかならない。このように見ると、正義が本物の正義であるためには、正義は実質的（substantive）――社会において正しい秩序を実現する――であると同時に、手続き的（procedural）なものでもなければならない。すなわち、公正で衡平な手段を通して、正しい目的を実現するものでなければならないのだ。したがって、国家の基本的な根本原則は、民にシャロームの経験をもたらすような、社会の正しい秩序づくりに関することだった。このことにおいて、それは神の正義と人類への関心を反映することだった。

正義が神の支配にとって基礎的なものだったように、それは人間の王にとっても同じだった。正義は王座の土台だった。つまり、王の支配の存続が正義にかかっていたのだ。こうした感情は、箴言にある実践的な助言に表現されている。

悪を行うことは王たちの忌み嫌うこと。
王座は正義によって堅く立つからだ。（16・12）

正義によって王は国を建てる。
〔贈り物を要求する者〕は国を壊す。（29・4）〔改2017：重税を取る者〕

〔王が貧しい者を平等に裁くなら〕〔改2017：真実をもって弱い者をさばく王、〕
その王座はとこしえまでも堅く立つ。（29・14）

正義を行うことは王権にとって基本的なことだった。それが正当な王であることの不可欠な部分だということは、アブサロムの反乱の発端を描くⅡサムエル記15章1節以下に見られるように、単なるレトリックではなかった。アブサロムは朝早く起きて、エルサレムの城門の傍らに立っていた。城門は正義の場所であったので、例えて言えば、彼は最高裁判所の正面階段のところに立っていたようなものだ。人々が正義を求めてやってくると、彼はその人たちを傍らに呼び寄せ、彼らが何者で、その不満は何かと尋ねる。すると彼らは、アブサロムに自分の事案を説明する。彼らの話を聞き出すと、アブサロムは、それは〔対処されるべき〕重要な事案のように見える、と応える。ところが、何たることか、そこには彼らに正義を与えるべき人物は、王のもとから誰一人来ていないのだ。そこでアブサロムはこう加える。自分が王だったらよかったのに。そうすれば、自分は民に正義を与えることができるのに、と。アブサロムの戦略は成功した。イスラエルは彼の下に結集し、彼の反乱を支えた。

それでは、王ダビデは、民のための正義と義をどのように履行しようと考えていたのだろうか。二つの方法に言及できるだろう。第一は、弱き者が力ある者によって抑圧されることがないように、すべての人の事案が聴取され公正に裁定される、正当な裁判制度を確立することによる。ダビデはこれを行っていなかったように見える。

第二に、王には、改革を履行することで社会に均衡を回復し、状況を正義に適うものにする義務があった。聖書においては、すべての律法が神によって契約の民に与えられたものとして提示されていることから、王は、この律法が履行されて正義が行われるのを見届けることで、実質的な正義を可能にした。すでに律法に関する章〔本書第6章〕で見たように、聖書の律法は、以下の三つの方法で、実質的な正義とシャロームを履行した。

第一に、困窮する者、弱き者、力なき者に対する慈善と分かち合いを命じる律法がある。このタイプの律法の例証は申命記14章28〜29節にあり、そこでは、三年目の什一の献げ物の全体が、地域共同体の中にいる、共同体の基本的資源である土地の権利を持たない者の必要を満たすために与えられるように定められている。16章の律法もまた、これら〔14章の律法に言及されているの〕と同じ階級の人々と、献げ物や祭りの〔いけにえの〕肉を分け合うように命じていることに注目してほしい。王は、産物の集中ではなく、その平等な再分配を推進する義務を負っていたのだ。

第二に、資源の入手の権利を保障する律法がある。これは、土地を持たない人々が土地の生産物の分配に与ることができるようにするものだ。落ち穂拾いの律法がこのタイプの律法だ（レビ記19章9〜10節、申命記23章24〜25節、24章19〜22節を見よ。）国家は、生活資源に対する万人の権利を推進する義務を負っていたのだ。

第三は、資本資源を再分配し、より多くの人がそれらを享受できるようにする改革の律法だ。これらは、出エジプト記23章11節、申命記15章1〜11節、およびレビ記25章にある安息年の律法だ。国家は、資本資源の蓄積の不均衡を正し、そうすることで、資源の所有権が一部の者の手に集中する一方で、他の者たちが何一つ〔所有権を〕持たない、ということのないようにする義務を負っていた。前述したこれらの規定は、メソポタミアの王たちによって布告された改革に匹敵するものだ。

これらの律法はすべて、すでに述べたように、シャローム・ジャスティスの履行――持てる者から困窮する者への資源の流入――を目指すものだった。そうすることで、実質的な正義が実現し、物事があるべき状態になり、シャロームが経験されるのだ。

このように、イスラエルにおける王権イデオロギーは正義とシャロームに関係していることから、そのイデオロギーの中での王の責任は、実質的正義がその地で現実となっていることを見届けることによって、民の必要を満たすことだった。この行為により、国家の正義は神的正義を映し出す。この鏡映し（mirroring）は、先に検討した詩篇72篇においてだけではなく、神の正義と王の正義を直接結びつける詩篇89篇においても前提されている。さらにまた、詩篇72篇と、神の義を例示する詩篇82篇および146篇を比較することで、神の正義と王の正義とのさらなる並行が示される。この両者は共に、貧しい者、弱き者、抑圧される者のための実質的正義に焦点を合わせている。これが、シャロームへと至る正義のリトマス試験紙なのだ。

イデオロギーと現実

王と国家の機能をこのように理解するならば、差し迫った外国からの抑圧の脅威は言うに及ばず、〔国内で〕抑圧と富の集中が増大する無政府状態において、民が王を叫び求めたことも納得できるだろう。しかし、そこには危険もあった。つまり、王と国家とが、抑圧される者に仕えるのではなく、むしろ自分たち自身と権力を持つ仲間たちとに仕える、という危険だ。民はサムエルから、このことについて警告を受けていた（Iサムエル8・11〜18）。王は、解放者また正義のための力となる代わりに、抑圧者になり得た。

このように、神に解放された民イスラエルの運命は、どちらに転ぶか危うい状態にあった。より強き者が弱き者を抑圧する抑圧と無政府状態の勢力が拡大する中で、はたして王はその勢力に対抗して、彼ら〔イスラエル〕の解放を維持するだろうか。はたして王は、弱き者の権利を守り、苦境の中にある人々を助け、抑圧する者の力を砕くことによって測られる実質的な正義を推進するだろうか。

次章において見るように、預言者たちは、現実はヴィジョンに合致していないと宣言した。事実、国家は、解放とシャロームへと至る実質的な正義を提供しなかった。むしろ、国家は抑圧者の側についていたのだ。

新約聖書の国家観

ここでは、新約聖書の国家観を議論する余地はないため、それが、国家と王権について私たちがヘブライ語聖書において見出したことと一致している、と言うにとどめておく[17]。つまり、国家には正当な機能があるということだ。すなわち、国家には善を行い、実質的な正義を推進する義務があり、またそれを根拠に国家に訴えることができる。しかし、実際には、往往にして国家はその機能を果たさない。国家が正義を実践しない場合には、神の裁きの下に立つことになるが、それはあらゆる悪人、抑圧者たちと同様だ。このことは、「知恵の書」において雄弁に表現されている。

だから、王たちよ、聞いて悟るがよい。地の果てまで治める者たちよ、学ぶがよい。多くの人々を支配し、その国々の数を誇る者たちよ、耳を傾けよ、あなたたちの権力は主から、支配権はいと高き方から与えられている。主はあなたたちの業を調べ、計画を探られる。あなたたちは国に仕える身でいながら、正しい裁きをせず、掟を守らず、神の御旨にそって歩まなかった。神は恐るべき姿で直ちにあなたたちに臨まれる。上に立つ者は厳しく裁かれるのだ。最も小さな者は憐れみを受けるにふさわしい。しかし、力ある者は力による取り調べを受ける。万物の主はだれの顔色もうかがわず、強大な者をも恐れない。大いなる者も小さな者も、御自分が造り、万物を公平に計らっておられるからだ。しかし、権力者には厳しい吟味が行われる。支配者たちよ、わたしはあなたたちに言う。知恵を学び、職務にもとることがないように。聖なる掟と聖なる手段で守る者は、聖とされ、掟を学んだ者には弁明の道が開かれる。わたしの言葉を熱心に求め、慕うがよい。そうすれば教訓が身につくだろう。（6・1〜11〔新共同訳〕）

この箇所から、支配者には、その権力（power）と特権（privilege）のゆえに、正しいことを行う特別な責任があることが明らかだ。支配者は専ら、正義を必要とする人々の利益のために権力を行使しているかどうかによって裁かれる。その結果、抑圧が国家の名において正当化されることは決してあり得ない。実に、国家の抑圧を支持するのに聖書〔の権威〕に訴えることなど、悪い冗談でしかない。聖書が教えているのは、まさに真逆のことだ――国家は善のためにあり、正義のためにある。これ以下であれば、国家は裁かれることになる。

国家に関する新約聖書の教えは、ヘブライ語聖書に見出されるものと対立しないので、次のように要約して言うことができる。すなわち、国家は正義を実践すること、つまり神的主権者の正義を反映することを除いては、聖書の中にいかなる神的信託も正当性も持たない、ということだ。国家が神の正義を反映することは、力なき者、抑圧される者たちを解放し、彼らに実質的な正義をもたらす律法を履行することによる。この正義は、物事を適切（all right）にすることによって、シャロームの経験のための下地を整備する。これこそがヘブライ語聖書とギリシア語聖書の両方の明確な教えだと、私には思われる。

シャロームづくりのための含意

国家の責務はシャロームへと至る実質的正義を履行することである、という聖書の強調に基づくならば、必然的に、貧しい者、抑圧される者に対して実質的な正義を拒絶する国家には反対しなければならない、ということになる。これは、手続き上の正義があってはならない、ということを意味しない――当然それはあるはずで、聖書もそれを命じている。しかし、手続き的な正義は目的のための手段にすぎない――律法は、解放するものであり、シャローム・ジャスティスを推進するものなのだ。律法それ自体が目的なのではない。

このことに照らして見れば、シャロームをつくり出す人は、合法性よりも正義により深く関わるべきだと考えられる。もしそうだとするならば、シャロームをつくり出す人は、不正義のステータスクオーを維持するような正義の形態に反対し、社会においてシャローム・ジャスティスを現実化するために闘争すべきではないのか。キリスト者である人々は、不平等と抑圧を推進する法に反対して団結すべきではないのか。

私たちが見てきたことに照らして、このことが納得できるのなら、教会はなぜ、実質的でもなく、シャロームを生み出すものでもない正義に抵抗する手段として、もっと進んで市民的不服従を許容し、また支持しようとしないのか。私たちはさらに踏み込んで、次のように問うことはできないだろうか。すなわち、もしも私たちが、自らはそこから利益を得ていながら、貧しい者、抑圧されている者たちにシャローム・ジャスティスをもたらさない法や法制度に反対することなく、あるいはそれらに対して不服従の態度を取ることさえしていないとするなら、はたして私たちはシャロームを支持していると言えるだろうか、と。シャローム・ジャスティスの見地からすれば、不正義の法に従うことは、シャロームに反対する行為ではないのか。

1　学者たちは通常、救出者たちに関する元来の物語と、これらのストーリーを現在つなぎ合わせて全イスラエルのコンテクストに位置づけている、後の編集的素材とを区別する。ここで重要な点は、実際のストーリーの中には統一イスラエルは存在せず、あるのは部族連合だけだということだ。イスラエル全体が描かれるのは、編集素材においてだけなのだ。

2　この光景は、政府を持たない部族に関するLucy Mair, *Primitive Government* (Baltimore: Penguin Books, 1962) の以下の観察と合致する。すなわち、「緊密に結び合った狩猟バンド（集団）と、国家型の組織の間には、人口において狩猟バンドよりもかなり多いが、しかし必ずしも国家として統治されるものよりも少ないわけではない、という特徴を持つ政治的形態がある。……ある人口集団は自らを独自の実体と見なし、また他者からそう見なされるが、それでも、彼ら全体に影響する事柄において、決定する全体的権威を、いかなる人物にも集団にも認めない、と言うことができるだろう」（p.106）。この記述は、士師記の時代のイスラエルに当てはまると思われる。こうした社会集団においては、以下の二つの政治的特徴が典型的だ。すなわち、（1）一般的に、政治的指導者である長老と、戦争において指揮権を行使する戦士とが区別される。（2）全部族的指導者は宗教的だが、人々を自らに従わせるいかなる力（force）も持たない。これら二つの特徴は、確かに国家期以前のイスラエルを特徴づけていると考えられる。（サムエルは、全部族的な宗教指導者として、後者の例。）

3　イスラエル社会の力学についてのこの理解は、人類学と社会学の共同研究の助けを得ている。

そこでは、ある社会的、経済的、政治的特徴と組織とがどのように集合するかを研究することで、特定の経済制度の下では、どのような社会的、政治的力学が生じやすいかを想定することができるようになる。このタイプの分析の実例としては、Elman R. Service, *Primitive Social Organization: An Evolutionary Perspective* (New York: Random House, 1962)〔エルマン・ロジャース・サーヴィス『未開の社会組織――進化論的考察』、松園万亀男訳（弘文堂、1979年）〕; Morton H. Fried, *The Evolution of Political Society: An Essay in Political Anthropology* (New York Random House, 1967); Gerhard Lenski and Jean Lenski, *Human Societies: An Introduction to Macrosociology*, 4th ed. (New York: McGraw Hill, 1982) を見よ。〔「ランク社会」と訳した"a ranking society"は、首長（chief）からの遺伝的距離によって個人のランクが決まる社会を指す。〕

4　C.H.J. de Geus, "The Importance of Archaeological Research into the Palestinian Agricultural Terraces, with an Excursus on the Hebrew Word *gbi**," *Palestinian Exploration Quarterly* 107 (1975): 65-74 を見よ。

5　Charles L. Redman, *The Rise of Civilization: From Early Farmers to Urban Society in the Ancient Near East* (San Francisco:W.H.Freeman, 1978) による以下の痛烈な批判を見よ。「……都市社会は、作業の急激な専門化と富の分配の著しい不均衡を通して発展する。これら二つのプロセスにとって根本的なことは、専門的な諸活動に投資され富裕層を支えることのできる、富の余剰が入手可能なことだった」(p.321)。このことは、再分配が、その結果として平等よりも、むしろ富の差異化を生むような仕方でコントロールされる必要があったということを意味した。一般的に、国家と支配層を支える余剰の獲得を可能にする生産高の増大が、国家の興隆に先行することが指摘されている。Henry T. Wright, "Recent Research on the Origin of the State," *Annual Review of Anthropology* 6 (1977): 379-97 を見よ。

6　Mairが述べるように、王権の出現にとって二つの重要な要因の一つは、王が信頼することができ、また民よりも王と緊密に一体化してくれる集団を惹きつけ、維持する能力だった。*Primitive Government*, p.108を見よ。

7　民衆による民兵活動の終結に関しては、Haim Tadmor, "The People and the Kingship in the Biblical Period," in *Jewish Society Through the Ages*, ed., H.H. Ben-Sasson and S. Ettinger (London: Valentine Books, 1971), pp.46-48を見よ。

8　ヘブライ語 *pasash* についての議論、特に、この箇所ではこの語が雌ろば（mares）を意味するとの結論については、D.R. Ap-Thomas, "A King's Horses: A Study of the Term PRSH (1 Kings 5:6 [EVV., 4:26])を見よ。

9　余剰分を獲得することは国家の出現にとって必須だった。というのも、王は、部族主義や地方の自律の求心力に対抗して王制を支持してくれる王に忠実な者たちに、給与を支払わなければならなかったからだ。Mair, *Primitive Government*〔の以下の記述〕を見よ。「私たちはすでに、王権の確立にとって、その社会にある程度の富の余剰があって、それが支配者の手中に集約され、国家の目的——その最重要事項の一つは、功労に対して報酬を与えること——のために利用できなければならない、ということがどれほど重要かについて理解し始めている」(p.109)。

10　ソロモンの治世におけるこの税制は、明らかに耐えられない割合に達していたため、彼の死後すぐに、北の諸部族の反乱を招いた。私の学生の一人James Milligan氏の見積もりによれば、王権下において、ある地方の農家は、一年間にほぼ十四ブッシェル（四百九十三リットル）の余剰があったところから、穀物不足に陥るまでになった。この見積もりは、ソロモンの戦車部隊を養うのにどれほどの穀物が必要だったかと、国家事業の賦役のためにどれほどの労力が失われたのかに基づいて割り出されたものだ。

11　古代近東の王的イデオロギーとの関係におけるイスラエルの王権イデオロギーの最近の研究としては、Moshe Weinfeld, "Zion and Jerusalem as Religious and Political Capital: Ideology and Utopia," in *The Poet and the Historian: Essays in Literary and Historical Biblical Criticism*, ed. Richard E. Friedman (Chico, California: Scholars Press, 1981), pp.75-115を見よ。

12　Lambert and Millard, *Atra-hasis*, translated by M. Civil, p.141にある。

13　S. N. Kramer, *The Sumerians: Their History, Culture, and Character* (Chicago:University of Chicago Press, 1963); 最初の引用は Urukagina of Lagash, p.317から、二つ目は "Lipit-Ishtar code," p.336から。

14　G. R. Drive and John C. Miles, *The Babylonian Laws* (Oxford; Clarendon Press, 1955), vol. 2, 法典への「序文」のpp.7, 13、および「あとがき」のp.97から〔引用部分の訳は英訳による。アッカド語からの原典訳は、中田一郎訳『原典訳ハンムラビ「法典」』（リトン、1999年）、1-2, 9, 72頁を参照〕。

15　F. R. Kraus, *Ein Edikt des Konigs Ammi-Saduqa von Babylon* (Leiden: E.J. Brill, 1958).

16　この詩篇の思考、また表現においてさえ見られる古代近東の王的イデオロギーとの緊密な並行については、Weinfeld, "Zion and Jerusalem," pp.93ff. を見よ。

17　*From Word to Life* (Scotdale, Pa.: Herald Press,1982), pp. 166-72におけるローマ13・1〜7についての私の議論と、そこで挙げられている文献表を見よ。

8章　預言者、国家、そしてシャローム

王制（monarchy）がイスラエル社会に与えた影響に鑑みて、私たちは、民が国家についてどのような考えを持っていたのか、つまり国家の正当な機能は何かを検討した。そこから、王には、シャロームをもたらすような種類の正義の実践について責任を問われたことを確認した。この実質的な正義は、貧しい者、抑圧される者を解放し、彼らを抑圧する者の力を砕くことによって実現されるものだった（詩篇72篇）。国家の役割のこの崇高な理念に導かれて私たちが発した問いは、抑圧され周辺的な地位に追いやられた人々というリトマス試験紙によって測られる正義を推進しない政府の法（law）や政策に対して、市民はどのように応答すべきか、というものだった。

そこで、私たちはその問いの続きとして、預言者の目を通してイスラエル国家を見ることによって、聖書的信仰のうちに働く諸力について考察したい。はたして、国家は民の希望を成就することになったのか。国家は彼らにとって解放する力だったのか。国家は解放を維持したのだろうか。あるいは、サムエルの暗い警告のほうが現実のものとなったのか。前章で見たように、ダビデおよびソロモンの下で、この後者の可能性が現れ始めていた。この文脈において、預言者たちはどのよう

に応答したのだろうか。国家とその市民に対する、彼ら預言者たちのメッセージは何だったのだろうか。

国家への預言者的批判

預言書を読み進めていくと、王が常にシャローム・ジャスティスの執行者ではなかったことを見出す。サムエルの警告が現実のものとなったのだ。このことは、紀元前五八七年のユダ王国とエルサレムの陥落、およびバビロン捕囚以前に生きていた捕囚期前の預言者たちのメッセージにおいて、最も明瞭に示されている。ここでは、紀元前八世紀に登場した預言者たち、つまりその前の世紀に活躍した二大預言者、エリヤとエリシャに続いて紀元前七〇〇年代に現れた預言者たちの著作に焦点を合わせる。

これらの預言者たちの最初はアモスだった。アモス書を読むと、そのメッセージの大部分が否定的——現在の悪行の告発と、国家的厄災の形において来るべき裁きの予告——だということを見出す。しかし、そのメッセージをより注意深く見るならば、その中に、積極的な要求、正義の要求もあることがわかる。この要求は、一方では、正義に反して行動する者を糾弾することによって発せられる。

ああ、正義（justice）を苦よもぎに変え、義（righteousness）を地に投げ捨てるお前たちよ、〔災いあれ〕。（5・7、RSV）

しかし、お前たちは正義を毒に、義の実を苦よもぎに変えた。（6・12、RSV）

他方、彼〔アモス〕は肯定的な挑戦を述べる。すなわち、「しかし、正義を洪水のように、義を尽きない川のように流れさせよ」、と（5・24、RSV）。意義深いことに、前章で見たとおり国家の働きにとって中心だった正義と義が、〔ここで〕アモスがエリート層を招いている目標を形成している。

アモスのメッセージは、おもに指導者たちに向けられたものだったが、それはおそらく、彼らが義を履行する力を持っていたからだろう。実に、彼らこそ、貧しい者を搾取し、その正義の欠如から利益を得ることに責任があった存在だったことから、アモス書の大部分は、彼らの正義の違反を指摘する具体的な告発によって構成される。

彼らはどのような不正義を犯していたのだろうか。アモスは、弱き者、困窮する者たちがどのように扱われているかに焦点を当てる。例えば、彼は2章6〜8節において、弱き者に対する抑圧的実践の例を挙げるが、それらはシャローム・ジャスティスの欠如を例証するものだ。同様に、8章4〜6節および5章11節では、アモスはそうした実践から生じる贅沢な生活様式を批判する。彼が首都サマリアで国の指導者たちに語る6章1～7節、あるいは彼らの妻たちに語る4章1～3節を見てほしい。彼らにシャローム・ジャスティスへの関心が欠落していることが、富の集中を生み出すのであり、アモスはそれを、サマリアに暴力と破壊を蓄積することとして特徴づける（3・9～10）。それはつまり、首都およびそのエリート層の繁栄が、最下層階級への暴力と抑圧の結果にほかならないということだ。抑圧のあるところにはシャロームは存在し得ないので、そのような実践の結果は――たとえ繁栄であったとしても――決してシャロームではあり得ず、裁きと破壊でしかない。

その結果、アモスはヤハウェの日を、民が期待していたイスラエルのための権利回復(vindication)の日ではなく、まさにそれとは真逆のもの、つまり荒廃と裁きの日と見なしたのだ。

災いあれ、［ヤハウェ］の日を欲するお前たちに。
　なぜお前たちは、［ヤハウェ］の日を得たいのか。
それは闇だ、光ではない。
　人が獅子から逃れても
なお熊に遭うように
あるいは家に入り、手で壁に寄りかかっても
　なお蛇がその手を咬むように。

［ヤハウェ］の日は、光ではなく、闇ではないか。
　輝きのない暗闇ではないか。（5・18〜20、RSV）

正義を実践することなく、むしろ抑圧する者は、神と出会うことを待ち望むべきではない。神、つまり正義の神（詩篇82篇を思い出すように）は、抑圧者に裁きを下す。アモスのメッセージは明瞭だ――〔自らの〕権力や地位を理由に〔その状況を〕悪用するのではなく、本物の正義、シャロームを生む実質的な正義を実践せよ。

　意義深いことに、アモスの批判は、律法の文言――手続き的正しさや合法性――に基づくのではなく、律法の精神また目指すところ――解放とシャローム――に基づく。[1] 例えばアモスは、他者を、明らかにその負債のゆえに、売って奴隷にする者を非難する（2・6）。ところが、律法は人々が債務奴隷として売られることを容認していた。（例えば、出エジプト21章1節以下を見よ。）しかし、ここでのアモスの要点は、そうして売られる者たちが経済的に不利な立場の者たちであり、事実、食べ物を買うことにおいてさえ、不当に差別される状況にあるときに、はたしてそのような実践が正義を推進するのか、ということにある（アモス8・4〜6）。アモスの答えは明瞭だ。すなわち、どの律法が当てはまるか当てはまらないか――手続き的な問い――にかかわらず、その結果は正義――暴力による財産ではなく、人々の間に正しさ（rightness）を実現する実質的な正義――でなければならない。

この正義と義（適正さ）の要求において、アモスは一人だけではなかった。イザヤもまた、正義に関心を持つ。

善を行うことを学べ。
正義を追い求め
抑圧を正せ。
孤児を擁護し
やもめのために弁護せよ。（1・17、RSV）

なぜなら、万軍の［ヤハウェ］のぶどう畑は
イスラエルの家
また、ユダの人々は
［神］が楽しんで植えたもの。
［神］は正義を探しておられたが
しかし、見よ、流血。
義を［探しておられたが］
しかし、見よ、［抑圧される者からの］叫び。（5・7、RSV）

神の期待は、シャローム・ジャスティスが契約の民の間に実現することだった。しかし、彼らが吟味されると、正義ではなく、暴力と抑圧が見出された。アモス書においてと同じく、正義の欠如は、貧しく弱い者たちの扱いによって測られた。すなわち、もしもこれらの人々——孤児とやもめ——がシャロームのうちに暮らしていないならば、正義ではなく抑圧が促進されているのだ。その結果、預言者が肯定的に招いているのは、民が正義を行い、弱き者——孤児とやもめ——の必要に目を凝らし、抑圧される者を解放することなのだ。

預言者の実質的な正義への関心は、イザヤの次の宣言に、その最も明瞭な表現を見出す。

災いあれ、悪評とどろく法の制定者たちに
暴虐な命令を布告する者たちに。
彼らは不遇な者に正義を拒み
私の民のうちの貧しい者の権利を騙し取る。
彼らはやもめを餌食とし
孤児から強奪する。(10・1〜2、JB)

法の制定過程を支配する者は、自らの利益のため、そして政治的意識決定に力も声も持たない人々に害を及ぼすために、法律を作ることができる。その結果、法律はあまりにも容易に、力なき者、不利な立場の者たちを損ない、権力と優位性を持つ人々に益をもたらしてしまう。持てる者には利益をもたらすが、解放することもシャロームに至ることもない、この法的性質（legality）こそ、イザヤが糾弾したものなのだ。むしろ、抑圧され、力なき人々が解放され、幸福を得られるようになるためには、適正さ（rightness）を実現する正義こそが履行されなければならない。

他の預言者からも、ミカ書6章8節のような正義の実践の全体的な要求を引用することで、これらの預言者のメッセージにとって、正義の確立がいかにその中枢にあったかをさらに例示することができるだろう。加えて、社会的抑圧の個々の事例が非難されている多くの具体的な章句に言及することもできる（イザヤ1・10〜17、10・1〜2、3・13〜15、ミカ3・9〜12、6・11〜12、ホセア12・7〜9、エレミヤ21・11〜12、7・3〜7を見よ）。しかし、ここではもう一つ、特別に王に対して向けられた裁きの演説であるエレミヤ書22章3〜5節だけを引用する。

〔正義（justice）〕と〔義（righteousness）〕を行い、かすめ取られている者を、虐げる者の手から救い出せ。〔また〕寄留者、〔孤児〕、〔寡婦〕を苦しめたり、〔暴行を加え〕てはならない。また、咎なき者の血をここで流してはならない。〔というのも、〕もし、あなたたちがこの言葉を忠実に行うなら、ダビデの王座に着く王たちは車や馬に乗り、彼らも、その家来も、またその民も、この家の門の内に入ることができる。しかし、もしこの言葉を聞かなければ、わたしは自分にかけて誓うが――主のことば――この家は必ず廃墟となる。〔RSVに合わせて調整〕

命の道と死の道とが、王の前に置かれた。すなわち、シャローム・ジャスティスを行い、生きよ。〔そうすれば〕王朝は存続する。それとも、現在の状態を継続するならば、終わりが確実に来る、と。しかし、エレミヤ書22章13〜17節が示すように、王は不正義と利益、贅沢、派手な浪費にしか関心がなかった。神のメッセージを伝達するエレミヤにとって、このことの意味は、神の裁きが来るということでしかなかった。なぜなら、神の立場は、あらゆる抑圧に反対し、シャロームを求めるものだからだ。

紀元前八世紀の預言者のメッセージに関するこの短い調査からわかるように、彼らはイスラエル社会において不利な立場に置かれている人々、すなわち貧しい者、寡婦、孤児、非市民（外国人〔寄留者〕）に、何度も繰り返し言及する。正義を促進することは国の義務であるため、最も困窮している人々は、支配層がその役職の義務をどれだけ良く果たしているかを読み取るバロメーターだった。その結果、社会の中の資源の分配が、その政治制度がどのように機能しているかを知るための基本的な試験となった。というのも、エリート層は、現行のシステムから利益を得ると同時に、またその国家を統治してもいたからだ。[2] このことは、不正義について預言者が挙げる例のほとんどが、なぜ経済的領域のものなのかを説明する。それは、この領域においてこそ、資源の分配が適正か不適正かが最も明瞭に見えるからにほかならない。ここにおいてこそ、誰がそのシステムの勝者で、誰が犠牲者かが明白になる。それゆえ、預言者的批判は、同時に経済的なもの――不適正な分配――であり、政治的なもの――正義の欠如――でもあったのだ。この観点から、経済と政治は不可分だと考えられる。

軍事力と正義

預言者は、抑圧を非難し、正義を要求する以上のことをした。彼らはまた、不正なステータスクオー〔現状維持の体制〕を存続させる軍事力の行使を批判した。預言者は、その批判の中で、軍事力を偶像礼拝と結びつけた。ホセアは、イスラエルが心を変えて、その民が不正を告白し、「アッシリアは私たちを救えません。私たちはもう馬に乗らず、自分たちの手で造った物に『私たちの神』と言いません。〔孤児たち〕があわれまれるのは、あなたによってです」、と告白する日を見据えている（ホセア14・3〔RSVに合わせて調整〕）。彼が含意しているのは、将来、民が外国との同盟関係、軍事力、および偶像礼拝をすべて同時に放棄する、ということだ。その後に、真の神、ヤハウェこそが最下層階級の人々を世話するシャローム・ジャスティスの神だ、ということを想起させている。ここに、国家の真の強さがある。（イザヤ30章1～5節、15～16節、31章1～3節にある感情を掻き立てるような章句も見よ。）

同様に、イザヤ書2章6～8節およびミカ書5章9～14節でも、馬と戦闘馬車、要塞、その他の軍事装備品が、占いや偶像礼拝、経済的抑圧を含むリストの中で言及されている。軍事力と偶像礼拝は、どのように抑圧と関係しているのだろうか。

経済的、政治的ステータスクオーを存続させるために使われる軍事力は、シャローム・ジャスティスの神経を切断するものだ。それは、支配者やエリート層に利益を与える社会秩序にてこ入れし、彼らが最下層階級の運命を改善する動機を与えることはほとんどない。この政策は、いとも簡単に、国家の運命は正義にではなくその軍隊にかかっている、という見解を強化してしまう。預言者にとって、そのような〔軍事力への〕依存は、明らかに偶像礼拝——神と、正義を求める神の要求とが、政府の決定において実際には何の違いも生まない国家的無神論——と同じことだった。それゆえ、預言者にとっては、彼ら〔支配者たち〕の抑圧と、彼らがその権力を得ている軍事力の両方の上に、神の裁きが下るのだ。あるいは、その一方で、正義が王の支配の基盤だったことから(エレミヤ22・1〜5)、それ以外のいかなるものに頼ることも空虚な希望であり、裁きが臨むことは確実だった。

〔お前たち〕は悪を耕し、
　不正を刈り取り、
　偽りの実を食べた。
それは〔お前たちが〕自分の〔戦車〕に、
　自分の勇士の数に依り頼んだからだ。
〔それゆえお前たち〕の民の中で戦塵が起こり、

〔お前たちの〕要塞はみな滅ぼされる。
（ホセア10・13〜14）〔RSVに合わせて調整〕

イザヤ書30章12節でも、これと同じ関連づけがなされている。

この視点から、国家の軍事力への依存と不正義の存在の間に、ある関連性を見出すことができる。その一方で、シャローム・ジャスティスの実践と軍事力使用の減少もまた、連動することが期待できるだろう。後者の場合には、軍事力と権力によって最下層階級を押さえつけ続けるのではなく、むしろ彼らの必要が満たされることになる。支配（domination）ではなく、正義こそが政治的力の鍵となるのだ。このことは、下のように図示できる。

したがって、預言者が見出したことは、国家が支配のため、また自らの維持のために軍事力に依存し、正義を無視するところには、シャロームは存在できない、ということだ。強さはシャロームをもたらさない。正義が〔シャロームを〕もたらすのだ。そして、正義が否定されるところには、裁きが伴う。というのも、抑圧は、シャロームを願う神の裁きの下にあるからだ。長期的には、軍事的強さは、正義を実践しない国家を存続させることができない。

＋　暴力	－　暴力
－　正義	＋　正義

シャローム対「シャローム」

ところで、古代イスラエルの預言者すべてが、社会の不正義、暴力、健康の欠如が最終的にこの国の陥落と破滅をもたらすという考えに同意していたわけではない。中には、事態は好転しシャロームが訪れると考える者たちもいた。多くの場合、多数派は事態は大丈夫になるということに同意したが、その一方で少数派、場合によってはたった一人の預言者だけが事態を異なって捉え、シャロームではなく破滅を預言した。この違いは、「シャローム」の預言者たち、つまり偽預言者たちに対して、エレミヤが向けた非難に見て取れる。

なぜなら、身分の低い者から高い者まで、
　みな利得を貪り、
預言者から祭司に至るまで、
　みな偽りを行っているからだ。
彼らはわたしの民の傷をいいかげんに癒やし、
　「平和だ、平和だ」と言っている。
平和のないところで。」（6・13〜14）〔RSVに合わせて調整〕

〔ヤハウェ〕は私に言われた。「この民のために幸いを祈ってはならない。彼らが断食しても、わたしは彼らの叫びを聞かない。彼らが全焼のささげ物や穀物のささげ物を献げても、わたしはそれを受け入れない。かえって、剣と飢饉と疫病で、彼らを絶ち滅ぼす。」私は言った。「ああ、主〔ヤハウェ〕よ。ご覧ください。預言者たちは、『あなたがたは剣を見ず、飢饉もあなたがたに起こらない。かえって、わたしはこの場所で、まことの〔平和〕をあなたがたに与える』と人々に言っているではありませんか。」〔ヤハウェ〕は私に言われた。「あの預言者たちは、わたしの名によって偽りを預言している。わたしは彼らを遣わしたこともなく、彼らに命じたこともなく、語ったこともない。彼らは、偽りの幻と、空しい占いと、自分の心の幻想を、あなたがたに預言しているのだ。（14・11〜14）〔RSVに合わせて調整〕〔エレミヤ23・7、27・9、14・18・8も見よ。〕

偽預言者たちは、当時の不正な社会秩序に関与していたことで、シャロームと社会的不正義の存在を調和させることができたのだろう。〔彼らにとって〕シャロームは、おそらく国の正義よりも、むしろ国の安全保障の問題と考えられていたのだ。エレミヤにとっては、不正義の後に続くのは、シャロームではなく破滅だった。シャロームは単純明快に、現体制の抑圧とは共存しない。民が〔態度を〕変えて正義のために活動するか、それとも国が破壊されるかのどちらかしかない。（先ほど引用した、王に対するエレミヤのメッセージを思い出してほしい。）どちらにせよ、変化は迫っていた。というのも、必要以上のものを持つ富む人々の傍らで、貧困と抑圧の中に暮らす貧しい人々がいる、ということが不正な状況だったからにほかならない。この事態は、「シャローム、シャローム」（平和だ、平和だ）と言いながら、国を保つために自国の軍隊や外国との同盟関係に信頼することによっては、修繕できないのだ。

エゼキエルもこの見解を繰り返しており、「シャローム、シャローム」と言って、事態を単に隠蔽するだけの偽預言者を叱責する（エゼキエル13章）。実質的な社会正義が実践されていないところには、シャロームはあり得ない。（シャロームの意味についてのより詳細な議論については、真の預言者と偽りの預言者の論争に関連するので、本書第2章を参照せよ。）

明らかに、「シャローム」の預言者たちは最下層階級を抑圧することから利益を得ていたため、シャロームは国家の幸福と、国家の活動から利益を得ている人々の幸福とを意味するようになっていたのであり、最下層階級を含む国全体の幸福ではなかった。抑圧によって繁栄する国家の「シャローム」が、貧しい者、抑圧されている者のための解放と実質的正義に根ざす神のシャロームに取って代わってしまったのだ。そのような諸国家に対して、真の預言者は神の裁きを宣言した。この文脈において、そのような国家の「シャローム」を支える宗教は、神のシャロームに真っ向から対立する。それは、正義と幸福の遂行者ではなく、むしろ偽りの宗教だ——神からのものではない（エレミヤ23・9～40）。

この預言者間の論争から明らかなように、宗教は必ずしも解放をもたらすものではない。偽預言者が例示するように、宗教指導者たちも諸機関もまた利益を得、実際に非常に裕福になることができたため、彼らは正義とシャロームのために働く人々に反対して、抑圧者のほうを支持する声を上げることになる。彼らは多くの場合、持たざる者、力なき者と共にではなく、むしろ持てる者、力ある者の側に立つ。その結果、宗教は多くの場合、弱い者また持たざる者を犠牲にして、裕福な者、持てる者を支持する保守的勢力になってきたのだ。シャロームをつくり出す者たちは、この聖書的信仰の曲解に反対しなければならない。

国家再考

何が間違ったのだろうか。前章で見たように、国家はシャローム・ジャスティスの手段であるはずだった。それは混沌、腐敗、そして不正義に終わりをもたらすことによって、民を治める義務を負っていた。安全を提供する義務を負っていたのだ。その代わりに、国家は不正義の手段となってしまったか、あるいは少なくとも、正義を促進する行動を取らなかった。正義の正当な秩序を促進するのではなく、むしろ秩序維持のために軍事力の使用に頼ったのだ。その結果、安全を促進する代わりに、国家は国内的にも対外的にも不安定をもたらした。国家を求めた民の希望は、なぜ実現しなかったのだろうか。なぜ国家は、実質的な正義を行うことによって国土にシャロームを促進することに基づく、自らの理想的土台を成就しなかったのだろうか。

これらの問いへの答えは、二つの部分からなる。私たちはまず、社会的複雑さの増大と、前章で論じた国家の出現の結果として国土に起こった経済的変化を理解する必要がある。その後に、この経済的変化に対する国家の関係を見る必要がある。

新しい経済状況

王制の出現とともに、また直接それに続いて、新しい経済制度および精神性が出現したが、それは社会正義に反して作用した。この新しい経済制度の出現の理由は、前章において概略を描いた王制によってもたらされた変化がその根底にあると考えられる――すなわち、俸禄《ほうろく》地所の出現において、土地が都市部のエリートのために搾取される資源となったこと、首都に、またおそらく他の諸都市にも、資源を集中するようになった国家を支えるために、税を集める必要性が生じたこと、そして、抑制と均衡を欠いた仕方で、また伝統的な形態の政府と経済的実践を損なう仕方で、少数者の手中に権力（政治的、経済的、軍事的）が集中したことだ。[3]

このコンテクストにおいて、王たちは、解放する律法とシャローム・ジャスティスを履行すべきだったのだ。それが〔実現していれば〕どのような姿になっていたかは、「改革テクスト」（reform texts）と呼び習わされてきたものから、最も明瞭に見ることができる。（これらの律法については、前段の議論を見よ。）これらのテクストは、以下の確信に基づいている。すなわち、土地および その他の資源は神のものだということ、人々はその管理者（stewards）にすぎないということ、申命記15章9～11節にあるように、資源は共同体の必要を満たすために用いられるべきこと、そしてレビ記25章14～17節、25～28節にあるように、資源に対する権利（titles）は変更されない、ということだ。現在の使用者は管理者なのだから、その資源は共同体内の他者による使用に対して開かれている。落穂拾いの律法はその一例だ。資源は所有者の独占的使用のためのものではなく、その生産物は所有者自身の消費のためだけのものではない。持てる者から必要とする者に対して、分配がなされるべきだった。

しかし、人々が自らを所有者と見なすようになったことで、彼らは土地とその他の資源を自分たち自身のものと見なし、その生産物を自分たち自身の排他的権利と見なすようになった。俸禄地所の所持者の場合は、その地所は王が彼らに与えたものだったため、その所有権（title）を譲渡することができた。それは、彼らが都市の環境で自らを支えるために、彼らが使用する目的で与えられたものだった。彼らは贅沢品や名誉〔の徴〕の物を獲得することに関心があったので、その生産物を交換することを欲していたのだ。（アモス3章14～15節および6章1～6節におけるアモスの発言を見よ。）

貧しい者と富める者の格差は、一層拡大した。社会において、貧困と富裕が隣り合って存在することが予期されるようになった。それが当たり前のことだと考えられた。なぜなら、最下層階級は、土地のような、かつては奪われることのない権利を持っていた経済的要素そのものを奪われるようになったことで、今やそこから抜け出す手段を失ったからだ。土地を奪われ、市場で食料を買うことを強いられて、彼らは実際に、行き場のない奴隷になったのだ（アモス2・6、8・4〜6）。

　この展開の意味するところは、律法に見出されるシャロームの経済学の基本的価値観および諸前提を、エリート層によって実践されていた富の経済学と、概略的な仕方で比較対照するときに、より一層明らかに見て取れる。次頁の表が示す概略は、シャロームの立場の経済学を、改革法制とその他のいくつかの律法に基づいて素描する一方で、富の経済学は、その大部分を預言者の否定的な批判から特定されている。

シャロームの経済学と富の経済学の諸原則

　社会正義がもはや行われなくなったときに、なぜ王たちは状況を改革するために介入しなかったのだろうか。なぜ国家は、シャローム・ジャスティスを履行するために行動しなかったのだろうか。この問いに答えるために、国家の性質やそれがどのように出現するかについて、現代の社会を研究した人類学者たちによって示唆されているいくつかの見解を概観することにしよう。

国家の発展

　ある見解によれば、生産単位がもはや消費単位ではなくなるとき、国家が出現する。この変化が士師たちの時代と王たちの時代の間に起きたことは、前章で見た。この場合、社会は二つの階級に分かれる傾向がある。すなわち、余剰を生産するために動員される人々と、その余剰を必要としていた人々だ。国家は、これら二つの階級間の関係を規制するために介入する。したがって、国家は、社会がより複雑で多様になるに応じて、内的緊張を解決するために出現すると考えられる。理論上、国家は多様な集団間の平等を維持することによって、社会の中のすべての人々を援助すべきものだ[4]。

国家は、社会の中において諸関係を規制する権力を持つ。なぜなら、「真の国家は、……統制のかの特別な形態、すなわち、その使用のた

シャロームの経済学と富の経済学の諸原則

		シャロームの経済学	富の経済学
1	生活資源の所有権	神が所有、民が利用 レビ25:14-17,25-28,29-31; 申命15:7-8	民が所有：他者の権利の排除 イザヤ5:8
2	資源へのアクセス	解放：落穂拾い、安息年の律法 出エジプト23:10-11; 申命15:7-11	閉鎖、所有者の排他的権利：資源の集中　イザヤ5:8
3	消費	必要に基づく：余剰による欠乏の均衡 申命14:28-29; 15:1-11	自己増大に基づく アモス6:1-6; 3:15
4	分配のメカニズム	不均衡な互恵性：必要に基づく —持てる者から持たざる者へ ２コリント8:14; ルカ6:27-36	収益のための交換、与えるよりも得ることに基づく：持たざる者から持てる者への流れ　アモス8:4ff; 2:6-8
5	基本的な姿	十分にある：神への信頼と依存 ２コリント9:8,10-11	不足、それゆえ利己的備蓄：安全保障は将来への蓄え　アモス3:10
6	基本的価値	豊かさは、生活維持の仕事に対する余暇により測定される	豊かさは、他者よりも多く持つことに基づく　アモス6:1-6
7	余剰の処理	必要とする者へ　２コリント8:14; 申命14:28-29; 15:1-11	分離された階級を支えるために蓄積する　アモス4:1; 6:1-6
8	目標	有限：全員の生活維持 申命15:1-11	無限：富は、いくらあっても民には足りない　アモス8:5-6
9	結果	a. 資源の管理 b. 正義、欠乏や抑圧される者の不在 申命15:4; 使徒4:32-34; 11:27-30; 2:43-46 c. 制度維持のために必要な軍事力は最低限	a. 資源の搾取 b. 階級の分離：貧困のただ中の富 c. 階級の分離を維持するための抑圧と軍事力の増大

めに合法的に構成された一群の人員による威力（force）の継続的脅威により、……特徴づけられる。〔部族間の〕反目におけるような人的威力（personal force）はあらゆるレベルに見られるだろうが、国家においては、それが特定の人々のみによる独占となる」[5]。この威力は、正義を維持し、また促進するために用いることができる。しかし、階級間の関係を規制する責任は、秩序を維持することとして狭く定義され得る。この見解は、国家が真の正義の手段となることに対してつまずきの石となる。それは、フリードが次のように書いているとおりだ。すなわち、「全般的秩序を維持するという問題の中心には、階層化の中心的秩序――基本的資源へのアクセスによって人口の諸範疇を階層化すること――を擁護する必要がある。[6]」その結果、国家は、秩序を維持することに関与するがゆえに、正義を、生活資源への不平等なアクセスの秩序を維持する、手続き上の正義として定義するように絶えず誘惑される（あるいは強要される？）ことになる。それゆえ、国家はしばしば、あるいは大抵の場合とさえ言えるほど、ある人々の利益のために作用し、社会の中の他の人々に対して〔不利に〕作用するようなステータスクオー（現状維持の体制）を、正義の名の下に擁護する結果に終わってしまうのだ。

これが、イスラエルに起こったことのように見える。前章で挙げたＩサムエル記25章1～11節の事例を使うなら、そこには、エリート層に属する裕福な牧羊家ナバルと、経済的に収奪された人々によって構成されるダビデ団の若者たちの間の対決物語がある（Ｉサムエル22・2～5）。この出会いには、明らかに、二つの経済階級が代表されていることが見て取れる。すなわち、ナバルは、膨大な資源を統制し、その結果、贅沢に暮らすことができた人々を代表する一方で、ダビデの部下たちは、経済的理由による逃亡者（fugitives）だった。彼らはナバルからの贈り物を要求していたが、それはナバルの羊の群れが彼らの領域にいたときに、彼らはその群れに一切手出ししなかったからだ。ナバルは支払いをしたがらない。これには二つ理由がある。第一に、多くの僕たちが、その主人たちに対して反逆していたからだ――農奴たちの間に、主人たちに対する不満が広く蔓延していたようだ。第二に、彼は、自らが所有し働いていた資源から収入を得ていたからだ。つまり、彼はなぜ、見ず知らずの働いてもいない連中に自分の生産物の一部をくれてやらなければならないのか（富の経済学?）。明らかに、持てる者と持たざる者の間のこの闘争は、解決を必要としていた。これが、国家に対する希望の一つだったのだ。それは国内の正義を促進するはずだった（Ⅰサムエル8・1～3）。

しかし国家は、それがイスラエルに出現したとき、この問題に取り組み、資源へのアクセスを解放することによって社会正義のために行動するどころか、それ自体がエリート層の一部となり、彼ら自身の利益のために運営されるようになってしまった。王および宮廷の役人たちが、主要な土地保有者になってしまったと考えられる。エリート層に利益をもたらしたものは、彼らをも潤した。この状況において、ごく少数の者の手中に流れ込む資源の流れと、多数の者たちの貧困の犠牲の上に成り立つ個人の富の増大とを食い止める誘因は、彼らにはほとんどなかった。

この展開は、当然ながら反発を引き起こさざるを得なかった。この展開に対しては、二つの型の反応が典型的だった。一つは反動的なものとして分類される。すなわち、ここでは、それはよりシンプルな時代、つまり国家以前の時代に戻る試みとなる。イスラエルでは、この動きは、過ぎ去りし時代の生活様式を維持していたレカブ人によって代表されていたのだろう(エレミヤ35章を見よ)。これは、例えば王権が背教と同一視されているIサムエル記8章のような、聖書における一定の反王権感情の立場も代表していたと考えられる。この見解では、真の信仰は王権の不在の状況においてのみ可能となる。[7]

他方、もう一つは国家に同調する。すなわち、彼らは国家それ自体を拒絶するのではなく、むしろ国家を改革しようとする。彼らは国家を価値あるものと見なすが、それでも異なる仕方でパイ〔資源〕を分配しようとする。[8] これは預言者の立場を代表すると考えられる。彼らは、統治していた王たちの不正な実践には反対していたが、王権それ自体に反対していたわけではない。エレミヤ書22章1~5節は、この関心のよい事例だろう。エレミヤは王の前に選択肢を置く――正義を行うことを選び取るならば、王はイスラエルを治め続けることができる。あるいは、不正義を行い続けることを選び取るならば、王朝は終わりを迎えることになる。ここにあるのは、王権の制度に対する反対はなく、むしろそれが実践される仕方に対する〔反対〕なのだ。決定的な鍵はシャローム・ジャスティスだ――もしも国家が、平等を履行し、また維持し、力なく貧しい者たちを援助するためにその権力を用いているなら、国家の運営は大丈夫(okay)なのであって、そこにはシャロームがあり得る。しかし、もしも国家が、主として手続き的正義に従って運営され、富める者と貧しい者との間の分離を維持するためにその権力を用いているなら、国家が〔本来〕そうあるべき仕方で運営されるために、国家はつくり直されなければならない。

国家とシャローム

イスラエルにおける王権の発展について、文化人類学における現代の研究を背景に見ながら、実際には不十分ながら、手短に歴史的概観を行ったが、そこから以下のことが理解できる。すなわち、国家は理論上シャロームに反するものではないが、それでも、持たざる者〔の利益〕に反して持てる者〔の利益〕を促進し保護する、法と秩序型の正義（law and order justice）を維持する方向に容易に取り込まれ得る。この社会的不正義の維持は、すでに論じたように、国家がそれ自体と階層化の中心的秩序とを維持するために、暴力と軍事力（force）に対する許容度を増大させる方針を採用する必要性へとつながる。不平等を維持するためのこうした軍事力の使用は、当然ながら、国内的にも、また対外的に国際的な場面においても同様に、あらゆるレベルで行われ得る。

事態のこの状況はシャロームとは正反対であることから、シャロームをつくり出す者たち（shalom makers）は、こうした階層化や資源の集中を保護し維持するすべての国家に対して反対しなければならない。シャロームをつくり出す者は、この反対において、無政府主義にも国家以前の社会への回帰にも賛同しない。そうではなく、預言者たちと同様に、平和づくりをする者は、シャロームを求め、抑圧に反対するように作用する政治的経済的制度を支持するのだ。

シャローム・ジャスティスと経済の問題が、個人のレベルでは解決できない構造的問題であることが、ここまでのところですでに明らかになっていることを期待する。国家こそが、まさにこの必要を満たさなければならない社会的構造また組織の形態にほかならない。それゆえ、シャロームをつくり出す者の一つの目標は、政治的制度とその制度を運営する人々を変革して、実際にシャローム・ジャスティスを目指す国家が出現するようにすることだ。この変革が、いかなる状況においてどの程度起こり得るかは、未解決の問いだ。それでも、明らかだと思われることは、私たちが社会の中で実質的な社会的正義の実現に向かって動かない限り、シャロームに向かって動いて行くことはできないということだ。同じく明らかだと思われることは、このこと以上に、私たちが不正義の実践をただ座って見て済ませている限り、また、私たちがそこから利益を得ている場合には特に、私たちは自分がシャロームに賛成しているなどとは言えないはずだ。シャロームをつくり出す者は、抑圧の政治を、解放とシャロームの政治に変えることに関与しなければならない。

メシア待望

預言者たちの将来のヴィジョンは、現状に対する彼らのこうした批判を背景にしてこそ理解できる。彼らは、支配するエリート層に対して、正義を提供する責務と、社会の最も弱い要素がどの程度その必要を満たされているかによってそのことが測られることを繰り返し思い起こさせたにもかかわらず、彼らの訴えが聞き入れられなかったことを私たちは知っている。

したがって、短期的には、預言者たちはその国家の上に破滅が臨むことを預言した。というのも、神の裁きはシャローム・ジャスティスの道を阻む者たちの真上に下るからだ。しかし、長期的には、預言者たちは神の民に対して異なる将来を希望していた。

預言者たちが将来を見つめた際には、いつの日か、正義を求める神の意志を履行する一人の王が出現する、という希望を抱いていた。彼らはそうした章句において、王としてなすべきことをする新たな王のヴィジョンを表現する。言い換えると、彼らのヴィジョンは、国家の正当な機能についての彼らの現在の理解を、将来に投影したものだった。つまり、現在の批判が将来の希望の根拠だったのだ。[9]

この関連で、これまでしばしば指摘されてきたことに注意を向けるべきだろう。預言者は、農民の反乱を要求せず、新たな政府制度も要求しなかった。彼らにとって、制度が問題だったのではなく、正義が問題だったのだ。もしもある政府がシャローム・ジャスティスを支持して、最下層階級が助けられるようにしているなら、その政府は正しい道を歩んでいる。[10] もしそうでなければ、その政府は糾弾される。問題はその制度がどのように運営されていたか――その結果――だったのであり、制度それ自体の種類ではなかった。しかし、明確に理解すべきことはこれだ。国家に対する預言者の批判と来るべき国家の破滅とは、国家が本来あるべき仕方で運営されるという預言者たちの将来のヴィジョンと共々に、不正義を行いまた推進する仕方で運営される国家は正義に適って機能する国家に変革されるか、さもなくば滅ぼされなければならない、ということを含意しているのだ。

この将来のヴィジョンは、しばしばメシア的ヴィジョン、あるいはメシア待望と呼ばれる。ヘブライ語聖典において、英語で messiah となっている単語メシーアハ（*meshiach*）は、油を注がれた人物を指す。通常、それはダビデやサウルのような、イスラエルないしユダの王に使用される。なぜなら、王となる儀礼的手続きの一部が、油を注がれることだったからだ。いくつかの箇所で、メシアは大祭司にも用いられているが（レビ4・3、5、16）、それはおそらく、大祭司もまた、任職儀礼の一部として油を注がれたからだと考えられる。王は油注がれた者であるため、またこうしたヴィジョン的章句が、将来における王的存在について語っているため、こうした章句はメシア的と呼ばれる。

一連のメシア的章句は、捕囚期前の預言者、特にイザヤに始まり、捕囚期の預言者において継続し、さらに捕囚期後の預言者にまで至る。以下にこれらの預言者たちから複数の例を挙げることで、その味わいを示してみたい。

助言を与え、
〔正義〕を〔認〕めよ。

あなたの影を夜のようにせよ。
　昼のさなかにも、
散らされた者をかくまい、
　逃れて来る者を〔裏切る〕な。
モアブの散らされた者を、
　あなたの中に宿らせ〔よ。〕
〔彼ら〕の隠れ家となれ〔、〕
　〔滅ぼ〕す者から〔。〕
虐げる者が死んで
　破壊も終わり、
踏みつける者が
　地から消え失せるとき、
一つの王座が恵みによって堅く立てられる。
　ダビデの天幕で真実をもって座すのは、
さばきをし、〔正義〕を求め、
　速やかに義を行う者。（イザヤ16・3～5）〔RSVに合わせて調整〕

見よ、その時代が来る。――〔ヤハウェ〕のことば――そのとき、わたしはダビデに一つの正しい若枝を起こす。彼は王となって治め、〔賢く振る舞い〕、この地に〔正義〕と義を行う。彼の時代にユダは救われ、イスラエルは安らかに住む。「〔ヤハウェ〕は私たちの義」。それが、彼の呼ばれる名である。（エレミヤ23・5～6〔RSVに合わせて調整〕）

娘シオンよ、大いに喜べ。
　娘エルサレムよ、喜び叫べ。
見よ、あなたの王があなたのところに来る。
　義なる者で、勝利を得、
柔和な者で、ろばに乗って。
　雌ろばの子である、ろばに乗って。
わたしは戦車をエフライムから
　軍馬をエルサレムから絶えさせる。
戦いの弓も絶たれる。
　彼は諸国の民に平和を告げ、
その支配は海から海へ、
　大河から地の果てに至る。（ゼカリヤ9・9～10）

これらの言葉の中に、預言者たちの批判の連続性が容易に見て取れる。特に、正義と義の主題が注目に値する。この主題は、すでに見たように、とりわけ、民と国家とに対峙する中で正義と義を強調した捕囚期前の預言者たちによって力説されている。そこにはまた、王の正しい統治によってもたらされる平和の響きもある（イザヤ9・1～6、11・1～9、32・1ff、15～17、ミカ5・2～4a、エレミヤ33・14～18も見よ）。

捕囚期および捕囚期後の預言においては、神の裁きとして理解されたエルサレムと神殿の破壊を受けて、ゼカリヤ書の章句に見られるように、強調点はより平和に置かれる傾向がある。この平和は、イスラエルを取り巻く国々からのイスラエルの救出の行為として、何よりもまず神によってもたらされる（エゼキエル34・23～24、37・22、24～25、ハガイ2・21～23、ゼカリヤ6・9～14も見よ）。

王的存在が言及されるこれらの章句の他にも、預言者たちの将来への期待と関連する別の二つのタイプの章句がある。

終わりの日に、
　主の家の山は
山々の頂に堅く立ち、
　もろもろの丘より高くそびえ立つ。
そこにすべての国々が流れて来る。

多くの民族が来て言う。
「さあ、［ヤハウェ］の山に上ろう〔、〕
ヤコブの神の家に。
主はご自分の道を私たちに教えてくださる。
私たちはその道筋を進もう。」
それは、シオンから〔律法（トーラー）〕が、
エルサレムから［ヤハウェ］のことばが出るからだ。
主は国々の間をさばき、
多くの民族に判決を下す。
彼らはその剣を鋤に、
その槍を鎌に打ち直す。
国は国に向かって剣を上げず、
〔二度と〕戦〔争〕を学ばない。〔イザヤ2・2〜4、ミカ4・1〜3〕〔RSVに合わせて調整〕

私たちはすでに2章でこの章句を引用したので、ここでは、それがどのように預言者の一般的なメシア期待と結びついているのかについて、手短に記すことにとどめたい。ここには、仲介者としての王への言及はない。その代わりに、強調点は、聖なる都と神殿から顕現する神と神の主権とに

置かれている。これもまた王的イデオロギーと結びついているが、それは首都が王の玉座の場所であるだけではなく、神の玉座の場所でもあるからにほかならない。イメージはこのように変更されるものの、強調点は同一のままだ。すなわち、神の将来が到来するときには、正義と平和がなされるのだ。[11]

将来への希望が見られる二つ目のタイプの章句は、神の意志を行う僕《しもべ》的存在を中心とする、イザヤ書40～55章にある一連の詩の中に見出される。正義の主題を最も明確かつ強力に表現している詩は、イザヤ書42章1～4節だ。

見よ。わたしが支えるわたしのしもべ、
　わたしの心が喜ぶ、わたしの選んだ者。
わたしは彼の上にわたしの霊を授け、
　彼は国々に〔正義（ミシュパト）〕を〔もたら〕す。
彼は叫ばず、言い争わず、
　通りでその声を聞かせない。
傷んだ葦を折ることもなく、
　くすぶる灯芯を消すこともなく、
真実をもって〔正義〕を〔もたらす〕。

衰えず、くじけることなく、
ついには地に〔正義〕を確立する。
島々もその〔律法（トーラー）〕を待ち望む。

この人物はここでは僕と呼ばれているが、その将来の希望は類似している。つまり、神の意志は正義を通して実現されるのだ。この章句における正義の正確な意味をめぐっては、多くの議論がなされてきた。それは、征服され囚われた状態の民であるイスラエルの運命と何らかの関係があり、さらに、彼らの解放者また回復者としてのキュロス〔王〕の役割とも関係があるように思われる。この文脈において、ヘブライ語の単語ミシュパト（*mishpat*）は、訴訟ないし手続き上の正義という法廷的な意味を持つというよりも、むしろ誰かのためになされた決定、ここではイスラエルにとっての実質的正義のためになされた決定という意味を持つと考えられる。神は、イスラエルを解放し回復させる計画を持っているのだ。この僕はその計画を告知し、それによって、イスラエルの神こそただ一人の神だという知らせをすべての人に提供する。それは、イスラエルの神だけが、力なき民を彼らの征服者から解放するために行動することができるからにほかならない。これが、この僕の正義なのだ。

次章では、イエスのミニストリーと教えへと進んで、預言者が抱いていた、いつの日か、貧しく抑圧された者のために正しく支配する人物が現れ、その支配を通して神の意志が実現し、人々の間でシャロームが経験されるようになる、という期待に照らして、それらを考察することにしよう。

私たちにとって、預言者のヴィジョンに関して重要だと思われることは、平和づくりをする者が、神は確かにシャロームを意図しているという確信において生きる、ということだ。このシャロームが実現される一つの方法は、国家による正義の実践を通してだ。先ほど見たように、事実、正義が神の支配にとって基礎的なものだったように、正義は国家にとっても土台なのだ。しかし、私たちはまた、国家がいとも簡単に、力なき者〔の利益〕に反して力ある者たちの側に味方し、持たざる者に反して持てる者の側に味方することも見てきた。この文脈において、シャロームをつくり出す者は、不正な法に抵抗することによって、また真のシャローム・ジャスティスの実践に向けて労することによって、闘争するのだ。

私たちの闘争にもかかわらず、現代において正義は常に実現されるわけではないが、私たちは希望を諦めてはならない。むしろ、歴史のより長期的な展望の光のうちに生きるべきなのだ——解放と正義が拒否されることはない。それらは神の計画の中にあるからだ。神の決断は、この僕が宣言するように、正義を支持する。それゆえ、弱さにもかかわらず——捕囚期のイスラエルのように——シャロームをつくり出す者は、歴史がどうあるべきかの画像を指し示すことによって、現在の現実を変革しようと闘争するのだ。

1　Eryl W. Davies, *Prophecy and Ethics: Isaiah and the Ethical Tradition of Israel* (Sheffield: JSOT Press, 1981) は、イザヤ書における類似の題材に関する研究において、イザヤのメッセージを、現行の聖書にある律法に基づいて説明することはできないと結論づける。実のところ、イザヤが糾弾した実践の多くは、その社会において法的な基盤があったのだろう。同じことはアモスにも当てはまる。

2　イスラエル社会における経済、政治、軍事的要素の結合に関する研究としては、John A. Dearman, "Property Rights in the Eighth-century Prophets: The Conflict and Its Background," PhD. dissertation, Emory University, 1981 を見よ。

3　資源の集中、およびイスラエルの政治制度の抑制と均衡の提供失敗によって、法律およびその執行制度が実質的正義の手段ではなく、むしろ富の集中を生み出すためのエリート層の道具となったことについては、前段に言及した Dearman〔本章注2〕および Davies〔本章注1〕の著作を見よ。また、Bernhard Lang, "The Social Organization of Peasant Poverty in Biblical Israel," JSOT 24 (1982): 47-63 も見よ。

4　Lawrence Krader, "The Origin of the State Among the Nomads of Asia," in *Pastoral Production and Society*, (Cambridge: Cambridge University Press,1979), pp.221ff.

5　Elmer Service, *Primitive Social Organization: An Evolutionary Perspective* (New York: Random House, 1962), p.171.

6　Morton H. Fried, *The Evolution of Political Society: An Essay in Political Anthropology* (New York: Random House, 1967), p.229.

7　聖書における王権に対する賛否の議論については、Frank Crusemann, *Der Widerstand gegen das Königtum: Die antiköniglichen Texte des Alten Testamentes und der Kampf um den frühen israelitischen Staat*

(Wissenschaftliche Monographien. Neukirchen-Vluyn: Neukirchener Verlag, 1978) を見よ。

8　Richard N. Adams, "Rural Collective Action and the State: A Discussion," in *Forging Nations: A Comparative View of Rural Ferment and Revolt*, eds., J. Spielberg and S. Whiteford (East Lansing: Michigan State University Press, 1976), pp.150-67.

9　預言者の将来のヴィジョンが現在の王制イデオロギーの延長だったことについては、Moshe Weinfeld, "Zion and Jerusalem as Religious and Political Capital: Ideology and Utopia," in *The Poet and the Historian: Essays in Literary and Historical Biblical Criticism*, ed., Richard E. Friedman (Chico, Calif.: Scholars Press, 1983), pp. 75-115 を見よ。

10　ここで注意事項が二つ必要だろう。第一に、正義を行う王はあまりにも〔通常の王とは〕異なる王であるため、実際には、その王は異なるタイプの政府を代表することになるだろう。第二に、今日、私たちは経済的および政治的領域において多様な選択肢を持っていることから、私たちはシャローム・ジャスティスを最もよく進めるものを選ぶべきだ。

11　首都における王的栄光と神的栄光の相関関係については、Weinfeld, "Zion and Jerusalem" を見よ。彼によれば、この二つのモティーフは古代近東では結びついていたため、将来に関する別々のヴィジョン——例えば、王が存在するヴィジョンと、王が存在せず神が直接支配するヴィジョン——として受け止められるべきではない。したがって、ここで引用した章句における王的存在の不在は、必ずしも非王制的将来のヴィジョンの証拠ではない。

9章　イエス——神のメシア

神の正義とシャロームが地上において実現するという預言者の将来に対する希望は、新約聖書の時代にも生きていた。ルカ福音書の最初の数章、特に賛美の部分において、この期待が輝き出ていることを確認できる。

例えば、マリアに対するイエス誕生の予告において、天使は、彼にダビデの王座が与えられてイスラエルを治めるようになり、その王国には終わりがないと語る。すなわち、これは王的なメシア的存在への期待の明確な証言だ。この王の支配は、まさに預言者たちが思い描いていたように、シャローム・ジャスティスによって特徴づけられるものとなる。

主のあわれみは、代々にわたって
主を恐れる者に及びます。
主はその御腕で力強いわざを行い、
心の思いの高ぶる者を追い散らされました。

権力のある者を王位から引き降ろし、
低い者を高く引き上げられました。
飢えた者を良い物で満ち足らせ、
富む者を何も持たせずに追い返されました。（ルカ1・50～53）

困窮する、力なき者たちへの援助には、イスラエルが敵から自由にされるとの希望が伴った。この解放／救済に続いて、メシアは神への信実と従順とをもたらすことになる（ルカ1・68～79、2・29～32を見よ）。

来るべきメシアへの期待の二つ目の指標は、バプテスマのヨハネに集中する。ルカ3章10～14節、18節において、人々が神の裁きを逃れるためには何をすべきかと尋ねると、彼らは、正義に適って振る舞うようにと告げられる。

群衆はヨハネに尋ねた。「それでは、私たちはどうすればよいのでしょうか。」ヨハネは答えた。「下着を二枚持っている人は、持っていない人に分けてあげなさい。食べ物を持っている人も同じようにしなさい。」取税人たちもバプテスマを受けにやって来て、ヨハネに言った。「先生、私たちはどうすればよいのでしょうか。」ヨハネは彼らに言った。「決められた以上には、何も取り立ててはいけません。」兵士たちもヨハネに尋ねた。「この私たちはどうすればよいのでしょうか。」ヨハネは言った。「だれからも、金を力ずくで奪ったり脅し取ったりしてはいけません。自分の給料で満足しなさい。」……このようにヨハネは、ほかにも多くのことを勧めながら、人々に福音を伝えた。

ヨハネの良き知らせは、シャローム・ジャスティスの良き知らせだった。物を持っている者は、必要とする者を助ける義務を負っていた。他の者たちは、自分が豊かになるためではなく、自らの職務を正義に適って実践するように訓戒された。

このメッセージのゆえに、人々は彼がメシアかどうか不思議に思っていた。このシャローム・ジャスティスの良き知らせの告知において、彼は確かに人々の期待を引き起こしたのだ。

メシアなるイエス

贖いに関する章〔第5章〕で見たように、ギリシア語聖書においてなされているイエスについての基本的な主張は、彼がキリストだったということだ。現在では、私たちは「イエス・キリスト」という表現にあまりにも慣れてしまったため、キリストを固有名詞だと理解している。つまり、イエスの姓（last name）だ。それで、もしもイエスが、姓を最初に書くように指定された用紙に記名する場合は、「キリスト、イエス」（Christ, Jesus）と書くことになる。ところが実際には、もともと「キリスト」は名前ではなく、称号だった。それは、ヘブライ語の単語メシーアハ（*meshiach*）、つまりメシアのギリシア語訳だったのだ。

しかし、一体どの程度まで、イエスが本当にメシアだったと言えるのだろうか。イエスはメシアだったという主張は、純粋に信仰に基づくものだったのか。それとも、確かな証拠がこの主張を支えているのか。贖いに関する章では、この称号が実際にイエス自身に遡ることを示唆した。

それで、この問いを次のように言い換えよう。すなわち、彼の生涯と教えの何が、この主張を信頼できるものにするのか。彼のメシア性の証明書は何なのか。以下の部分では、ルカ福音書が提示するイエス像を用いて、この主張を根拠づける証拠が何かを明示しよう。最終的には、ここに提示される彼の教えと行動は、この主張の枠組みの中で理解できるということを示唆したいと思う。[1]

ルカ4章16～30節には、イエスの就任演説とも呼べるものが見出される。他の共観福音書では、この出来事はイエスのミニストリーのより後のほうで起こっている。（マタイ13章53～58節、マルコ6章1～6節を見よ。）しかしルカは、それをイエスの公生涯の始まりに置くが、それは明らかにこの出来事が、ルカにとって、イエスの目的の基本的声明を含むからにほかならない。この〔ルカ〕版で、イエスは預言者イザヤの書から朗読する。

〔ヤハウェ〕の霊がわたしの上にある。
〔なぜなら、〕貧しい人に良〔き〕知らせを伝えるため、

〔神〕〔が〕わたしに油を注〔いだから。〕
〔神〕〔は〕わたしを遣わされた。
捕らわれ人には解放を、
目の見えない人には目の開かれることを告げ、
虐げられている人を自由の身とし、
〔ヤハウェ〕の〔好ましい〕年を告げるために。（18〜19節）〔RSVに合わせて調整〕

イエスが読んだ章句はイザヤ書61章1〜2a節だ。しかし、この箇所から一つの句、「心の傷ついた者」の句が削除されている。その場所には、代わりにイザヤ書58章6節からの言葉、「虐げられた者たちを自由の身とし」がある。この置き換えによって、強調がイエスのミニストリーの身体的また物質的側面に向けられているように見える。すなわち、私たちはこの「心の傷ついた者」を、霊的必要を持つ人々に言及したものとして読むことにより、イエスのミニストリーを精神化するか、あるいは心理学的に解釈したいのだ。そして、「貧しい者」もまた、霊的に貧しい者という意味に精神化する誘惑に駆られるかもしれない。しかし、「心の傷ついた者」を「虐げられた者たちを自由の身とし」に代えるこの置き換えは、私たちがこの聖典章句を額面どおりに受け止めなければならないことを示しているように思われる。それは、イエスが人々をそこから解放する物質的、身体的問題に言及している。ルカによれば、イエスが自身のミニストリーの開始に際して告知したのは、彼が困窮する人々の身体的必要を満たし、神の働きである解放とシャローム・ジャスティスを行うことをだった。[2]

前章で見たように、この責務は明らかにメシアの職務内容に含まれているものの、イザヤ章61章1〜2節はメシア章句ではない。つまり、それは王的支配者についてのものではないのだ。しかし、そこに設定されている目標がメシアの行為であり、シャローム・ジャスティスに関わることは、明らかだと思われる。

ルカは、シャローム・ジャスティスと解放がメシアとしてのイエスを指し示すことについて、さらなる証拠を挙げる。ルカ7章18〜23節では、〔洗礼者〕ヨハネは獄中にいて、イエスがメシアかどうかに疑問を抱いている。彼は弟子の二人をイエスのもとに送り、単刀直入に、イエスが来たるべき方なのか、それとも彼らは別の人を待つべきなのかを尋ねさせている。イエスは自身が行っていることを指し示して、それに答える。すなわち、イエスは目の見えない人、足の不自由な人、ツァラアト〔規定の病〕に冒されている人、耳の聞こえない人を癒やしている。死者が生き返っている。また「貧しい者たちに良き知らせが伝えられて」いる。こうした解放の身体的兆候は、イエスが本当にメシアであることの証拠として、ヨハネに提示されている。ここでは、イエスのメシア性は、癒やし、命、そして貧困からの脱出を必要とする人々のための、イエスの解放の行為に基づくものだ。[3]

しかし、これですべてではない。イエスは自身のメシア性を示すこれら証拠を締め括るに当たって、「だれでも、わたしにつまずかない者は幸い」だと告げる。人々を癒やしたり、あるいは死者を生き返らせさえすることに対して、なぜ反感を抱くようなことがあるだろうか。例えば、このエピソードに先立って、イエスはナインのやもめの息子を生き返らせている——この事態の展開を喜ばない者が誰かいるだろうか。答えは、誰もいない、ということになるだろう。その結果、イエスに反感を抱くことについてここでイエスが警告しているのは、おそらく、特に彼が引き合いに出した最後のタイプの証拠——貧しい者たちが良き知らせを受け取っている——に関するものなのだろう。

福音書において提示されているイエスのミニストリーを考えるときに、私たちは彼の癒やしの活動を十分に認識している。つまり、それは一般的なことだった。しかし、イエスが物質的に貧しい人々にとって良き知らせだったということは、私たちにとってそれほど明らかなことではない。この主張を支持するために、何が提供できるだろうか。さらには、この主張がどのような意味で人々にとってつまずきの石になるのかも明らかではない——イエスはなぜ、自身のミニストリーのこの側面が侮辱的であることについて警告を与えるのだろうか。

これらの問いに答えるために、ルカ福音書のみに見出されるストーリーの中で、イエスのミニストリーがどのように提示されているかを見てみよう。というのも、この素材は、イエスを困窮する者のためのよき知らせとして強調しているからだ。この強調は、この素材に限定されてはいない——このように限定するのは、ここでの提示を扱いやすい長さにとどめるためにすぎない。

それでは、至福（the Beatitudes）を含むルカ6章20～26節から始めよう。ところが、ルカでは、私たちに最も馴染み深いマタイ5章の版とは異なる。ルカでは、二人称での直接的な語りかけとなっている。すなわち、「……幸いです。……あなたがたは……です」とある〔マタイ版では「その人たち」で三人称〕。また、それらはその性質上、身体的、物質的なものだ。すなわち、「心の貧しい者」（poor in spirit）〔霊において貧しい者〕ではなく、「貧しい者」（poor）とだけ書かれている。さらに、それらに新たな要素が並行されている。すなわち、一連の「嘆き」（woes）の宣告だ〔新改訳2017では「哀れ」、聖書協会共同訳では「不幸」〕。富んでいる者、満腹している者は嘆かわしい。なぜなら、彼らは裁きを受けることになるからだ。もしもあなたが、貧しい人々は神の国を継ぐが、富める者たちは嘆きを受けることになると教えるイエスの言葉に耳を傾けている貧しい人だったとしたら、それが興味深いことだったことは、この短い章句からでもすでに読み取ることができる。もしもあなたが裕福だったとしたなら、これはかなり侮辱的なことだっただろう。

至福の教え――貧しい者は幸い、富める者には嘆き――は、16章19～31節にある譬え物語、「金持ちとラザロ」のストーリーによって例証される。ここで、金持ちの男は現世では快楽を享受したが、来世ではハデスに行き着いた。貧しい男ラザロは現世では苦しんだが、来世ではアブラハムの懐に行き着いた。貧しい者は、おそらくこうしたストーリーに対して、これは良き知らせだと言って応答したことだろう。金持ちのほうは、頭を掻きながら〔困惑して〕、この男〔イエス〕の神学はどこか間違っているはずだと言ったことだろう。

あるいはまた、18章18〜22節には、永遠の命を得たい――救われたい、と言い換えてもいいだろう――と願っていた金持ちの若い議員のストーリーがある。イエスは彼に、持っているものを売って、貧しい者に分配するようにと命じる。貧しい者には大いなる知らせだ。しかし、この金持ちの若い議員には、その知らせはそれほど良いものではない。つまり、イエスはつまずきの石なのだ。彼は悲しんで去って行く。しかし、次の章の19章1〜10節では、それとは逆のことが起こる。イエスは金持ちの取税人ザアカイと夕食を共にする。明らかに、食事の間のイエスのメッセージが命中したのだろう。それを受けて、ザアカイは自身の財産の半分を貧しい人々に与え、彼が騙し取っていた人には、それを四倍にして償うと宣言する。貧しい人々は喜んだに違いない――ここに、その存在自体が良き知らせである人物がいる。すなわち、〔イエス〕は富める者と食事を共にし、彼らは持っているものの半分を貧しい者に与え、抑圧によって得たものを回復する。イエスは言う。「今日、救いがこの家に来ました。この人もアブラハムの子なのですから」、と。イエスは、貧しい者にとっても富める者にとっても良き知らせだった。しかし、解放とシャローム・ジャスティスは代価を伴う――喜んで支払う者もいるが、立ち去る者もいる。

イエスの教えのうちの複数のものもまた、この良き知らせを反映する。12章13〜21節において、イエスは、自分のため、また自分の楽しみのために自身の繁栄を蓄え込む金持ちのストーリーを語る。イエスはこの男を、愚か者と宣告する。つまり、彼は金持ちかもしれないが、神に対しては貧しい者だ。これに続いて12章32～34節では、イエスは弟子たちに対して、自ら身ぐるみ剝いで貧しい者に与え、神に対して豊かになるようにと教える。さて、富の経済学を実践する人々を愚か者と呼び回り、自分に従う者たちに対して持っているものを貧しい者に与えるように招く人は誰であれ、貧しい者にとっては良き知らせだ。イエスの話に耳を傾けていた貧しい者は次のように言っていたに違いない。「いいぞ、イエス。そのまま言ってやれ」、と。しかし、富の経済学にはまっていた者たちにとっては、自分自身の利益と安全のために蓄えていることで愚か者呼ばわりされることは、侮辱的なことだったに違いない。

別の場面の11章37～42節では、イエスはあるパリサイ派の人の家に出かけて行く。ここでイエスは、彼が食前の清めの宗教儀礼を忠実に実践しながら、その一方では同時に、彼自身が「強欲と邪悪で満ちて」いることを厳しく叱責する。この問題に対するイエスの解毒剤は、〔彼の〕「内側にあるもの」のために、貧しい者に与えることだ。「そうすれば、見よ、あなたがたにとって、すべてがきよいもの」となる。真の宗教的清浄は、貧しい者を助けることからくる。金持ちの若い議員の場合と同様、宗教的に富んでいる者にはイエスは問題だが、貧しい者にとっては良き知らせなのだ。

14章12～14節では、イエスはある金持ちの家に食事に招かれている。ここでは、彼はこの文脈において、招いてくれた人に教訓を与える。彼は言う。盛大な食事会を開きたいと思ったときは、近所の金持ちを呼ぶな。彼らもまた、同じく招き返してくれるからだ。むしろ、返礼のできない困窮する者たちを招け、と。私たちの表現で言えば、持てる者から持たざる者へと物品が流れるシャロームの経済学を実践せよ、ということだ。イエスはこう言って締め括る。「あなたは、義人の復活のときに、〔返礼〕を受ける」、と。

このすべてにおいて、イエスの教えは、貧しい者、困窮する者にとっては良き知らせだったが、富と地位のある者にはつまずきの石だったと考えられる。彼らの中のある者たちは、イエスのシャローム・ジャスティスのメッセージに応答したが、他の者たちはそうしなかった。イエスは、良き知らせであり、同時につまずきの石だったのだ。

この、貧しい者、力なき者にとっての良き知らせというテーマは、イエスの生涯のもう一つの側面においてもまた、たどることができる。それは、社会的に抑圧された者、追放された者に対する彼の関心だ。これはまず、8章1〜3節に例示されている、イエスの女性たちとの関わりを通して現れる。しかしそれ以上に、彼は、女性が学ぶことに関心を持つことを肯定した。（10章38〜42節にある、マリアとマルタとの彼のやりとりを見よ。）これらの短い事例から、イエスが、女性を通常の社会的役割から自由にするための解放する力（liberating force）だったことがわかる。つまり、彼は、彼女たちが今以上〔の存在〕になれることを肯定したのだ。

同様に、イエスが、ユダヤ民族の地域的な宿敵だったサマリア人に対して、厚意的な傾向を持っていたことも見て取れる。その古典的な事例は、10章29〜37節にある「善きサマリア人」の譬え物話だ。9章51〜56節では、イエスと弟子たちへの宿の提供が拒絶されたことを受けて、弟子のヤコブとヨハネは、そのサマリアの村を滅ぼすことを望んだ。イエスはそれに一切与することなく、その敵意のゆえにこの弟子たちを叱責した後、そのまま別の村へと向かった。

18章9～14節にある罪人とパリサイ派の人のストーリーは、罪人に対するイエスの共感(sympathy)を例示する。〔罪人とは〕すなわち、律法を守らなかった者たち、あるいは十分には守れなかった者たちのことだ。もしも彼らが謙虚に赦しを求めるなら、その赦しを受けることになるが、その一方で、自分には悔い改めも赦しも必要ないと感じている者たちは、それを受け取らないことになる。

これらすべての撚り糸から、ルカに提示されているイエスが、貧しく抑圧されている者、社会の周辺にいた人たちにとって、いかに良き知らせと見なされていたかを見ることができる。それと同様に、富める宗教的エリート層にとって、つまり、このシャローム・ジャスティスのメッセージ——困窮する者に与え、抑圧されている者を解放せよ、というメッセージ——を受け入れることができなかった者たちにとって、イエスがいかにつまずきの石だったのかもまた、理解することができる。

正義の構造

イエスは、そのメッセージと、それに一致する行いにおいて、預言者たちが待ち望んでいたシャローム・ジャスティスをもたらした。この意味において、イエスはメシアだった。イエスはまた、正義を創造するために〔現在の構造に対して〕代わりとなる構造を提案するのではなく、むしろエリート層の力ある者たち（例えば、金持ちの若い議員やザアカイ）に対して、正義を実践するように訴えたという点においても、預言者たちのメッセージを反映している。このことは、不正義の構造を変える必要はないという意味ではなかった。預言者たちのメッセージが変革を含意していたように、イエスのメッセージもまた、それを含意していた。シャローム・ジャスティスは、抑圧の体制に代えて、シャロームの構造が置かれることを要求するのだ。

イエスの発言を、社会的変革を含意するものとして理解することが重要だ。というのも、これらの言葉を孤立したものとして社会構造的文脈の外で理解している限り、私たちはそれを、今日の自分たちの世界では実践できない困難な発言として退ける傾向があるからだ。しかしそうではなく、イエスの言葉を預言者の背景において見ることを提案したい。すなわち、イエスの正義のメッセージは、彼ら〔預言者たち〕の正義の招きおよびヴィジョンを継承したものなのだ。彼らの正義のヴィジョンが、私たちがシャロームの経済学と呼んだものに根差していたように、イエスの教えも同様に、この背景に照らして考察されるべきだ。それらをこの視点から見ると、これらの教えが、富の経済学の立脚点からは困難な発言に見えても、シャローム・ジャスティスの経済学においては理に適っていることがわかる。したがって、イエスの教えは、それが理に適うような経済的および社会的／政治的構造を要求するものとして理解される必要がある。そうでないと、私たちは、イエスのメシア的使命は実行不能で不適切なものだ、と言うように運命づけられてしまう。

イエスが、シャロームの経済学を要求する預言者の招きを継承していたこと、またイエスの教えがどれほど構造的変化を含意していたのかということの両方をより鮮やかに理解するために、ここで再び、シャローム・ジャスティスの経済学と富の経済学を対比させた表を提示したい。ここでは、前段で論じたイエスの教えを付け加えることで、それらがどれほどシャロームの経済学と一致するかを例示したい。

〔表中の太字＝追加部分〕

シャロームの経済学と富の経済学の諸原則(2)

		シャロームの経済学	**富の経済学**
1	**生活資源の所有権**	神が所有、民が利用 レビ25:14-17,25-28,29-31; 申命15:7-8	民が所有：他者の権利の排除 イザヤ5:8; **ルカ12:13-21**
2	**資源へのアクセス**	解放：落穂拾い、安息年の律法 出エジプト23:10-11; 申命15:7-11; **ルカ6:30,34-35; 14:12-14**	閉鎖、所有者の排他的権利：資源の集中　イザヤ5:8; **ルカ12:13-21**
3	**消費**	必要に基づく：余剰による欠乏の均衡 申命14:28-29; 15:1-11; **ルカ14:12-14**	自己増大に基づく アモス6:1-6; 3:15; **ルカ12:13-21**
4	**分配のメカニズム**	不均衡な互恵性：必要に基づく ――持てる者から持たざる者へ ２コリント8:14; ルカ6:27-36; **6:30,34-35; 12:32-34; 14:12-14; 19:1-10**	収益のための交換、与えるよりも得ることに基づく：持たざる者から持てる者への流れ　アモス8:4ff; 2:6-8
5	**基本的な姿**	十分にある：神への信頼と依存 ２コリント9:8,10-11	不足、それゆえ利己的備蓄：安全保障は将来への蓄え　アモス3:10; **ルカ12:13-21**
6	**基本的価値**	豊かさは、生活維持の仕事に対する余暇により測定される	豊かさは、他者よりも多く持つことに基づく　アモス6:1-6
7	**余剰の処理**	必要とする者へ　２コリント8:14; 申命14:28-29; 15:1-11; **ルカ14:13-15**	分離された階級を支えるために蓄積する　アモス4:1; 6:1-6
8	**目標**	有限：全員の生活維持 申命15:1-11	無限：富は、いくらあっても民には足りない　アモス8:5-6
9	**結果**	a. 資源の管理 b. 正義、欠乏や抑圧される者の不在 申命15:4; 使徒4:32-34; 11:27-30; 2:43-46 c. 制度維持のために必要な軍事力は最低限	a. 資源の搾取 b. 階級の分離：貧困のただ中の富 **ルカ16:19-31** c. 階級の分離を維持するための抑圧と軍事力の増大

この表からわかるとおり、イエスのストーリーと教えの多くは、シャローム・ジャスティスの経済学を実践する論理的帰結なのだ。例えば、返礼できない人々に食べさせるようにとの教え、ザアカイのストーリー、そして反面教師としての愚かな金持ちはすべて、「正義の経済学」対「富の経済学」の原則によって決定される。すなわち、物品や資源は困窮する人々へと流れているか、それとも富の経済学が実践されて、困窮する人々を度外視して、資源がそれを支配する者たちの利益のために集中しているか、ということだ。

このことから、次のように言うことが理に適っているのではないだろうか。すなわち、シャロームをつくり出す人々は、イエスのメッセージの実践を可能にするような構造をつくり出す働きに携わっているのだ、と。

愛とシャローム・ジャスティス

イエスにとって、愛の動機が、シャローム・ジャスティスおよびシャロームの経済学の実践の核心部分にある。ルカ6章27節に次のようなイエスの命令を見出す。「しかし、これを聞いているあなたがたに、わたしは言います。あなたがたの敵を愛しなさい。あなたがたを憎む者たちに善を行いなさい。あなたがたを呪う者たちを祝福しなさい。あなたがたを侮辱する者たちのために祈りなさい。」〔そこに〕この愛の命令をどのように実践すべきかの例が続く。それらの例の中では、経済からの例示が際立っている。

「求める者には、だれにでも与えなさい。あなたのものを奪い取る者から、取り戻してはいけません。」（30節。不均衡な互酬性）

「返してもらうつもりで人に貸したとしても、あなたがたにどんな恵みがあるでしょうか。罪人たちでも、同じだけ返してもらうつもりで、罪人たちに貸しています。しかし、あなたがたは自分の敵を愛しなさい。彼らに良くしてやり、返してもらうことを考えずに貸しなさい。」（34～35a節。富の経済学におけるように、利益のための交換を考えない互酬性）

重要なことは、これらの例示が、敵を愛するとは具体的にどういうことかを示すために与えられている、ということだ。新約聖書の愛の教えを真剣に受け止める多くの人々にとって、敵への愛とは、個人の敵を愛することか、それとも国家の敵を愛することかのどちらかを意味する――〔敵とは〕つまり、私たちが、私たちに対して憎しみを抱いているか、害を及ぼそうと欲していると考える、ということにおいて定義される敵のことだ。この理解での敵への愛は、私たちを途方に暮れさせるかもしれない――いったいどのようにして〔遥か遠く離れた〕ロシア人やアルバニア人を愛するのだろうか、と。個人的な敵であれば、どうすればその人たちに親切にしたり良くしたりできるだろうか、あるいは悪に対して善を返せるだろうか、と考えるだろう。

しかし、イエスの教えでは、敵への愛は貧しい者、力なき者に対して経済的な意味合いで表現されている――十分な信用度のない、返済できそうもない者に貸す、ということ。必要とする人々に、必要なものをあなたから取らせよ、ということだ。イエスの教える愛は、貧しく抑圧される人々への愛であり、その人たちの貧困と抑圧の物質的状況に対応する具体的な行為を通して示される愛にほかならない。正義の経済学とは、愛の生き方（the way of love）だ——友人に対しても、敵に対してもそうだ。なぜなら、それは神の愛に倣っているからだ。

正義の経済学は愛に動機づけられ、愛に倣うものだが、イエスはまた、シャロームの経済学の実践が、完全な忠誠心を要求することも教えている。イエスはルカ16章1〜13節において、この点を指摘する。抜け目ない管理人〔不正な管理人〕の譬えに続いて、有名な教え——あなたは二人の主人に仕えることはできない——が出てくるが、イエスはその教えを、神と富に適用する。すなわち、あなたがたは富と神とに同時に仕えることはできない、と。人は選択しなければならないのだ。私たちは、神とシャローム・ジャスティスか、それとも富の経済学かを選ばなければならない。両方の道を選ぶことはできない。私たちは、神と、富の経済学の両方を選ぶことはできないのだ。それゆえイエスは、14章25〜33節にあるように、何かに取り組む前に費用を計算するようにと、人々に熟考を促す。また9章57〜62節にあるように、振り返ってはならないのだ。

私たちは、イエスが与えた選択肢——神か、富の経済学か——の重要性にしっかりと注意を払うべきだ。これは単なる経済的な好みの事柄ではなく、宗教的な選択なのだ。なぜなら、すでに見たように、抑圧と搾取の実践は、事実上、神の拒絶だからにほかならない——それは事実上の無神論なのだ。私たちはルカ12章13〜34節に言及したが、それは同時に、以下の教訓も教えている。すなわち、富の経済学は、神との関係において人々を破産させる、と。金持ちの若い議員とザアカイのストーリーが、そのことを例示する。人々は自分の主権者を選ばなければならない。

メシアの王国

イエスの招きは、シャローム・ジャスティスへの招きだっただけではなく、〔神の〕王国に入ることへの招きでもあった。マルコ福音書は、イエスのミニストリーの始まりを、神の国が近づいたゆえの悔い改めと福音に対する信仰への招きとして提示する（1・15）。ここでは、イエスのメッセージは、単に生き方を変えるようにというだけでなく、〔神の〕国のメンバーになるようにとの挑戦だった。この〔神の〕国の祈願（invocation）の中に、イエスのメシア的ミニストリーの政治的な次元を見出すことができる。彼は神の国を設立するために来た——といっても、それは必ずしも領土を持つ王国ではなかったのだが。[5] むしろそれは、今や、神に自らの生を委ね、イエスの教えに示されている神の御心への従順に生きる人々によって構成される王国なのだ。

今の時のイエスのメシア的支配は、この世において玉座に着いている王の統治ではなく、むしろその王の臣民が、経済的正義を実践しシャロームを経験するようにとの王の招きに応えて生きる、その民の生において実証される統治にほかならない。この王国は、民が神の王国に自由に参加できるための、他のあらゆる主権からの民の解放を前提とする。[6]

しかし、今現在、〔神の〕国はこの世界に本当に存在しているのだろうか。あるいは、〔神の〕国の生についてのイエスの教えは、イエスの王国が今ここには存在しないという理由で、今の私たちにとって規範的なものではない、ということなのだろうか。事実、新約聖書には、〔神の〕国がまだここにはないという証拠を見出すことができる。ルカでは、来たるべきもの、あるいは近づいているものとして〔神の〕国について語る9章27節、21章29〜32節、22章18節を指摘できる。これらの箇所から、私たちは〔神の国を〕、将来において期待すべきだと結論づけることができるかもしれない。

しかし、ルカ福音書の他の参照箇所は、〔神の〕国の存在を立証している。例えば、ルカ11章20節において、悪霊を追い出すイエスの能力は、悪霊の頭ベルゼブルに帰属するとされている。イエスはこの帰属を拒絶し、その主張に対して次のように反論する。すなわち、「……わたしが神の指によって悪霊どもを追い出しているのなら、もう神の国はあなたがたのところに来ている」のだ、と。ここで主張していることは、明らかに、イエスの働きにおいて、メシアの王国は人間の歴史に介入し始めている、ということだ。同様に、ルカ16章16節では、イエスは律法と預言者とがヨハネの時までだったが、「それ以来、神の国の〔良き知らせ〕が宣べ伝えられ、だれもが力ずくで、そこに入ろうとしてい」る、と主張する。ここでもまた、〔神の〕国は、イエスが告知している良き知らせと共に始まっている。この良き知らせの内容については、前段において調査したとおりだ。

そういうわけで、イエスは、神の国が彼に従う者たちの間にすでにある、とも教えているのだ。したがって、彼らは、〔神の国は〕ここにあるとか、あそこにあるといった主張に惑わされてはならない（17・21）。あるいはまた、イエスがバプテスマのヨハネのように深刻でないとしてたしなめられたときには、彼は、今は花婿が一緒にいる喜びと祝いの時だと答えている。

最後に、イエスの譬えの多くは、神の国が〔すでに〕存在するとの理解を要請するように思われる。例えば、マルコ4章26～29節には、密かに成長する種の譬えがある。この譬えの中で、種は、蒔かれると、収穫の時までひとりでに成長する。穀物が実ると、収穫が行われる。このことから、〔神の〕国は成長し、何らかの仕方でこの世に存在していることがわかる。これと同じ教訓は、毒麦の譬えと網の譬えの中でも教えられている（マタイ13・24～30、47～50）。この譬えは両方とも、一定の期間、現在の間は、〔神の〕国とその構成員たちが、〔神の〕国の者ではない者たちと共に生きることを想定している。最終的な選別は終わりの時に行われ、その時には、毒麦は焼かれ、悪い魚は捨てられることになる。事実、後者の譬えは、この世の終わりと、その時〔に行われる〕裁きへの具体的な言及をもって締め括られる。これらすべての多数かつ多様な証言から明らかだと思われるのは、〔神の〕国が、イエスのミニストリーから始まって、存在する現実となるものだった、ということだ。つまり、イエスの行いは、〔神の〕国に対する証言であり、彼の教えは、その国の市民権〔を規定する〕律法だったのだ。

この点において、イエスはメシア的期待の二つ目の系統を成就した。つまり、彼は王国を設立したのだ。しかしこうした期待に反して、この王国は政治的領域と領土のあるものではなかった。むしろ、それは神の主権を受け入れる者たちがシャローム・ジャスティスを履行する支配だった。[7]

政治的には、イエスはここで預言者たちの流れに従っているように見える。私たちが見た預言者的批判は、部分的には経済的実践や正義の概念に基づくものだった。社会生活のこれら二つの側面は、貧困と抑圧とに直接影響する。その治療のために、預言者たちは、新しい政治制度や選択肢を考え出さなかったが、それよりもむしろ、現在の制度の悪用を批判した。これまで論じてきたように、明らかにこれは社会変化への呼びかけだった。というのも、これらの症状を取り除くためには、実際の、日毎の実質的正義の実行を伴う、別の経済的視点が必要とされたからだ。

そういうわけで、イエスもまた、自身の教えと批判とを、経済的な事柄に集中させる。というのも、シャロームの到来にはそれらこそが決定的だからだ。ローマ人の迫害者をユダヤ人の迫害者で置き換えることは、貧しく力なき者にとってほとんど何の役にも立たなかっただろう。必要とされたことは、ある支配的エリート層をもう一つのものに交換することではなく、その社会そのものの変革だった。イエスは外国の抑圧者に対する反乱を呼びかけなかったが、しかし実践されるべき彼の教えは、正義の経済学とシャロームとが実現するために、草の根レベルで社会の真の変化を含意するものだった。[8]

イエス自身は青写真を描かなかったが、それでもイエスの教えが構造的変革を求めている、という点については、おそらく関連する一つの議論によって補強することができるだろう。癒やしは、イエスのミニストリーの一つの重要な側面だった。教会はイエスの模範に従い、癒やしを自らのミニストリーにとって重要だと見なしてきた——例えば、多くの医療的宣教（medical missions）が教会によって設立されてきた。しかし、これらの宣教活動はどのようにして機能するのだろうか。彼らは病気の個別の症例を扱うだけだろうか。それとも病気を予防するために、予防接種をし、良質な公衆衛生の政策を導入するだろうか。もちろん、後者も行うのだ。というのも、例えば天然痘の予防接種をすることで、その病気を治療することは不要にできる。ところで、当然ながら、イエスは誰にも予防接種をしなかったが、だからと言って、それを根拠に誰かが、自分たちは病気は扱うがその原因は扱わない、なぜならイエスもそれしかしなかったからだ、と言うとしたら、その人たちは誤っていると考えられる。したがって、それは貧困、抑圧、また飢餓のような社会的病いの場合も同様だろう。イエスがこれらの問題を扱うことに関わった以上、なぜ私たちは社会的構造上の原因を取り除くことにしりごみするのか。飢餓の経済的要因を変革しようと闘争することは、天然痘の原因を根絶しようと闘争するのと同じだけの意味があるのではないか。

　それにもかかわらず、神の国がこの世で完全には実現されないこともまた事実だ。それは人間の努力のみを通して到来するものではない。ヘブライ語聖書の証言は明らかだ。すなわち、神の国は神の力によってもたらされる。このことは、前述の譬えの中で強調されている。種は、一度蒔かれると密かに育つ。それは人間の努力とは無縁に実を結ぶ。このように、〔神の〕国の構成員は、〔神の〕国の構成員となる召命と、正義とシャロームを求める闘争との間にある緊張状態において生きる一方で、自らの努力が、常にあるべき姿の不完全な結果しか表していないことを知りつつ生きるのだ。私たちは、〔神の〕国の働きが、神〔ご自身〕の働きでもあることを知っているので、この緊張状態を耐え忍ぶことができる。したがって、〔神の〕国の構成員は、神との共働者なのだ。彼らが行うことは違いを生むのであり、また彼らはその働きにおいて、彼らだけで働いているのではない。

メシアの王国に入る

しかし、最終的に私たちはジレンマに直面するようだ。イエスは、悔い改めと〔神の〕国に入ることとを要求した。しかし、彼が人々に対して、〔神の〕国に入るために求めたことは、私たちが通常、〔神の〕国の構成員になるプロセスとして考えているものではない。敢えて露骨な言い方をすれば、あの金持ちの若い議員は、自分の財産を貧しい者に分配することによって、〔神の〕国に入る手段を買うように求められたのだろうか。善きサマリア人の譬えのサマリア人がしたように愛しなさいと言われたあの律法の専門家は、功績となる愛の行為によって、〔神の国に〕自分が入る手段を獲得するように期待されていたのだろうか。こうしたイエスの教えは、〔神の〕国の成員資格にとって本質的だと考えられている恵みと信仰とを除外しているように見える。

このギャップ〔通常私たちが考えるプロセスとイエスの教えとのギャップ〕は、ローマ書におけるパウロの言葉を読むときに特に強く感じられるが、この点について言えば、他の箇所でも同様だ。というのも、彼は、律法の行いによらない、信仰によって義とされることをことさらに強調するからだ。この問題は、今一度、若い金持ちの議員の例を考えるならば、私たちにとって頂点に達する――もし彼が、どうしたら救われるかをパウロに尋ねたのだとしたら、あるいはもっとマシな扱いを得られただろうか。ピリピの看守がしなければならなかったことが、ただ信じることだけだったことを思い出すと良い〔使徒16・30〜31〕。これは、全財産を手放すよりもはるかに安上がりなことに見える。そこで、本項では、パウロの教えをどのようにイエスの教えと結びつければ良いかという問題に目を向けたい。[9]

私たちはまず、パウロにとって、キリスト者になること——キリストにある（in Christ）ようになること——が何を意味したのかを問うことから始めたい。ローマ5〜8章を見るだけで、以下のことが観察できる。第一に、キリスト者は神との間に和解と平和を得ている（5・1〜11）。これは、イエスの死を通して、神によって達成されている。（この章句に関するさらなる詳細は、贖いについての議論〔本書第5章〕を見よ。）第二に、キリスト者は、彼らに対する神の愛を証しし、彼らの人生において彼らを導く存在である聖霊を受けた（5・5および8章）。第三に、彼らは今や、メシアなるイエスに導かれる新たな人類の一部であるが（5・12〜21）、それは、いまだにアダムの足跡をたどる古い人類と対立するものであり、罪はこのアダムを通してこの世界に入った。第四に、彼らは今や、罪の主権の下にではなく、むしろ新しい主権、すなわちメシアなるイエスの主権の下にある（6章）。

このすべては、どのように達成されるのだろうか。このことが個人に対して生じるのは、どのようにして、あるいは何のプロセスによってなのだろうか。パウロは、私たちがどのようにして、この新しい人の一部になるのかを語るために、多様なメタファーを用いる。あるときには、彼はキリストの死への参与について語る（ガラテヤ2・19〜20、Ⅱコリント2・14〜15）。しかし、パウロは多くの場合、*justification*（義とされること）という用語を用いる。ある人々にとって、これはキリスト者になることを描写する支配的、ないし唯一の方法となった。すなわち、私たちはこのjustificationのプロセスによってキリストの一部になる、ということだ。パウロにおいて、この用語は、かつて私たちは罪の隷属のうちにあって、その奴隷として仕えていたが、今やこの隷属から解放された、ということを意味していると考えられる。パウロにとっては、罪が多くの場合、物質主義や封建主義のように、私たちの生を支配する諸勢力ないし諸力（forces or powers）だということを思い起こすべきだろう。こうした思考の習慣からの解放は、私たちが新たな方向性、つまり新たな心（a new mind）を持つことを可能にする（ローマ12・1〜2）。それゆえ、*justification*は、隷属させる力としての罪からの解放と、私たちの新しい主であるイエスへの奉仕（service）の両方を示す肯定的な用語なのだ。ローマ6章は、この点を主張する。

この信仰義認の教理（doctrine of justification by faith）は、時として、律法を撤廃すること——律法の代わりとしての信仰——として理解されてきた。しかしながら、パウロは、自分が律法を廃止しているとは考えてはおらず、むしろ、自分は律法をより強固な土台の上に据えていると見なしていた（ローマ3・31）。これは、どのようにしてそうなのだろうか。律法は、すでに見たとおり、解放への応答だ。聖書の律法は、解放後の律法（postliberation law）なのだ。その結果、律法は、これまで一貫して見てきたように、神の恵みに対する応答にほかならない。キリスト者にとっては、それは彼らを罪から解放した神の行為に対する応答だ。つまり、彼らをキリストの構成員とし、〔神の〕国の一部とする応答なのだ。

ローマ2～3章を通して読むと、律法について、一見すると矛盾する発言と思われるものが容易に見出せる。例えば以下のとおりだ。〔引用はRSVに合わせて調整〕

〔なぜなら〕神は、一人ひとり、その人の行いに応じて報いられ〔るからで〕す。（2・6）

なぜなら、律法を聞く者が神の前で〔義である〕(righteous) のではなく、律法を行う者が、義と〔さ〕れる (justified) からです。（2・13）

なぜなら、人はだれも、律法を行うことによっては神の前に義と〔さ〕れないからです。〔というのも〕律法を通して生じるのは罪の意識〔だから〕です。（3・20）

〔なぜなら、〕人は律法の行いとは関わりなく、信仰によって義と〔さ〕れると、私たちは考えているからです。（3・28）

それでは、私たちは信仰によって律法を無効にすることになるのでしょうか。決してそんなこ

とはありません。むしろ、律法を確立することになります。（3・31）

信仰と律法の役割に関する、このように多様と思われる発言は、どのように一つにすればよいのだろうか。その鍵は、律法をその正当な（proper）文脈において——神の恵みに続くものとして、またその解放後の（postliberation）文脈において——見ることにある。このことが含意しているのは、律法は、恵み、救済、あるいは解放を獲得する（earn）方法ではない、ということだ。それはむしろ、神の恵みと解放とをすでに経験した人々の応答なのだ。したがって、律法は、私たちを罪の隷属から自由にするために、信仰と恵みに代わってその機能を果たすことはできない。つまり、律法それ自体は、富の経済学の価値観から私たちの心を清めてはくれないのだ。そのためには、回心（conversion）が必要となる——〔回心とは、〕私たちの生を支配する富の諸力の隷属から〔解放する〕、神による解放の行為にほかならない。パウロが、律法と、律法を行うことによって隷属からの自由を達成しようと試みる者たちを非難するときに語っているのは、律法のこの非正当な（improper）機能についてなのだ。

その一方で、律法についての章〔本書第6章〕で示唆したように、ひとたび私たちが、富の経済学、その価値観および構造から解放されたなら、律法は、私たちが今や追い求めるべき価値観や社会構造の型を示す指標（indicator）として、肯定的に機能することができる。律法のこの肯定的価値——解放の遂行者（agent）としてではなく、解放された民がいかに生きるべきかの指標として

〔の価値〕――こそ、パウロがなお価値を見出しているものなのだ。前段でローマ書から引用した章句にあるように、より未来志向の文脈において見るならば、私たちは現在、神の力によって罪と隷属から自由にされている。しかし、将来、私たちは自らの働き（works）によって裁かれることになる。サンダースの表現によるなら、信仰によって救われ、働きによって裁かれる（saved by faith, judged by works）、ということだ。

罪からの解放、特に抑圧的経済構造の隷属からの解放は、私たちの生においてシャローム・ジャスティスを十分に生きるための自由のうちに現れる。パウロがガラテヤ5章13節で述べているように、私たちは自由へと召されている。解放された者として、私たちは二度と再び、奴隷のくびきへと滑り落ちて行くようなことがあってはならない。ただこれは、自己自身や無政府主義のための自由ではなく、むしろ愛し、仕えるための自由なのだ（ガラテヤ5・13〜15）。もしも私たちがこの自由を利己的に用いるならば、つまり、パウロの言葉遣いで言えば、もしも私たちが互いにかみつき合い、食い合っているならば、私たちはまったく自由でもなければ、解放されてもいない。したがって、キリストにある自由また解放は、パウロにとって、他者を愛し他者に仕える自由であり、それが律法の目的なのだ。

愛はシャローム・ジャスティスを動機づけ、また律法は、解放する正義をどのように実現するかを私たちに知らせることから、今や愛が律法の成就として告知されている。この教えは、イエスによって始まったものとして、福音において提示される。（例えばルカ10章5〜28節、およびそれに続く善きサマリア人の譬えを見よ。）それは、パウロによって反響される（ローマ13・8〜10、ガラテヤ5・13〜15）。またヤコブ書（2・8〜17）およびヨハネ文書（Ⅰヨハネ2・1〜6、3・11〜18、4・13〜21）にも見出される。

ガラテヤ書5章では、パウロは解放、愛、および奉仕の諸主題を、律法の成就として、とても見事に結びつけている。

キリストは、自由を得させるために私たちを解放してくださいました。ですから、あなたがたは堅く立って、再び奴隷のくびきを負わされないようにしなさい。（1節）

キリスト・イエスにあって大事なのは、割礼を受ける受けないではなく、愛によって働く信仰なのです。（6節）

兄弟〔姉妹〕たち。あなたがたは自由を与えられるために召されたのです。ただ、その自由を肉の働く機会としないで、愛をもって互いに仕え合いなさい。（13節）

互いの重荷を負い合いなさい。そうすれば、キリストの律法を成就することになります。（6・2）

富の経済学の罪から自由になる

パウロにとって、キリスト者の経験は、人類を隷属させる罪の力からの解放としての経験だ。この解放は、イエスにおける、私たちに対する神の愛の結果にほかならない。それは私たちによって、信仰において受け取られる。価値観と構造との両方によって体現される古き主人たちから解放されて、私たちはイエス・キリストの体へと移行される。私たちには今や、私たちが仕える一人の新しい主人（a new lord）がいる。この体、この王国の構成員として、私たちは今や、他者を愛することによって神の愛に応えるのであり、それが、正義を目標とする律法を成就することなのだ。もしも私たちの愛が、神の愛のように、実質的な社会的正義のうちに自らを表現するものであるならば、私たちの愛は、このようにしてシャロームへと至る。

もしもこれがパウロのメッセージであるならば、なぜ信念（belief）としての信仰（faith）が、行うこととの代わりになってしまったのだろうか。興味深いことに、イエスは知的な同意ではなく、悔い改めと行うことを求めている。もしも、キリストにある（in Christ）ことが、シャローム・ジャスティスを通して愛の働きをなすことであるなら、教会の使命（mission）はなぜ、これまでほとんど正義に関わることがなかったのか。教会の議題（agenda）は、はたして〔神の〕国の議題なのだろうか。

今の時点では、ルカ福音書において調査したイエスのメッセージが、預言者のメッセージと調和していることを主張することで十分だろう。彼ら〔預言者たち〕と一致して、イエスはシャロームの経済学の実践を推進し、富の経済学の実践を非難した。したがって、肯定的に言えば、神の国は、最下層階級のための実質的な経済的正義を実現する努力のうちに見られるものだ。さらに、これはまた、パウロの証言でもある。彼は異なる用語を使いながらも、律法の目標、すなわちシャローム・ジャスティスを成就する愛のための自由を強調する。したがって、シャロームをつくり出す者たちが解放の働きに関わることは、一つの方法として、富の経済学の罪から人々を自由にすることによる。というのも、富の経済学から解放されることで、人々は神を主権者として自由に選ぶことができるようになり、貧しく抑圧される者のための実質的正義を目指して働くことができるようになるからだ。

1 私のルカ福音書の読みにとって、以下の資料が特に有益だった。すなわち、Robert B. Sloan Jr., *The Favorable Year of the Lord: A Study of Jubilary Theology in the Gospel of Luke* (Austin, Texas: Schola Press, 1977); Thomas Hoyt Jr., *The Poor in Luke-Acts*, Ph.D. dissertation, Duke University, 1974; James A. Sanders, "Second Isaiah 61 to Luke 4," in *Christianity, Judaism and Other Greco-Roman Cults: Studies for Morton Smith at Sixty*, ed. Jacob Neusner (Leiden: Brill, 1975), pp. 75-106; John Howard Yoder, *The Politics of Jesus* (Grand Rapids: Eerdmans, 1972); Helen R. Graham, *There Shall Be No Poor Among You: Essays in Lukan*

Theology (Quezon City, Philippines: JMC Press, 1978).

2　研究者たちの間では、何がイエスに遡り、何が遡らないか〔つまりイエスの言葉と行為の真正性〕について、長きにわたる激しい論争がある。ここでは、「イエス」という言葉が使用される際には、それを「イエスは……として提示されている」と読み替えて構わない。私はこの一般向けの形式においては、この〔学術的な〕言い回しや類似の言い回しを控えることにした。

3　ルカ4章16〜19節および7章18〜23節の〔イエスによって〕助けられる人たちのリストが、詩篇146篇のリストとどれほど見事に一致しているかに注目せよ。

4　例えば、神の国に関するイエスの教えを引用することもできただろう。それらの教えは、当然ながら、彼のミニストリーと宣教の核心部分に位置していた。そこに見出すことができることは、ルカの特殊資料に見出すことができることと、本質的に同じだ。Carlos Abesamis, *Where Are We Going: Heaven or New World?* (Manila: Foundation Books, 1983) を見よ。マルコ福音書の視点からのものとしては、彼の *On Mark and the New World* (Manila: Socio Pastoral Institute, 1983) を見よ。

5　E. P. Sanders, *Jesus and Judaism* (Philadelphia: Fortress, 1985) は、イエスがこの〔神の〕国の二つの考え──現在の時のものと、将来において完全に完成したもの──を持っていた可能性を説得的に論じた。このことは、神の国の非領土的な現在の状態と、聖書全体を通して指し示されているように、いつの日か物理的な王国（physical kingdom）が実現するというヴィジョンとを調和させる助けになる。

6　神の国については、膨大な量の書物が書かれている。学問的なもの以外に、私は、マルコにおける〔神の〕国をその現代的意義の文脈において扱う Carlos Abesamis, *On Mark and the New World* から多くを学んだ。

7 「神の国」（kingdom of God）という用語は曖昧だ。それは神が支配する王国を意味し得る。あるいは、それは神の支配、つまり神の王権（kingship）をも意味し得る。

8 John Howard Yoder, *The Politics of Jesus* (Grand Rapids: Eerdmans, 1972)〔2nd ed., 1994〕は、イエスのミニストリーと、より全般的には新約聖書との、政治的な含意についての古典的な書物だ。

9 私のパウロ理解は、特に以下の二つの研究によって形成されてきた。Krister Stendahl, *Paul Among Jews and Gentiles and Other Essays* (Philadelphia: Fortress, 1976); E. P. Sanders, *Paul and Palestinian Judaism: A Comparison of Patterns of Religion* (Philadelphia: Fortress, 1977). 以下の部分は、彼らの見解に大きく依拠している。〔イエスとパウロ〕を一緒に扱うことで両者を調和させる意図はないが、それでも、ここではその危険に陥ってしまっているかもしれない。私はここで、福音書著者たちによって提示されているイエスの教えと、私たちがパウロから得ている素材とが、どのように適合するかを示したいと思う。ここで論じようとしているのは、この両者が同一のことを言っている、ということではなく、ただ、彼らが言っていることは一定のタイプの合意を形成する、ということだ。私はまた、有用ではないと私が判断する二つの極端を避けたいと思う。一つは、もしも異なる著者によるある二つの発言ないしテクストが、おおよそ同じことを言っている場合には、同じことを言っていると想定することだ。私はこれを、根拠なき調和（unwarranted harmonization）と呼びたい。もう一つは、もしもある二つのテクストが何か異なることを言っているように読める場合には、それが異なることを言っていると主張することだ。こちらは、根拠なき不調和（unwarranted disharmonization）だと考えられる。むしろ、私はここで問いたいのは、そのテクストの徹底的な読みは何で、それは正典の他のテクストとどのようなパターンを形成するかということだ。

10章　今日におけるシャロームづくり

私たちは、シャロームの意味の理解と、それが聖書の中の他の主要なテーマとどのように関わっているかに焦点を合わせてきた。しかし、私たちはまた、キリスト者が今日の世界においてシャロームをつくり出す者（shalom makers）としての働きを進める方法を見出すことを手助けしたいと願っている。ここまで議論を進める中で、読者自身がすでに、こうした関連づけを行い、シャロームの核心的ヴィジョンと自分自身の生との間の対話を行っていることだろう。

また、私たちは聖書の素材に焦点を合わせて、特定の行動指針を提示することはしなかった。なぜなら、平和をつくり出す者たちは、それぞれ自分の状況に基づいて、何をすべきかを決定する必要があるからだ。そのような状況でどのように進めば良いかを示す、各段階ごとの指示を与えることはできない。本章では、そうした行動の振り返りと、さらなる働きの手引きのための、聖書的基礎を示したい。

しかし、今や本研究の終わり部分にあって、シャロームを目指す私たちの働きの形態に直接関わる一般的な課題を考察することは、おそらく正当なことだろう。一つの課題は、文脈（context）

に関わる。すなわち、教会とシャロームの関係についてはどうなのか。教会は、それを通してキリスト者がシャロームのために働く遂行者（agent）なのだろうか、という課題だ。

二つ目は〔働きの〕戦術（tactics）に関わる――暴力についてはどうなのか。暴力はシャロームを獲得する方法なのだろうか。

教会と神の国

ある古い言い回しでは、次のように言われている。イエスは神の国を告知したが、できたのは教会だった、と。

この短い格言は、二つの広く受け入れられている見解を表現している。イエスが告知したもの――〔神の〕国――と、出来上がった教会との間にはギャップが存在する、というもの。もう一つは、〔神の〕国の告知は、イエスにおいて終了した、というものだ。この想定では、教会は別の議題へと進んで行ったことになる。

しかし、これらの印象は、使徒の働き（使徒言行録）の中に見出される教会とは調和しない。つまり、そこには〔神の〕国の告知と、自らの生においてその〔神の〕国に倣う教会があるのだ。

使徒の働きには、「王国」（the kingdom）や「神の国」（the kingdom of God）という表現が八回出てくる。確かに多くはない。しかし、〔神の〕国について語り、また告知することでこの書が始まり、また終わっていることは、重要だと考えられる。使徒1章3節では、イエスが使徒たちに〔神の〕国に関する事柄を語ったことが報告される。〔神の〕国は、イエスの最後の教えと、初期キリスト教共同体の指導者の関心とを要約するものだったのだ。この注意喚起をもって、教会のミニストリーが始まった。

この書の最終節の28章31節では、パウロはローマにいて、神の国を告知している。使徒の働きの〔描く〕進展は、イエスからパウロ、パレスチナからローマへというものだ。しかし、その教えと告知とは、同一のままだ。この「神の国」という表現の配置は、使徒の働きにとって、それが初代教会の使信（message）と宣教（mission）の重要な部分だったことを示していると思われる。

この書の中でのその用法を見ると、それらもまた重要なものだったことがわかる。8章12節では、ピリポがサマリアの人々にメシアなるイエスについて語り、彼らのうちの幾人かを癒やしたときに、彼らは神の国の良き知らせを信じた。これは、ユダヤの人々を越えて〔それ以外の人々に〕到達した、教会の最初の宣教だった。

14章22節では、パウロとバルナバが、彼らが創立して間もない諸教会を再訪したときに、神の国に入るには苦しむことが必要だと語って、その〔教会の〕人々を励ましている。明らかに、〔神の〕国と、そこに入ることとは、彼らの宣教的告知の重要な部分だった。19章8節では、パウロが、神の国に関してユダヤ人を説得しようと試みることによって、エペソでの宣教を始めている。最後に、20章25節では、パウロがエルサレムへ向かう途中に、ミレトスでエペソ教会の長老たちに語り掛ける。パウロは、自分が彼らに対して神の目的の全体を開示したことを、彼らに思い起こさせる。彼は自らの努力を、神の国の告知として要約しているのだ。これら四か所での言及において、「王国」ないし「神の国」は、初代教会の指導者たち――ピリポ、バルナバ、およびパウロ――の告知の核心を要約する役割を果たしている。

このことに照らして見ると、〔神の〕国に関しては、少なくとも使徒の働きに見られるところでは、イエスを初代教会の宣教から分離させることは、あまりにも厳しすぎるように思われる。事実、初代教会は、イエスの〔神の〕国への関心を担い続けたのだ。この関心は、告知だけに限定されるものではない。初代教会内部の生の実態を見ると、使徒の働きは、教会が〔神の〕国の生き方に倣っていることをも、同様に示している。教会の内的生は、使徒の働きの冒頭の数章において、非常に詳しく描写されている。

彼らはいつも、使徒たちの教えを守り、交わりを持ち、パンを裂き、祈りをしていた。すべての人に恐れが生じ、使徒たちによって多くの不思議としるしが行われていた。信者となった人々はみな一つになって、一切の物を共有し、財産や所有物を売っては、それぞれの必要に応じて、皆に分配していた。そして、毎日心を一つにして〔神殿〕に集まり、家々でパンを裂き、喜びと真心をもって食事をともにし、神を賛美し、民全体から好意を持たれていた。主は毎日、救われる人々を加えて一つにしてくださった。〔使徒２・42～47〕

さて、信じた大勢の人々は心と思いを一つにして、だれ一人自分が所有している物を自分のものと言わず、すべてを共有していた。使徒たちは、主イエスの復活を大きな力をもって証し〔た。彼らは皆、非常に尊敬されてい〕た。彼らの中には、一人も乏しい人がいなかった〔からである〕。〔なぜなら、〕地所や家を所有している者は皆、それを売り、その代金を持って来て、使徒たちの足もとに置いた〔からである。〕その金が、必要に応じてそれぞれに分け与えられたのであった。（使徒4・32～35、NEBに合わせて調整）

教会の生を素描するこれら二つの短い要約から、正義の経済学を実践しているように見える、一つに結び合わされた人々の集団を見出せる。この実践のうちに、イエスの教えと教会の教えの間の密接な結びつきを見ることができる。また、二つ目の引用にある、「彼らの中には、一人も乏しい人がいなかった」という章句にも注目すべきだ。これは、もしも安息年の負債免除が実行されるなら、彼らの間に乏しい者はいなくなると約束する、申命記15章4節を反響しているように見える。これらの章句のうちに、初代教会と、トーラーつまり律法からイエスへ至る伝統との連結があると考えられる。

使徒の働きにおける〔神の〕国と教会との短い概観を締め括るにあたり、初代教会は〔神の〕国を告知し続け、教会自身の生においてその〔神の国〕を体現しようと努めていた——これまで論じてきた経済的側面がシャロームの土台であることを含めて——と言うことができる。このことの明らかな含意は、シャロームをつくり出す者たちは、積極的なシャロームの告知と、そのメッセージに倣うことの両方に適した拠点（home）として、教会を見出さなければならない、ということだ。

教会が良き知らせの遂行者（agent）であり、また〔神の〕国の生きたモデルであると知っていることによって、私たちはもう一つの考察へと導かれる。すなわち、教会の、国家および他の政治的経済的組織との関係だ。新約聖書において、教会はイエスと直接結びつくものとして提示されている。イエスは教会の「かしら」（the haed; エペソ4・15）、その「要の石」（cornerstone; エペソ2・19〜22）、またその「土台」（foundation; Iコリント3・11）として提示されている。

教会と比較すると、国家は無知であり、歴史における神の知恵ないし目的を知らない（Iコリント2・6〜10）。その結果、神の目的が最も明瞭に見られ、歴史において積極的に推進されるべきは、教会の中においてだ。教会は、どうすれば神の議題、つまり〔神の〕国を最善の仕方で歴史において促進できるかについて、国家にその決定を期待すべきではない。それは教会の役割なのだ。

しかし、ここに二つの留保が加わる。第一に、神が神の民の間においてだけでなく、神を認めない人々の間においても働かれるということは、聖書から明らかだと思われる。ヘブライ語聖典においては、アッシリア、バビロニア、およびキュロスはすべて、歴史における神の目的の手段と見なされていた――これらの国々と指導者たちが、イスラエルの神を知らなかったにもかかわらず。（キュロスが神のメシアとさえ呼ばれている、イザヤ45章1節以下を見よ。）正義とシャロームに向かって働く神の行動の舞台は、神の民に限定されていないように見える。[1]

シャロームをつくり出す者たちは、解放、正義、およびシャロームを求める働きは教会によって可能となり、促進されると推測しても構わないが、その働きはまた、他の場所においても見出すことができる。シャロームをつくり出すことは、教会の活動よりも広範なものなのだ。そうであるなら、シャロームをつくり出す者たちは、歴史のどこにおいて神の解放と正義が展開しているかを見極め、その闘争に参加する方法を探し出すように識別すべきではないだろうか。

第二に、教会の働きは、多くの場合、〔神の〕国とその良き知らせについてのものであることに失敗してきた。それは、解放と正義を可能にするよりも、むしろ統制のために使用される強固な構造を築き上げてきたのだ。この点については、教会は自らを取り巻く社会を反映している。この権力構造は、教会が、力なく搾取される者に自由が到来することに対して、価値を置くことを困難にする。実際には、それは教会自体が抑圧者になることへと導きさえするのだ。

教会が自らの〔権力〕構造を求めるこの情熱は、教会の生、およびその宗教的機能に対する過度な関心によって、さらに悪化させられる可能性がある。教会の指導者たち、また構成員たちは、その制度（institution）の維持および成長に焦点を合わせる。福音宣教（evangelism）は、正義と解放の良き知らせであるよりも、むしろ教会成長になってしまう。教会の構成員の必要と組織上の議題とが、本来なら貧しく力なき者の解放に費やされるべき教会の資源を消費してしまうのだ。

実のところ、教会は、抑圧される者にとっての良き知らせになることに失敗したため、場合によっては、〔彼らにとって〕悪い知らせでさえあったかもしれない。神の王国こそがメッセージなのであって、教会の王国ではない、ということが忘れられてしまっているように見える。メッセージは教会ではない。むしろ大胆な仕方で言えば、あるいは、おそらく悪い言い方をするなら、私たちは「〔神の〕国の成長」(kingdom growth) また「〔神の〕国の良き知らせ」(kingdom good news) が必要なのであって、教会振興でも教会成長でもないのだ。

とりわけ、これらの二つの要因――権威主義的組織構造と内的議題――のゆえに、教会は現在、シャロームのヴィジョンを掲げることや、正義と解放のために働くことに、多くの場合失敗してしまっている。この文脈において、シャロームをつくり出す者たちは、単に教会を孤立したものとして見出すだけでなく、むしろ敵対者としてさえ見出してしまうかもしれないのだ。

「戦術」の問い

ここで提示された、正義とシャロームの経済学に基づくシャロームのヴィジョンを受けて、シャロームを実生活にもたらすために、私たちはどのように行動したらよいのだろうか。疑いなく、多様な戦術および戦略が使用できるだろう。私たちはそのすべてを議論することはしないし、またどれか一つを十分に探究するために時間を費やすこともしない。ここでは、現在の抑圧の構造を変えて、それを通して、あるいはその中でシャロームが経験される構造にしようとする試みにおいて使用される、複数の方法を示唆したい。

シャロームが正当な構造に依拠することが必要だということを、あらためてここで思い起こしたい。したがって、個人の慈善やライフスタイルの問題は、確かにそれ自体としては適切であるにしても、他者がシャロームを得ることを可能にするためには不十分なのだ。求められているのは、構造的、組織的な社会変化だ。この光に照らしてみるなら、戦術の問題は、いかにして構造を変えるか、ということになる。

構造的変化のために行動する一つの方法は、現在の公的機関（institution）においてすでに存在する経路を通して行動することだ。このアプローチは、西洋において改革を履行しようとする際の伝統的な方法だ。この戦術では、政策や構造における変化を実現するために、投票箱あるいは司法制度の力に信頼を置く。少なくとも理論上は、ここが、社会において物事がどう機能すべきかについて、市民が自らの声を反映させることができる場所なのだ。しかしながら、第三世界の多くの思慮深い人々にとって明らかとなったことは、彼らの文脈においては、選挙はより多くの場合、権力に正当性（legitimacy）を偽装させる行為であって、人々に対して、権力はいかに行使されるべきか――何の目的か、また誰の利益のためか――について発言する機会を与える手段ではない、ということだ。この選挙の使用法の多くの事例は、第三世界から提供できる。

実のところ、これは、アメリカ合衆国の選挙についての私自身の経験でもある。私は自分が投票した最初の大統領選挙のことを鮮明に覚えている。二人の候補者はゴールドウォーターとジョンソンだった。私にとって選択すべき人物は明白だと思われた。ゴールドウォーターは、北ベトナムを爆撃し、どんな手段を使っても戦争に勝つことを主張していた。これに対してジョンソンは、大幅な抑制を呼びかけ、ベトナム北部への爆撃に対する反対を表明していた。北ベトナム爆撃は多くの市民の命を犠牲にするので――それと共に、より全体的なことも考慮して――私は確信をもってジョンソンに投票した。彼は選挙で圧勝した。その六週間後、彼は北ベトナムを爆撃したのだ。顔触れとレトリックは変わるが、政策と、公的機関また組織が機能する仕方は継続する。

現行制度ないし構造の中での変化という選択肢に伴う問題は、現在ある構造や公的機関が、多くの場合、現在の階層化および搾取の制度を維持するように作用する、ということだ。彼ら〔その組織および公的機関の者たち〕がその守護者であり、そこから利益を得ているので、彼らは当然ながら、それを変えようとする試みに抵抗する。したがって、表面上は、既存の公的機関および組織を通しての変化は魅力的戦術かもしれないし、理論上は許容されさえするだろうが、長期的には、ほとんど何の変化も生まないだろう。この警戒は、このアプローチを無効にするわけではないが、それでも、過剰な楽観論に対して、また現在の構造的および公的機関の現実の範囲内においてのみ行動するように取り込まれてしまうことに対して、警鐘を鳴らすものだ。

さらに言えば、たとえそこに、いわば〔手つかずの〕白紙状態があり、人々が多様な選択肢を前に自らの選択権を行使できたとしても、彼らがどれだけ賢明にその機会を活用できるかは、彼らが選択の根拠として入手できる情報に依存することになる。多くの国々において、メディアは政府が所有し運営しているか、あるいは検閲によって統制されている。そのような状況では、人々は物事がどうなっているかについて、一定の解釈を信じるようになる。この状況は、いわゆる報道の自由があるとされる国々にさえ当てはまる。どのニュースが報道されるか、それがどのように報道されるかは、新聞社の設定する編集方針に依存する。読者は、せいぜい、検査済みのニュースを得ているにすぎない。そのような状況では、人々が正しい情報に基づいて決断し、正義のための本当の変化を実現する機会は、ほとんどない。

解放のための戦闘的権利擁護（militant advocacy）

既存の構造を通した構造の変更は限定的であると考えられることから、現行制度の最悪の特徴および影響を和らげる方向へと行動を移行させることが、より期待できることだと考える人たちもいる。この光に照らして見るなら、シャロームをつくり出す者たちが、抗議の政治（politics of protest）――悪用（abuses）に対する抗議、特に、現在の構造が陥りやすい権力と人々との悪用――に参加することは、分別のある戦略であるように見える。抗議の政治とは、シャロームをつくり出す者たちがこうした悪用の犠牲者と連帯して、権力を持つ者たちの行動から彼らを守ろうとすることを意味する。これは、シャロームづくりにおける必要な一つのステップ――社会の力なき犠牲者との一体化、および彼らに不利な影響を与える構造また制度を修正するための行動――であると考えられる。

シャロームをつくり出す者たちにとって、社会の犠牲者と一体化するということは、貧しく力なき人々との友情を築くことを要求する。したがって、権利擁護（advocacy）は、何か抽象的な政治的議題や道徳的価値ではなく、友のためになされる愛の行為となる。私たちは、あまりにも多くの場合、私たちがその人たちのために行動する相手という意味で、無名の「彼らを」（them）また「彼らは」（they）について語ってしまう。そうではなく、この「彼らを」また「彼らは」は、顔を持っている存在であるはずだ。

しかしながら、権利擁護は単なる一つのステップでしかない。なぜなら、解放もまた必要だからだ。シャロームをつくり出す者たちは、解放の助産師でなければならない——貧しい者、力なき者たちが、自分自身の未来を策定し統制することを手助けする、ということだ。彼ら自身がそうすることができているときにのみ、シャロームの経験のために土台が据えられていることになる。

すでに前段で論じてきたように、このことから、シャロームをつくり出す者たちが抑圧的な政策および構造に対して積極的に抵抗することは必須だ、という結論に導かれる。市民的不服従（civil disobedience）は、抵抗する一つの方法だ。それは、この政策あるいはこのような人々の扱いは間違っているので、私たちはこの抑圧には協力しない、と言うことなのだ。

抑圧的構造に対して抵抗し、圧力をかけるその他の類似した方法には、ボイコットとストライキがある。それらは、あるいは常に目立つ方法ではないかもしれないが、それでも、変化をもたらす試みとして試してみるべき方法だろう。シャローム行動（shalom actions）がライフスタイルに影響を与えるのは、この領域においてだ。私たちが、シャロームの価値を反映するように自らの経済生活を秩序づけようとするなら、例えば私たちの買い物は、価格といった経済的要因だけに基づくのではなく、むしろ道徳的、生態環境的要因にも同様に基づくべきだ。例えば、どの製品を買うかを決定するときに、私たちは通常、品質と値段を比較し、どの製品が最善の買い物になるかを決定する。シャロームをつくり出す者の観点からすると、値段は一つの要素にすぎない——その製品の道徳的負担（moral cost）と、その生態環境への影響もまた考慮される必要がある。

もしもこのような、あるいは同様の手段によっても、シャロームが実現するための解放と正義をもたらすことができないとしたら、その次にはどうしたらよいのだろうか。暴力だろうか。それとも革命だろうか。これらの言葉は、私たちがほとんど本能的にたじろいでしまうものだろう。

この選択を正しく判断するためには、私たちはまず、ほとんどのキリスト者にとって、現在も、また事実、歴史を通してずっと、暴力が現実味のある選択肢だったということを認識すべきだろう。問題は暴力ではなく、その正当化なのだ。この文脈においては、教会とその構成員の大多数が暴力に反対してこなかったことから、問題は、「暴力」対「非暴力」（violence versus nonviolence）ではなく、むしろ誰のための暴力か、あるいは何の目的の暴力か、ということだ。

前段の考察結果からすると、暴力のための最も強固な保証は、力なく抑圧される人々の解放と正義であると考えられる。あるいは、それが唯一の保証とさえ言えるだろう。しかしながら、現在の西洋において、まさにこの理由による暴力こそが、多くのキリスト者にとって問題を引き起こしている、とも考えられる。自ら暴力を行使することを厭わない人々は、なぜそうなのかを注意深く考えるべきだ。私たちが、国家の主権と他国への影響力を維持し、自らの利益のために他国の中の抑圧的制度および構造を支持また維持するために暴力を行使すること——殲滅の脅迫さえも——は、なぜ許されるのだろうか。その一方で、抑圧される犠牲者たちが、自由と正義のために、そして最終的にはシャロームを望んで暴力を行使することは、なぜ不適切なのだろうか。[2] 暴力の行使が許されていると考えるキリスト者たちが、社会的また政治的変化の手段としての暴力に反対して発言することは、私には偽善的に見える。また彼らが日常的に、世界中で抑圧されている人々に加えられる暴力から利益を得ているときには、それは偽善よりもはるかに悪いものに見える。

さらに、私たちはまた、聖書におけるシャロームが必ずしも戦争の反対概念ではなかったことから、戦争、暴力、また革命に反対する議論として、単純にシャロームの意味に訴えるだけでは済まないことにも、注意を向けたい。事実、聖書において、戦争は、イスラエルが神の救いを経験した方法の一つなのだ。士師記における軍事的英雄たちは、神によって起こされた救済者と見なされていた。したがって、救い／解放の主題自体が、ある時点では戦争と密接に結びついていたのだ。

さて、ここから、致死的暴力（lethal violence）はキリスト教的視点および価値観から正当化され得るかどうか、という問いに向き合うのだが、その際に認識すべき重要な点は、私はここまでのところ、暴力と非暴力の問題に関する聖書の教えについて書いたり、あるいはそれを描写したりしようとはしてこなかった、ということだ。聖書的平和主義（biblical pacifism）の基礎を提供することは、私の目的ではない。あるいは、第三世界の人々に対して、暴力について勧告することもまた、私の意図ではない——彼らは日々、暴力と遭遇しているのだ。むしろ私が関心を寄せてきたのは、シャロームという題目、またそれと他の複数の基本的な聖書的主題との結びつきについてであり、私はこれらの発言を、第一義的には、第一世界の聴衆に向けて、その人々を自己満足から行動へと駆り立てようと願って、語ってきた。それは、ここからあまりにも多くの「シャロームならざるもの」(non-shalom）が始まるからにほかならない。

私が非暴力の聖書的基礎に焦点を合わせてこなかった主な理由は、この題目に関する多くの優れた書物や論文がすでに入手できるからだ。新約聖書に関しては、以下の本が有益だ。J・ファーガソン『愛の政治学』〔John Ferguson, *The Politics of Love: The New Testament and Nonviolent Revolution* (Greenwood: Attic Press, n.d.)〕、ジョン・H・ヨーダー『イエスの政治』、佐伯晴郎・矢口洋生訳（新教出版社、1992年）〔John H. Yoder, *The Politics of Jesus* (Grand Rapids: Eerdmans, 1972; rev. ed. 1994)〕、リチャード・マクソルリー『平和づくりの聖書的基礎』〔Richard McSorely, *The New Testament Basis of Peacemaking* (Scottdale, Pa. and Waterloo, Ont.: Herald, 1985)〕。イエスとその教えに関しては、特に次の書籍がある。ロナルド・J・サイダー『平和つくりの道』、棚瀬多喜男・棚瀬江里哉訳（いのちのことば社、2004年）〔Ronald J. Sider, *Christ and Violence* (Scottdale: Herald, 1979)〕、ジェイムズ・W・ダグラス『非暴力の十字架』〔James W. Douglass, The *Non-violent Cross: A Theology of Revolution and Peace* (New York: Macmillan, 1969; reprint from Eugene, Oregon: Wipf and Stock, 2006)〕。ヘブライ語聖典に関しては、ジェイコブ・J・エンズ『キリスト者と戦争』

〔Jacob J. Enz, *The Christian and Warfare: The Roots of Pacifism in the Old Testament* (Scottdale: Herald, 1972)〕。初代教会の実践については、ジャン＝ミシェル・オルヌ『私にとって戦うことは合法的でない』〔Jean-Michel Hornus, *It Is not Lawful for Me to Fight* (Scottdale: Herald, 1980; reprint from Eugene, Oregon: Wipf and Stock, 2009)〕。より一般的なものとしては、マイケル・スノー『キリスト教平和主義』〔Michael Snow, *Christian Pacifism: Fruit of the Narrow Way* (Richmond, Indiana: Friends United Press, 1981)〕、トマス・マートン『信仰と暴力』〔Thomas Merton, Faith and Violence: Christian Teaching and Christian Practice (Notre Dame: University of Notre Dame Press, 1968)〕、ジョン・ハワード・ヨーダー『愛する人が襲われたら?——非暴力平和主義の回答』、棚瀬多喜雄訳（東京ミッション研究所、1998年）〔John H. Yoder, *What would You Do If?: A Serious Answer to A Standard Question* (Scottdale: Herald, 1983; expanded ed., 1992)〕。

これは入手できる数多くの本の中から選んだごく短いリストにすぎない。これらの書物から、キリスト教非暴力主義の主張が、何度も繰り返して十分に提唱されてきたことがわかる。私の判断では、キリスト者の生き方は非暴力である、ということが聖書の教えだということを、これらの書物は明らかにしていると言えるだろう。全体として見れば、聖書の教えは、正義とシャロームをもたらすために致死的暴力を行使することに対して、反対の立場なのだ。したがって、私たちのヴィジョンと戦術を聖書の素材に基礎づける限り、私たちの戦術は非暴力であるべきだ。

しかし、なぜキリスト者が原則的に非暴力の立場を取るべきかについて、広く認識されている三つの理由を、不十分ながらも手短に提示することは、シャロームの題目を扱う書物において場違いではないだろう。第一〔の理由〕は、愛についてのイエスと新約聖書の教え、敵さえも愛するように、との教えだ。愛がシャローム・ジャスティス――つまり、人々がシャロームを経験できるために物事を正すという実質的正義――の根底にある、ということは、前段で私たちが発見したことにとって基礎的だと思われる。この愛は差別しない愛だ。それは、友人である者たちだけではなく、困窮している人々、また敵である人々も愛する。事実、すでに見てきたように、敵への愛は贖いの核心部分にある。これは、私たちが神に愛されているということについての、イエスを通した神の証言なのだ。このメッセージは、ローマ5章1～11節に見出せる――神が助けなき敵を愛したことの結果、平和が生じるのだ。マタイ5章38～48節には、それと並行する行動が、〔天の〕国に入り、神の子たちとなる人々に対して命じられている。私たちの敵への愛において、私たちは人類を愛する神の愛を模倣する。まさにこの敵への愛において、キリスト者の愛は、神の愛と同様、通常の標準的な人間の愛とは異なる。この強調については、前段で言及した二つの章句の両方を見てほしい。この愛が、正義とシャロームを求める私たちキリスト者の運動にとって基礎的なのだ。

第二〔の理由〕は、十字架上でのイエスの死の模範だ。福音書によれば、彼は自己防衛しなかった。むしろその反対に、彼は、前述のとおり、ペテロが彼を守るために攻撃を加えることを禁じた。彼に従う者への招きは、彼らもまた自分の十字架を背負って彼に従うことだった――なぜなら、自分の命を獲得することを追い求める者はそれを失うが、キリストと福音のためにそれを失う者は、それを獲得するからだ（マルコ8・34～38）。イエスの死は、彼の教えと首尾一貫していた。

　ところで、イエスの教えと彼の死の中には、それが原則であるよりも、単なる戦略ないし戦術の事柄にすぎない、ということを示唆するものは一切ない。私たちが確認できることのすべてから判断して、イエスの教えとその死とは、原則に基づくものだった――つまり人がそのように生き、他者を扱うべき原則だ。例えば、敵への愛の教えとその模範を見てほしい。それは神の本質（nature）に基づくものであって、実践的考慮に基づくものではない。

　第三〔の理由〕は、最初の三世紀の間の教会の模範だ。教会が最初の数百年の間、平和主義（pacifist）だったことは、私には、イエスおよび新約聖書の教えと模範の継続として最も容易に説明されるように思われる。教会は平和主義だったのだ。なぜなら、それがイエスと新約聖書のメッセージだったからだ。（前述の *It Is Not Lawful for Me to Fight* を見よ。）だから、今日のキリスト者である私たちもまた、この道に忠実であろうとするなら、非暴力の民となるのだ。

　誤解の源泉を避けるためにも、ここで暴力によって何を意味しているのかを定義しておくのがよいだろう。それは、別の人間の破壊だ。それは、例えば軍事的暴力によって身体的に行われ得るが、しかしそれだけではなく、精神的に、あるいは構造的にも行われ得る。それとともに、シャロームは、良好な状態（well-being）、正しい関係性、また道徳的統合性として、あらゆる型の暴力に対して反対するものであることもまた、明らかだ。このように認識するならば、一方ではシャロームが暴力と抑圧の除去を意味すると主張しながら、他方ではシャロームは暴力と両立し得る、あるいは暴力によって実現できると主張することは、私の判断では困難だ。

　この〔暴力の〕定義の要点は、〔その中に〕積極的行動主義（activism）や力の行使（use of force）が含まれていない、ということだ。これまで述べてきたすべてのことから〔言えること〕、また事実、本書の主要な要点は、シャロームづくりは積極的だということ、それは社会的、構造的変革をもたらす闘争（struggle）にほかならない、ということだ。人間を貧困に陥れ、助けなき状況に追いやり、破壊するような抑圧と搾取という邪悪（evil）とは、一切妥協すべきではない。この闘争において、力の行使は正当なものであり、それゆえ、私たちが変化を実現するために力（force）を使用することができるいくつかの方法を指し示してきた。

　これは、私には重要なポイントだと思われる。なぜなら、多くの人々、特に抑圧されている状況の人々にとって、「暴力か非暴力か」という議論は、本当のところ、暴力の構造を変えるために実際に身を投じて行動している人々と、単にそれについて語るだけの人々の間の議論として理解されているからだ。武力闘争に対して開かれていること、またそれを支持することが、社会的変革に身を投じることと同一視されているのだ。この同一視は不幸なものだが、現実に存在しているのであって、それゆえ、すべてのキリスト者にとって、〔その働きが〕信用されるものとなるための挑戦として機能すべきものなのだ。人々が飢え、拷問にかけられ、強姦され、軍隊に処刑され、明日への希望もなく生きているときに、正しい神学、あるいは正しい倫理学など、彼らにとって議論に値しない問題でしかない――彼らは解放を必要としているのだ。平和主義者たちはシャロームに身を投じている（committed）ことから、とりわけ彼らこそが、積極的にまた全身全霊をもって、変革のための積極的かつ戦闘的な闘争に関与することで、貧しく抑圧される者がシャロームを経験できるようになるということを、本書の明確な挑戦として提示したい。

要約として言えば、平和をつくり出す者は、社会変革の道具として致死的暴力の戦術を受け入れることはないだろうが、しかし、彼らがこの変革のための人々の闘争に参与することによって証しされるように、解放とシャロームの目標に向かって進む彼らの取り組み（commitment）について、疑いは一切あってはならない。このことは、第一世界にあって平和をつくり出す者を自称する人々にとっては、二重に真理であると思われる。

変革された人々

私は、キリスト者である私たちが、シャロームを目指して戦闘的に（militantly）、しかし非暴力的に行動することに身を投じるべきだと確信しているので、おそらくさらなる考察をいくつか提供することで、シャロームに導かれて聖書を旅する私たちの旅路を終えることとしたい。

もしも、前段において示唆したように、愛がシャローム・ジャスティスにとって基礎的であるならば、これまで論じてきたように、構造はもちろんのこと、人々が変革される必要があると考えられる。時として、私たちは構造的変化の必要に捉われるあまり、変更された意識、つまり個人における新たな方法づけの必要性をなおざりにしてしまう。抑圧的構造のうちに囚われている人々は、そうした構造によって刷り込まれてしまった価値観と視点から解放される必要がある。シャロームをつくり出す者は、その結果、「回心の宣教」(a mission of conversion) ――人々を新たな理解と生のあり方へと回心させること――に関わっているのだ(ローマ12・1～2も見よ)。この回心は、彼らに対する、イエスにおける神の愛に基づくものだが、それは古い思考パターンから彼らを自由にするものだ。その例として、人種差別、性差別、また富の経済学の価値観をすでに示唆しておいた。この回心はまた、すでに見たとおり、個人としてのシャローム・ジャスティスおよび〔シャロームの〕経済学の実践によって、また、この新しい集団的な生き方を促進し可能にする構造の変化によって、自らを表現する。

最後に、イエスはその生涯と教えにおいて〔神の〕国の良き知らせを体現していたことから、彼の模範は、回心と〔神の〕国の生への招きを象《かたど》ったものとなっている。最終的に、彼はこの議題を強制しようとして、政治的権力および暴力を使用することはなかった。その反対に、彼は十字架の道、敵を愛する道を歩んだのだ。私たちは、初期キリスト教の賛歌であるピリピ2・5～11を引用するパウロによって、彼の模範に従うように勧められている。

あなたがたは、自らの思いにおいてキリスト・イエスと同じでなければなりません。彼の身分は神聖なものでしたが、それでも彼は、その神との等しさに固執することなく、自らを空しくして奴隷の状態になり、人間と同じ状態になりました。すべての人と同じ状態として、彼はなおいっそうへりくだって死を、それも十字架上での死を受け入れるまでになりました。しかし、神は彼を起こして、その他のあらゆる名にまさる名を与えました。それは、天にあるもの、地上にあるもの、地下の世界にあるもののすべての存在（all beings）が、イエスの御名に膝を屈めるようになるため、またあらゆる舌が、父なる神の栄光のために、イエス・キリストを主と称えるようになるためなのです。（ＪＢ）

したがって、最終的には愛の方法が、しかも苦しむ愛（suffering love）が、シャロームを実現するキリスト者の方法だと思われる。なぜなら、人々が新たになり、構造が命を与えるものになるのは、変革し新たにする愛のゆえだからだ。暴力は、人々を新たにするよりもむしろ抑圧し、人々に力を与えるよりも、むしろ人々の上に権力を恒常化させ、人々を回心させるよりもむしろ、無きものにしてしまうものだ。

しかし、私たちは本書を閉じるに当たって、愛が苦しむ愛になる、ということを思い起こす必要がある。なぜなら、シャロームに至る愛は、積極的かつ関与する愛（engaged love）だからだ。イエスは苦しみ、死んだが、それは部分的には、彼がエリート層とその構造とに対して挑戦したからにほかならない。それゆえ、もし私たちがシャロームのために闘争するのなら、私たちもまた、苦しむことになる。なぜなら、私たちは抑圧の構造に対して積極的に立ち向かい、抵抗するからであり、また力なく抑圧される人々の解放のために行動しているからだ。シャロームの愛は、遠く離れた愛でも、抽象的な愛でも、あるいは揺り椅子でくつろぐ愛でもない――それは、暴力の構造に対して対決する愛、ストライキを行う愛、抗議する愛、そして不服従の愛だ。シャロームの愛は、闘争と反対のうちに現れる愛であるゆえに、苦しむ愛なのだ。すなわちそれは、人々を隷属の下に置く力（force）との闘いにおいて体現される。シャロームの愛は苦しむ愛だ。なぜならそれは、私たちの世界に対する神の意志である人類の解放、正義、およびシャロームのために闘争する、戦闘的な愛だからにほかならない。苦しむ愛は、この闘争が成功するまで終わることはない。

神の王国が来ますように！

1　キュロスと、第二イザヤの「しもべ」との役割および機能における違いについては、Millard Lind, "Monotheism, Power, and Justice: A Study in Isaiah 40-55," *Catholic Biblical Quarterly* 46 (1984): 432-46を見よ。正義のための「しもべ」の責務は、キュロスのそれを超えている。

2　聖書的およびキリスト教的視点からの暴力の正当化については、Stephen Mott, *Biblical Ethics and Social Change*, chapter 9, "After All Else—Then Arms?" (New York/Oxford: Oxford University Press, 1982), pp. 167-91を見よ。

訳者による解説

本書は、メノナイト派を代表する旧約学者の一人で、長年インディアナ州エルクハートにあるＡＭＢＳ（アナバプテスト・メノナイト聖書神学校）で教鞭をとったペリー・Ｂ・ヨーダー教授の代表作、*Shalom: The Bible's Word for Salvation, Justice and Peace* (Eugene, Oregon: Wipf and Stock; copyright: Institute of Mennonite Studies, 1997) の翻訳です。原書にある索引は、残念ながら割愛しました。初版の出版は一九八七年（Newton, Kansas: Faith and Life Press）ですが、一九九七年に版権が著者からＡＭＢＳ併設の Institute of Mennonite Studies（メノナイト研究所）に委譲されて再販され（Nappanee, Indiana: Evangel, 1997）、さらにこの一九九七年版は現在、学術書などの再販を主軸事業に据える Wipf and Stock 社から再販されています（二〇一七年）。一九八七年の初版と一九九七年版は、巻末の著者紹介ページの写真と内容が多少アップデートされた以外は全く同じものですので、本書の内容も一九八七年の初版と同じということになります。

本書の見取り図

本書は、シャローム（平和）という聖書的概念を、他の主要な聖書的主題との関連において立体的に描き出すことを目指す、いわば「平和の聖書神学」とも呼ぶべき重要な研究です。目次から本書のおおよその構成は明らかでしょうが、以下、簡単に内容を紹介したいと思います。第1章で、著者は本書の記述を始めるにあたり、一九八〇年代半ばにフィリピンに滞在した際に間近で見た、英国資本の企業による経済搾取と、その搾取を支え、そこから利益を得ているフィリピン政府との癒着による国民の抑圧という構造的な問題に光を当てます。この文脈においては、従来の「暴力か非暴力か」の単純な対比は意味をなさないどころか、抑圧される人々に向かって非暴力平和主義を説くことが、むしろ抑圧者に都合の良い「ステータスクオー」（status quo：現状維持の体制）でしかなく、それゆえこの構造的暴力に加担することだと警鐘を鳴らします。非暴力は、平和を実現する際の一つの手段ではあっても、平和という目標そのものではないからです。そこで著者は、まずこの単純すぎる対立図式を一旦脇に置いて、聖書テクスト自体から丹念にシャロームの意味内容を探る旅へと、読者を導きます。

第2章は旧約聖書における「シャローム」および新約聖書における「エイレーネー」の語義研究です。通常「平和」ないし「平安」と訳されるヘブライ語シャロームは、実際の旧約聖書での用例を見ると、身体的物質的に良好な状態、社会的関係性における良好な状態、道徳的資質としての率直さ誠実さという、三つの意味が浮かび上がります。そして、この三つの意味領域は相互に関連し合い、神の究極の意思を指し示します。平和とは、単なる戦争の不在でなく、むしろ神が創造された世界の本来あるはずの姿を示す積極的な概念なのです。それは個人の内面の静寂というよりも、体をもって存在する人間個人の生の全体、およびその個人の存在する共同体また社会の全体の本来あるはずの姿を示すもの、ということです。

第3章では、本来あるはずの姿が実現されているかどうかを測る物差しとしての正義に焦点を合わせ、正義を神の本質として描くとともに、この神の正義が、通常私たちが考える「応報的正義」また「分配的正義」とは異なり、不正義の構造をあるべき状態に正し、抑圧される者を回復し、困窮する者の必要を満たす正義であるとして、それを「シャローム・ジャスティス」と呼びます。

第4章は、神によるこのシャローム・ジャスティスの実践を、聖書の様々な章句から描き出します。その実践の中心的出来事として、著者は出エジプトの出来事と、イエスの死と復活の出来事を挙げ、それが神による基礎的な救いの行為であることを論じます。一般的に「救い」は「罪」との関連で語られますが、著者は、聖書では「罪」が「救い」ではなく、むしろ「解放」と結びついていることを、その特徴として指摘します。

第5章は、そこから展開して、聖書における「贖い」を丁寧に描き出します。その際に、この出エジプトとイエスの死と復活という神の基礎的救済行為との関連で、従来の「贖罪論」のモデルが、イエスの生涯と教えから分離されているという問題点が指摘されます（ゆりかご即十字架／墓場キリスト論）。むしろ、イエスの死を「解放するシャローム・ジャスティスの行為」として理解することで、贖いを聖書全体の主張と整合性を持つものとして再定義します。

第6章は、神の解放するシャローム・ジャスティスに与った私たちが、どのようにその恵みに応答し、自らもまたシャローム・ジャスティスを実践できるようになるかを考察します。著者は、一般的に「律法主義」として否定的な印象の強い「律法」(law：法)を取り上げ、むしろ聖書の律法は神の「契約」を根拠にしており、したがって、その恵みに「応答」すべき内容を規定した「シャローム・ジャスティスの手段」であることを論じます。

第7章から第9章は、6章までで確認した聖書の核心的信念がイスラエルの生においてどのように表現されたかを、王権および国家の出現、古典的預言者の出現、そしてイエスの生涯と教えの三つの時期に焦点を合わせてたどります。

まず第7章では、なぜイスラエルが王権に移行したかという問いが、古代イスラエルの社会状況の分析と、古代メソポタミアの王権イデオロギーとの比較を通して描き出されます。執筆当時の最先端の(そして今なお古びていない)社会学、人類学、古代近東研究の知見との深い対話により、著者は、弱者を保護し、彼らに「実質的正義」を提供する義務を負う王の存在が、都市化する古代イスラエルにとって魅力的な選択肢だったことを説得的に論じます。しかしこの王権イデオロギーは、現実には、都市部の支配的エリート層によって権力も富も独占されることで、抑圧と搾取の構造に陥ってしまうという問題点をはらんでいたこともまた、説得的に指摘されます。

続く第8章では、王を頂点とする国家が、古代イスラエルにおいてもやはり抑圧と搾取の構造となってしまったことが、預言者による厳しい糾弾を通して描き出されます。著者はまた、預言者による正義の要求から、国家が実践する「富の経済学」と、神が求める「シャロームの経済学」とを鮮やかに対比させます。本来あるべき姿と現実とが乖離する中、預言者のヴィジョンにおいて、来るべきメシアは、この実質的正義またシャロームをもたらす存在として描かれます。

第9章では、新約聖書の記述において、イエス・キリストが、この預言者の指し示すメシア、つまりシャローム・ジャスティスの担い手として描かれていることが、特にルカ福音書の分析を通して提示されます。この章ではまた、従来は対立的ないし不整合なものとして描かれる傾向にあるイエスとパウロとが、解放するシャローム・ジャスティスという視点において見事に一致することが、ローマ書の信仰による義の議論を通して提示されます。

最終章の第10章は、教会に対するチャレンジです。教会が真の意味で、ここまで描かれてきた解放するシャローム・ジャスティスの担い手となり、シャロームをつくり出す者となるためにはどうすれば良いかについて、著者は「戦術」のレベルで具体的な示唆を行います。教会は抑圧的な構造を変革する働きに召されていることが強調されます。構造的変革に背を向けることは、抑圧と不正義の構造を維持させるステータスクオーであって、その不正義に加担することなのです。ところが、現在ある公的機関は、このステータスクオーのゆえに十分に構造的変革の担い手になり得ない、という現実があります。そこで著者は、「解放のための戦闘的権利擁護」を提唱します。表現は物騒ですが、その要点は、実際に構造的変革を達成するためには、一定の実力行使が必要だということです。本書を貫く問題意識は、序および第1章で提示されているように、聖書的シャロームを「暴力か非暴力か」という切り口で語ることは事柄の本質を間違った二者択一に矮小化することだ、という理解です。それは、従来の非暴力主義の主張においては、暴力があまりにも広く定義されているために、抑圧的構造に対する積極的抵抗の手段が奪われてしまう、という著者の危機感を反映します。非暴力主義は、抵抗のための実力行使を排除しないのです。著者が、暴力を「別の人間の破壊」として定義し、それを「身体的」のみならず「精神的に、あるいは構造的にも行われる」破壊とする点は重要です。シャロームづくりの積極的行動は、当然ながら人間を破壊する暴力を否定しますが、それでも著者は、シャロームづくりを、現実的な変革をもたらすための積極的行動を伴う「闘争」として描くのです。その闘争の最も重要な点として、著者は最後に、構造的変革が「苦しむ愛」による人間の変革抜きには不可能であると主張します。

翻訳出版の意義

本書が一九八七年に出版されたものであることは、すでに説明したとおりです。そうなると、「三十四年も前の書物を、なぜ今になって翻訳するのか」という声が聞こえてきそうです。そうした疑念に対しては、残念ながら、「現在私たちが生きている世界が、この本を翻訳する必要のない世界だったらよかったのに……」とお答えすることになるでしょう。

私たちは、二〇二一年現在、新型コロナウィルスの蔓延により、これまで以上に社会の歪みを意識させられるようになりました。長年貧困問題に取り組んできた雨宮処凛さんは、この状況を「この国の底が抜けた」と表現します。[1]それは、経済格差の拡大が加速化し、これまで普通の生活を送っていた多くの人たちが突然仕事を失い、住む場所を失い、生活困窮者となるような状況です。その一方で、ますます富を独占するようになった一握りの人たちの利益が優先され、株価は不気味なほど高値で安定しています（二〇二一年七月現在）。英国労働党のジョン・マクドネル氏は、「コロナ危機は、私たちの政治・経済体制に対する耐圧試験でした。このパンデミックは、ながらく新自由主義に支配されてきた体制の欠陥と弱点を、白日のもとに晒しました」と語ります。[2]本書は、アメリカが一九八〇年代に「レーガノミクス」の名の下に新自由主義を導入した時期に書かれたものですが、著者が提示する古代イスラエル時代の「富の経済学」は、不思議なほど見事に、現代の経済状況の構造的な問題を描き出します（人間の罪の普遍性・不変性を考えれば、不思議ではないのかもしれませんが）。したがって、著者がそれと対比させる「シャロームの経済学」は、現代においても有効なヴィジョンを提示していると言えるでしょう。

私たちが直面している構造的問題は、残念ながら経済の領域だけではありません。一％の人が九九％の人々を支配する構図は、経済に限った話ではなく、政治においても当てはまります。富と権力の集中の構造的問題については、王権イデオロギーの採用による国家の出現という、イスラエル社会の変遷を描く第7章で指摘されます。富と権力の集中は、王のいる国家だけの問題ではなく、形式上は王のいない民主主義国家にも当てはまります。現代においても、この構造的な問題は、神のシャロームの実現にとって大きな障壁となっています。著者が繰り返し構造的変革の必要性を訴える理由も、そこにあります。

近年は、各方面での企業の倫理性が問われるようになっています。SNSの発達により、世界で起きていることが瞬時に拡散されるようになり、メーカーのサプライチェーンの末端で起きている人権侵害についても、鮮明な映像によってそのメーカーが告発され、責任を問われるようになりました。それに伴い、私たちの購買行動もまた、「エシカル（ethical）」であることが求められるようになっています。こうした状況は、著者が指摘するステータスクオーに対して、変革を求める機運が高まっているとも言えるでしょう。聖書のシャロームを知っている（はずの）キリスト者は、この変革に率先して身を投じることが求められているのではないでしょうか。

著者について（補足）

著者についての詳細は「著者紹介」を見ていただくとして、まずは一九八七年以降の著書に関する情報を提供します。神学生や学生のための聖書解釈の手引きとして、AMBSの同僚である新約学者メアリー・H・シャーツとの共著、*Seeing the Text: Exegesis for Students of Greek and Hebrew* (Nashville: Abingdon, 2001) があります。この書は、ギリシア語とヘブライ語の学習と聖書釈義を、一体的に学ぶという画期的なものです。また、平和に関する基礎的参考図書としては、同じくAMBSでの同僚新約学者ウィラード・M・スワートリーとの共編論文集、*The Meaning of Peace: Biblical Studies* (Louisville: Westminster John Knox, 1992) があります。こちらは、クラウス・ヴェスターマン、ルイーゼ・ショットロフ、ウルリヒ・ルッらによる平和に関する主要な研究論文を集めたもので、著者は旧約を扱う第1部の序論を執筆しています。単著としては、再洗礼派の流れを汲むビリーバーズ・チャーチ聖書注解シリーズにレビ記の注解書、*Leviticus* (Harrisonburg, Virginia: Herald Press, 2017) を執筆しています。

翻訳について

本書の翻訳は、メノナイト教育研究センターの上村泰子さんが訳したものに、河野が聖書学の視点から全体的に手を入れて訳文を完成させました。したがって翻訳の最終的な責任は河野が負います。河野は一九九二年から九四年までＡＭＢＳに留学し、ペリー・ヨーダー教授にもお世話になりました。新約専攻のためヨナ書のヘブライ語講読のクラスしか履修しませんでしたが、そこでサンダースの『パウロとパレスチナ・ユダヤ教』（本書でも度々登場します）の意義に目を開かれたことを、昨日のことのように思い出します。

著者は、原則として「改訂標準訳」(RSV: Revised Standard Version) の英訳を使用しますが、そこで神名の表記として使われる大文字の LORD に代えて、神の固有の名である Yahweh を使用します。それは、古代近東の神々との比較において、エジプトからイスラエルの民を解放したこの神との契約関係が、聖書のシャロームの基礎だからです。したがって、日本語訳でもこの歴史的人格的固有性を尊重して、一般的な尊称である「主」ではなく、神名を「ヤハウェ」と表記しています。また、RSVはヘブライ語ミシュパトをjustice、ツェダカーをrighteousnessと訳しますので、日本語も、それぞれ「正義」、「義」に統一しています。
最後に、本書の意義を深く理解し、終始的確な助言とともに編集の労を執ってくださった担当者の根田祥一氏に、心より感謝を申し上げます。

二〇二一年七月

河野克也

1 『コロナ禍、貧困の記録――2020年、この国の底が抜けた』（かもがわ出版、2021年）。
2 「日本語版への序文」、ジョン・マクドネル編『99%のための経済学――コービンが率いた英国労働党の戦略』（堀之内出版、2021年）、4頁。

著者　**ペリー・B・ヨーダー**（Perry. B. Yoder）

米国インディアナ州エルクハート市にある合同メノナイト聖書神学校（AMBS）の旧約聖書学教授〔2005年に引退し、現在は名誉教授〕。ペンシルベニア大学より古代近東言語・文学の分野でPh.D.を取得（1970年）〔博士論文はヘブライ語〕。同大学院在学中に、1年間エルサレムにあるヘブライ大学に留学。AMBSの教授職に就任する以前は、ブラフトン・カレッジ（オハイオ州：1968-75年）と、ベテル・カレッジ（カンザス州：1977-84年）で教えた。この2校の在職期間に挟まれた2年間（1975-77年）は、メノナイト・ボランタリー・サービス（Mennonite Voluntary Service）主催のもと、各地の教会において巡回聖書教育を担う「人々のための御言葉の教師」(People's Teacher of the Word）を務めた。

1984年には、4か月間フィリピンの基礎キリスト教共同体を訪れ、正義をめぐる課題について議論し対話を重ねた。その期間と、1985年夏の同様の訪問期間に、本書で展開した考えを試し、洗練させた。

著書としては、本書の他に、*From Word to Life: A Guide to the Art of Bible Study*（1982)〔御言葉から命へ：聖書研究の技法の手引き〕と、*Toward Understanding the Bible: Hermeneutics for Lay People* (1978)〔聖書を理解するために：信徒のための解釈学〕がある。

1940年オレゴン州ポートランド生まれ。1958年にウェスタン・メノナイト・ハイスクールを卒業し、1962年に、社会学専攻でゴシェン・カレッジ（インディアナ州）を卒業。

訳者　**河野克也**（かわの かつや）

1965年生、国際基督教大学（教養学部人文科学科：B.A.）、東京聖書学院、神戸ルーテル神学校（M.Div.）、合同メノナイト聖書神学校（現アナバプテスト・メノナイト聖書神学校：M.A. Theological Studies）、デューク大学神学部（Th.M. 新約聖書学）、サザン・メソジスト大学大学院宗教学博士課程（新約聖書学：満期退学）で学ぶ。現在、日本ホーリネス教団中山キリスト教会牧師、青山学院大学、日本聖書神学校非常勤講師。
著訳書：ウィラード・M・スワートリー『平和の契約：福音の聖書神学的理解』（東京ミッション研究所、2007年）共訳、アリスター・E・マクグラス編『キリスト教神学資料集〈下〉』（キリスト新聞社、2007年）共訳、『聖書神学事典』（いのちのことば社、2010年）共著（「贖い」「犠牲」「十戒」「法」他、リチャード・ヘイズ『新約聖書のモラル・ヴィジョン』（キリスト新聞社、2011年）共訳、リチャード・B・ヘイズ『イエス・キリストの信仰：ガラテヤ3章1節－4章11節の物語下部構造』（新教出版社、2015年）、H.-J. クラウク『初期キリスト教の宗教的背景：古代ギリシア・ローマの宗教世界 下巻』（日本キリスト教団出版局、2019年）共訳。

訳者　**上村泰子**（かみむら やすこ）

1962年、北海道生まれ。日本メノナイト札幌ベテルキリスト教会所属。北海道石狩翔陽高等学校教諭。北星学園大学　英文学科卒業。北海道教育大学旭川校大学院　教科教育専攻、学校臨床心理専攻修了。

シャローム・ジャスティス
聖書の救いと平和

2021年8月15日　発行

著　者　ペリー・B・ヨーダー
訳　者　河野克也、上村泰子
印刷製本　日本ハイコム株式会社
発　行　いのちのことば社
〒164-0001 東京都中野区中野2-1-5
電話 03-5341-6922（編集）
03-5341-6920（営業）
FAX03-5341-6921
e-mail:support@wlpm.or.jp
http://www.wlpm.or.jp/

ISBN978-4-264-04288-4